경험이 돈이 되는 메신저 이야기

경험이 돈이 되는
메신저 이야기

박현근, 김지은, 김진홍, 김혜원, 박병오, 박영숙, 박진옥,
배서영, 안현숙, 이강민, 이승희, 최원교 공저

공감

4

누구나 자신의 경험으로 돈을 벌 수 있는 시대가 되었다. 나의 성공 경험으로 타인이 성공 하도록 도와 줄 수 있고, 나의 실패 경험으로 타인이 실패하지 않도록 도울 수 있다. 나의 경험은 그 무엇보다 가치 있다. 나의 삶의 경험은 그 무엇보다 가치가 있다. 가치 있는 모든 경험을 기록으로 남기는 것이 중요하다. 성공노트와 실패노트를 작성하는 것부터 시작해 보자.

메신저란 나의 지식과 경험을 통해 수익을 창출하는 사람을 의미한다. 지식은 누구나 훔쳐 갈 수 있다. 조금만 배우면 따라서 할 수 있다. 하지만, 경험은 오로지 나의 것이다. 따라 할 수 없다. 그래서 나는 경험을 중요시한다. 크게 성공한 경험이 없어도 시작할 수 있다. 나의 아주 작은 성공 경험으로 시작하면 된다. 초보가 왕초보를 더 잘 가르쳐 줄 수 있다.

"누가 저의 이야기를 들으려고 돈을 내겠어요?" 많은 사람들이 질문을 한다. 이제는 평범한 사람들의 평범한 이야기가 더 주목을 받는 시대가 되었다. 우리의 일상을 기록하면 책이 되고, 일상을 강의하면 콘텐츠가 된다. 여기서 중요한 것은 사람들에게 비용을 받아야 한다는 것이다. 나는 부족한데, 괜히 돈을 받아도 될까? 내가 뭐라고 돈을 받을 수 있을까? 나만의 지식과 경험은 그 무엇보다도 가치가 있다. 보석을 갖고 있는데도, 계속 돌맹이라고 스스로 생각하고, 자신의 가치를 스스로가 낮게 평가하면 안 된다. 자신의 가치는 자신 스스로가 정하는 것이다.

처음에는 무료로 연습 삼아 시작할 수 있지만, 일정 기간이 지난 후에는 반드시 유료화를 진행해야 한다. 메신저는 대가를 받는 사람이지, 봉사자가 아니다. 메신저가 되면 의미 있는 삶과 물질적인 만족을 누릴 수가 있다. 지식창업을 시작해놓고, 미안한 마음에 돈을 받지 못하는 초보 메신저들을 많이 봤다. 1만원을 받고 10만원의 가치로 돌려주면 된다. 1000만원을 벌고 싶다면, 일단 온라인에서 1만원을 버는 경험부터 시작하자. 만원도 돈이다. 작은 성공 경험을 쌓아 나가자. 지그지글러는 성공으로 가는 길은 엘리베이터가 없다고 이야기 한다. 오직 계단만이 존재할 뿐이다. 많은 사람이 모이면 시작하려 하지 말고, 일단 한 사람이 모이면 시작하자. 한 사람도 없으면 혼자서 연습의 시간을 더 갖자. 10년 동안 강의를 하면서 사람이 온 날 보다 사람이 오지 않은 날이 더 많았다. 그래도 포기 하지 않고, 매주 강의와 독서모임을 진행하다 보니 사람은 자연스럽게 많아지게 되었다. 1로 시작하는 것이 메신저 사업의 핵심이다. 일단 시작했다면, 개선하고 개선하면서 지속하자. 포기 하지 말고 지속하면 반드시 성공한 메신저가 될 수 있다.

온라인으로 이제 누구나 집에서도 돈을 벌 수 있는 시대가 되었다. 지금이 나의 지식과 경험으로 돈을 벌 수 있는 가장 좋은 시대이다. 코로나 덕분에 온라인 지식 창업이 더욱 쉬워졌다. 용기를 내어 먼저 시작하는 자가 성공할 수 있다. 모르지 않은 길을 가는 것은 두려움이 있다. 하지만, 이 책이 당신의 길잡이가 되어줄 것이다. 먼저 경험으로 돈을 번 사람들의 이야기를 통해서, 아주 작은 것부터 시도해보기를 바란다. 지금의 조건에서 시작하자. 이 책이 당신의 메신저 사업의 나침반이 되어줄 것이다.

메신저를 돕은 메신저
박현근 코치

꿈 이야기
박영숙

많은 돈보다 하나님의 은혜로 살아온 인생
박진옥

나는 괜찮다 당신도 괜찮다
배서영

행복한 삶을 위한 행복 루틴 만들기
안현숙

'부의 추월차선'을 타게 된 비밀
이강민

나행복 ING, 브랜딩 GO
이승희

100세까지 돈 버는 책 쓰기 브랜딩으로 영향력 있는 명강사 되기
최원교

온라인 지식창업
메신저

박현근

박현근

메신저 스쿨 대표로, 메신저를 양성하는 메신저로 활동하고 있다.
2002년 고등학교 3학년 때 자퇴를 하고,
10년이란 시간을 배달과 청소를 하면서 꿈도 목표도 없이 살았다.
29살 때, 배달이 늦게 왔다는 이유로 뺨을 맞았다.
다른 삶을 살기 위해 미친 듯이 책을 읽고,
배움에 투자한 결과 전국을 다니는 강사가 되었다.
5년 만에 수입은 10배가 늘었고,
지금은 자신의 지식과 경험으로
메신저가 되고 싶은 사람들의 성공을 돕는 일을 하고 있다.

네이버 카페 : 메신저 스쿨
유튜브 : 박현근TV
이메일 : gandhi2018@gmail.com

《고교중퇴 배달부 1억 연봉 메신저 되다》
《메신저가 온다》
《땡큐 코로나, 억대연봉메신저》(공저)
《억대연봉메신저, 그 시작의 기술》(공저)

contents

10초만 버텨

"줄다리기에서 제일 중요한게 뭔지 아나? 바로 버티는 거야, 신호가 울리면 처음 10초는 그냥 버텨야 해. 그렇게 버티면 상대가 이상하다 왜 안 끌려오지 하고 당황할 거야. 분명 자기들이 훨씬 셀 거라 믿었을 테니, 그렇게 딱 10초만 버티다보면 상대편 호흡이 깨지는 순간이 분명히 와. 그 때 당겨 그럼 돼 힘이 약해도 반드시 이길 수 있어."

전 세계적으로 흥행하고 있는 오징어 게임에 나오는 대사이다. 그럼 언제 버텨야 할까? 포기 하고 싶은 순간에 버텨야 한다. 더 이상은 할 수 없겠다. 도저히 할 수 없겠다. 다 내려놓고 싶을 때 10초를 더 버티는 것이 중요하다.

메신저 사업을 하면서 포기하고 싶은 순간들이 찾아왔다. 이번이 마지막이다. 딱 한 번만 더 해보자는 마음으로 10년이란 시간을 버텨왔다. 10인실 강의장을 빌려놨는데, 1명이 온 적이 있었다. 강의를 폐강하고 싶었지만, 참여한 한 사람을 위해서 강의를 진행했다. 상식적으로 한 사람이 왔으면 강의를 폐강하는게 오히려 더 나을 수 있다. 하지만 내 사전에 폐강은 없다는 마음으로 매주 강의를 열었다. 처음부터 사람들이 많이 찾아왔을까? 아니다. 한명도 오지 않아서 혼자서 강의장을 지켰던 적도 여러 번 있었다. 그럴 때 마다 내가 계속 메신저 사업을 할 수 있을까? 그냥 다른 일을 찾아봐야 하나? 이제 나 뭐 먹고 살아야 하지? 다시 배달을 하러 가야 하나? 고민을 하기도 했다.

그래 오늘 하는 강의가 마지막 강의다. 오늘 나는 마지막 무대에 선다. 벼랑 끝에 선 마음으로 강연의 무대에 설 때 마다 다짐한다. 미쳐야 미친다. 죽기 살기로 목이 터져라 외치며 강의 한다. 살기 위한 몸부림이다. 또한 현실의 삶에 자신 스스로를 가둔 채 깨어나지 못하는 사람들을 향한 절규이다. 이 악물고 강의한다. 이 악물고 책을 읽는다. 나는 진짜 목숨 걸고 책을 읽었다. 책에 밑줄을 긋고, 여백에 메모를 하고, 모서리를 접어 가면서 멘토에게 배운 그대로 따라서 했다. 이렇게 책을 읽었는데 성과가 안 나는게 말이 안 될 정도로 반복해서 책을 읽고, 메모했다.

대충 대충 하면서 모집이 안된다. 힘들다 경기가 안 좋다. 코로나 때문에 안 된다. 핑계를 찾는 메신저들을 볼 때 마다 10초만 더 버티라고 이야기 하고 싶다. 그냥 버티는 것이 아니라. 정말 목숨 걸고 버텼으면 좋겠다. 무조건 버티는 것이 아니라. 전략을 써야한다. 기존에 하지 않은 다른 방식을 시도해봐야 한다.

내 인생의 책 한권을 내고 싶다는 열망

책을 쓰고 싶었다. 2012년부터 강의를 하면서 많은 강사, 저자들을 만났다. 강의 피피티에 자신의 책을 소개할 때마다 부러웠다. 강의가 끝나고 사람들은 강사의 책에 싸인을 받기 위해 줄을 섰다. 저자와 함께 사진을 찍는다. 나도 저자가 되어 싸인을 하고 싶었다. 멋있어 보였다.

책을 내면 메신저 사업이 잘될 것 같았다. 저자라고 하면 사람들이 인정해 줄 것만 같았다. 인정 받고 싶은 욕구가 책을 쓰고 싶다는 마음을 불러왔다. 책은 내고 싶었지만 어떻게 써야 하는지? 무엇부터 써야 하는지 알 수 없었다. 매일 강의를 하다 보니 말로 설명하는 것은 자신 있었다. 하지만, 나의 생각을 글로 풀어 내는 것은 쉽지 않았다. 책을 쓰고 싶다는 마음만 있었지 책 쓰는 방법도 몰랐고, 글을 쓰는 시간을 확보하는 것도 쉽지 않았다.

많은 책쓰기 관련 책을 읽었다. 수 백만 원에 호가하는 책쓰기 강의들을 찾아다녔다. 방법을 알면 나도 책을 잘 쓸 수 있을 것만 같았다. 하지만, 수영하는 방법을 아는 것과 물에 직접 들어가서 수영을 하는 것은 다른 문제였다. 분명히 어떻게 책을 쓰라고 배웠는데, 막상 글을 쓰려고 하니 글이 써지지 않았다. 막막했다. 두려웠다. 글쓰기 실력도 없는 나의 글을 보고 사람들이 비웃을 것만 같았다. "이것도 책이라고 썼어? 세상에 쓰레기 같은 책이 많은데, 이런 쓰레기를 또 썼어?" 라고 이야기할 것만 같았다. 컴퓨터 앞에 앉아 글을 쓰려고만 하면 손가락이 움직이지 않았다. 막막했다. 단 한 줄도 쓸 수 없었다. 책을 쓰고 싶다는 마음만 앞섰지. 글을 쓰는 것은 쉽지 않았다.

나의 글쓰기 실력을 키워 나가는데 도움이 된 세 가지 방법을 소개하고자 한다. 첫 번째는 책을 활용하는 것이다. 책 속에 문장 중에 와닿는 한 줄을 먼저 써 놓고 그것에 대한 나의 경험, 생각을 작성하다 보니 글이 조금씩 써지기 시작했다. 빈공간에 나의 글을 쓰는 것은 두려웠지만, 좋은 문장을 먼저 한 줄을 써놓고 글을 쓰니 신기하게도 글이 써지기 시작했다. 나는 책을 읽을 때 여백에 공간에 메모를 많이 한다. 좋은 문장, 좋은 단어들을 책에서 찾고, 그 발견한 문장과 단어들을 책의 여백에 공간에 한번 더 손으로 쓴다. 손으로 쓰다 보면 관련한 나의 경험들이 더 잘 떠오른다. 그렇게 책의 여백에 메모해놓은 내용들을 보면서 컴퓨터에 글을 쓴다. 나는 독서노트를 별도로 만들지 않는다. 책의 여백에 공간에 나의 생각들을 바로 적는다.

두 번째 방법은 녹음을 활용하는 것이다. 나는 강의를 하거나 코칭을 할 때 양해를 구하고 녹음을 한다. 내가 한 말들을 들으면서 타이핑을 한다. 사람들이 자주 물어 보는 질문들을 한 줄 적어놓고, 그것에 대한 나의 생각을 작성한다. 말로 풀어내는 것과 글로 풀어내는 것은 다르다. 말로 풀어내었던 내용들을 글로 다시 한 번 더 정리한다. 말은 지나가지만 글은 남아서 누군가를 돕는다. 내가 죽어도 책은 남는다. 나는 그래서 책을 많이 쓰고 싶다.

세 번째 방법은 블로그를 활용하는 것이다. 용기를 내어 블로그에 조금씩 글을 쓰면 내 글에 대한 사람들의 반응을 볼 수 있다. 공감이 눌리기도 하고, 댓글이 달리기도 한다. 글을 읽고 도움이 되었다는 사람들의 댓글을 읽으면 힘이 난다. 책을 쓰기 전에 나를 알릴 수 있는 제일 좋은 방법은 블로그이다. 결과를 보여주지 말고 과정을 보여주자. 글을 쓰면 책이 된다. 책을 써가는 과정을 블로그를 통해서 세상에 보여주자. 내 주변에 블로그를 통해서 책을 출간한 저자들이 많이 있다. 기회는 스스로 만드는 것이다. 블로그에 쓴 글들을 보고 출판사에서 연락이 와서 출간 계약이 되는 경우들을 많이 본다. 나의 생각을 보여줄 수 있는 것은 글과 말이다. 나의 경험과 생각을 블로그에 써서 책 출간의 기회를 만들자.

글은 언제 쓰면 좋을까? 나는 새벽 시간을 추천한다. 지금 쓰는 글도 새벽 6시에 쓰고 있다. 나는 매일 새벽 5시에 글쓰기 모임을 운영 중이다. 줌 링크를 올리고, 참여한 사람들이 각자 자신의 글을 쓴다. 글을 쓰려면 시간 확보가 되어야 한다. 새벽 시간이 오로지 집중해서 글을 쓰기 좋은 시간이다.

글쓰기를 통해 내 삶은 재해석 된다.

글쓰기를 통해 나의 삶의 의미가 부여 된다.

글쓰기를 통해 나의 삶은 더욱 가치 있어진다.

의미 있고, 가치 있는 삶을 원한다면 매일 글을 쓰는 삶을 살자.

나의 미래를 위해 꼭 투자해야 할 3가지

　현재의 삶과 다른 미래를 원한다면 3가지에 투자해야 한다. 부동산 투자, 주식 투자, 비트코인 투자 보다 중요한 3가지 투자 방법에 대해서 설명하고자 한다. 다른 내가 되고자 한다면 어제와 다른 행동을 해야만 한다. 어제와 같은 행동을 하면서 내일의 삶은 나아지겠지? 하는 것은 착각이다. 내일의 삶이 달라지려면 오늘 다른 행동을 해야 한다. 어제와 다른 행동을 해야 한다.

　첫째, 시간을 투자하자. 돈 보다 중요한 것은 시간이다. 시간은 돈을 주고도 살 수 없기 때문이다. 인타임이라는 영화를 보면, 1초의 시간이 없어 사람이 죽는다. 아무리 부자도 시간을 살 수는 없다. 시간은 금이다. 그렇다면 시간을 어떻게 사용해야 하는가? 미래를 위해 현재의 시간을 투자해야 한다. 현재 나는 시간을 어떻게 보내고 있는지 아는 가장 좋은 방법은 시간을 기록하는 것이다. 나는 2017년부터 프랭클린 플래너를 사용해서 시간을 기록했다. 2011년부터 현재까지는 3P바인더를 활용해서 시간을 기록하고 있다. 측정되지 않는 것은 관리할 수 없다. 보이지 않는 시간을 관리하기 위해서는 시간을 종이 위에 기록해야 한다. 돈을 관리하기 위해서 가계부를 쓰듯이, 시간을 관리하기 위해서는 시간의 가계부를 쓰는 것이 중요하다. 아침 5시부터 밤 12시까지 시간대별로 어떤 일들을 하고 있는지를 모두 기록으로 남긴다. 기록된 시간들을 보면서 피드백을 한다. 성과가 나지 않는 사람들은 시간을 기록하지 않는다. 성과가 난 사람들은 공통적으로 시간을 소중하게 사용한다. 말을 할 때도 '시간'이라는 단어를 자주 사용한다. 시간개념이 없는 사람들이 있다. 우선 약속시간을 지키지 않는다. 한번 늦는 사람들은 또 늦는 경우가 많다. 자신의 시간이 귀하면 다른 사람의 시간도 귀하다. 반드시 시간 약속을 지키자. 성공한 사람들은 시간 약속을 반드시 지킨다. 시간의 소중함을 잘 알기 때문이다. 약속 시간에도 10분전에 반드시 도착을 한다. 시간이 남아서 그런 것이 아니다. 시간을 계획적으로 사용하기 때문이다.

그렇다면 현재의 시간을 어떻게 보내야 할까? 당장 급하지 않지만 중요한 일에 시간을 먼저 써야 한다. 중요한 일은 오전 시간에 마쳐야 한다. 당장 안해도 문제가 없지만 나중에는 문제가 되는 일들이 있다.

독서하자. 책을 읽어야 한다. 성공한 사람들은 항상 새벽 시간을 활용해서 책을 읽는다. 자신의 시간을 잘 사용하고 싶다면, 시간관리와 관련한 책을 10권 이상 읽어보는 것을 추천한다. 나는 《성공하는 사람들의 7가지 습관》, 《성과를 지배하는 바인더의 힘》, 《모든 일에 마감 시간을 정하라》 이런 책들이 도움이 되었다.

글쓰기 시간을 확보하자. 글은 나 대신해서 일을 한다. 내가 쓴 글은 내가 자고 있는 시간에도 일을 한다. 블로그에 쓴 글들이 나를 대신해서 일을 하고, 책에 쓴 글들이 나를 대신해서 일을 한다. 매일 강의를 하느라 책을 못썼다. 책을 여러권 집필한 지인이 이야기 했다. "바뻐서 책을 못 쓰는 것이 아니라. 책을 안 쓰니 바쁜 것이다." "먹고 살만 하니까 책을 쓰지 않는 것이다". 현실의 삶이 바쁘고, 어려울 수록 글을 써야 한다. 매일 글을 쓰면 책이 된다. 말은 지나가지만 글은 남아서 다른 사람을 도울 수 있다. 나는 책을 많이 쓰고 싶다. 올해 3권의 책을 집필했다. 매일 새벽에 글을 쓰니 책이 되었다. 이 책들이 나를 대신해서 일을 하고 있다. 책이 없을 때는 말로 나를 설명하기 위해서 애썼다. 지금은 책을 읽은 독자들이 신용카드를 갖고 나에게 찾아온다. 우선 결제부터 해달라는 것이다. 말로 설득한 것이 아니라. 책으로 나를 이해시켰다. 책이 나를 대신해서 미리 일을 했다.

운동시간을 확보하자. 아프면 아무것도 못한다. 아프기 전에 쉬고,

아프기 전에 운동해야 한다. 체력은 국력이다. 메신저 사업은 마라톤이다. 나의 체력을 관리해야 한다. 건강을 잃으면 모든 것을 잃는 것이다. 아무리 바빠도 하루에 운동할 시간을 미리 정해 놓자. 두바이 여행을 갔을때 6성급 호텔에 묵었다. 새벽시간에 헬스장에 가보니 이미 많은 사람들이 운동을 하고 있었다. 길거리에서 달리기를 하는 외국인들도 많이 만났다. 미국 UCLA대학에 갔을 때도 많은 학생들이 대학 체육관에서 운동을 하는 모습을 봤다. 운동할 시간이 없다는 것은 핑계다. 성공한 사람들은 운동시간을 먼저 확보한다.

외국어 공부를 하자. 기회는 내가 만든다. 언어를 공부하면 더 많은 기회를 얻을 수 있다. 코로나 덕분에 세계가 가까워 졌다. 온라인으로 전 세계에서 진행되는 강의들을 실시간으로 들을 수 있다. 외국어를 할 수 있다면 집에서도 전 세계 사람들과 소통을 할 수 있는 시대가되었다. 나의 언어 롤모델 윤스키 강사는 5개 국어를 한다. 2019년 미국에 브랜드 버처드 세미나에 같이 참석했다. 강의를 듣고 나눔을 하는데, 영어로 나눔을 하고 친구들을 사귀었다. 영어보다 스페인어가 더 편하다고 하는 사람들과는 스페인어로 대화를 하고, 러시아어로도 소통을 했다. 나는 그 모습이 부러웠다. 나도 언어 공부를 해서 전세계 사람들과 친구를 하고 싶었다. 우선 영어를 목표로 했다. 한국에 돌아오자 마자 영어 학원에 등록을 했다. 아침 9시부터 저녁 6시까지 하루 종일 영어로만 생활을 하는 학원이었다. 학원에서는 한국어를 쓸 수 없었다. 온전히 영어에 몰입했다. 처음 2달 동안은 듣지도 말하지도 못했다. 인풋의 양이 쌓이자. 조금씩 들리기 시작했다. 들리기 시작하니 따라서 조금씩 말을 할 수 있게 되었다. 2년의 시간을 영어 공부에 온전히 몰입했다. 지금은 더 많이 듣고, 더 많이 말을 할 수 있다. 아직 완벽한 것은 아니다. 하지만, 나는 영어로 강의하는 꿈을 갖고 매일 영어 공부를 하면서 현재의 시간을 보내고 있다. 결과를 만들기 위해서 집중된 시간을 투자를 해야 한다.

둘째, 돈을 투자하자. 서두에서도 이야기 했듯이 투자를 해야 한다. 수익률이 높은 투자는 어떤 투자 일까? 수익률이 높은 곳에 투자를 해야 성공한 투자라고 할 수 있다. 우리는 투자를 통해서 부자가 되기도 하고, 투자의 실패로 어려움을 겪기도 한다. 내가 생각하는 가장 확실한 투자는 배움에 투자를 하는 것이다. 내 머릿속에 든 지식은 아무도 훔쳐갈 수 없기 때문이다. 나의 멘토 강규형 대표와 상담시 나에게 해준 말이 있다. "버는 능력을 키워야 한다". 버는 능력을 키우기 위해서 나는 배움에 투자를 해야 했다. 10년 동안 7000만원 이상을 투자해서 배움에 힘썼다.

유료 강의 수강. 10만원짜리 강의를 들으면 100만원을 벌 수 있다. 나는 항상 강의를 듣고 나의 수익률을 높여왔다. 배움에 대한 투자는 반드시 돌아온다. 다른 사람을 위한 투자가 아닌 오로지 나 자신을 위해서 투자해야 한다. 책을 사야 한다. 책 사는게 쉬운가? 책 읽는게 쉬운가? 사는게 훨씬 쉽다. 책 사는데 돈 아껴서 부자가 되었다는 사람을 본 적이 없다. 술 먹는데는 돈을 쓰면서, 책 사는데 돈을 아낀다면 그 사람의 미래는 어떻게 되겠는가. 나의 미래를 위해서 돈을 투자해야 한다. 나는 책 사는데 돈을 아끼지 않는다. 책에서 얻은 아이디어를 실행하면서 나의 수입은 5년만에 10배 이상 늘어나게 되었다. 책을 읽을 수록 나의 수입은 늘어났다. 돈이 없을 때도 난 밥먹는 돈, 옷 사는 돈은 아껴도 책 사는 돈은 아끼지 않았다. 알라딘 중고 매장에 가서 천원, 이천원 하는 중고 책들 부터 사서 읽었다. 현실의 삶이 어려울 수록 나는 책을 붙잡았다. 책 속에 길이 있고, 책 속에 답이 있었다. 도서관보다 중고 책방을 좋아하는 이유가 있다. 도서관에서 빌린 책은 메모를 할 수 없다. 나는 항상 책에 메모를 하면서 읽는다. 책은 메모장이다. 책을 읽으며 떠오르는 아이디어를 기록하고 실행한다. 수익이 늘어난다. 성공한 사람들은 발자취를 남긴다. 책에 나온 성공한 사람들의 발자취를 따라 가는 것이 성공을 향한 지름길이다.

셋째, 사람에게 투자하자. 나는 사람에게 관심이 많다. 내가 힘들고 어려운 삶을 살아왔기에 힘든 사람들을 보면 더 도와주고 싶은 마음이 생긴다. 현실의 삶이 힘들었기에 더욱 치열하게 성장과 성공을 향해 노력했다. 항상 배워서 남주자는 마음으로 지금까지 살아가고 있다. 나는 기버가 되고 싶다. 베푼 만큼 돌아오지 않을 지라도 사람들에게 베푸는 삶이 성공한 삶이라고 생각한다. 밥을 사는 것도 베푸는 방법이 될 수 있고, 지식을 나눠주는 것도 베푸는 것이 될 수 있다. 리더는 베푸는 사람이다.

피터드러커의 《성과를 향한 도전》책에는 3가지 성과가 나온다. 직접성과, 가치창조와 재확인, 인재양성이다. 나는 지금 인재양성에 관심이 있다. 혼자서는 살아갈 수 없는 세상이다. 《조인트사고》 책에서도 협력의 중요성을 강조한다. 내가 잘 하는 분야는 동기부여이다. 사람들이 분명히 잘하는 강점이 있는데, 스스로 못한다는 생각으로 도전하지 못하는 모습들을 본다. 나는 사람들에게 자신의 한계를 뛰어넘을 수 있다고 동기부여하고, 강의 할 수 있도록 돕고 있다.

예전에는 모든 것을 혼자 하려고만 했다. 혼자 일하는 것이 편하기 때문이다. 이제는 사람들에게 부탁을 한다. 컴퓨터 전문가에게는 컴퓨터 관련한 일을 부탁하고, 디자인 전문가에게는 디자인 관련 일을 부탁한다. 사람들은 누구나 잘하는 것이 있다. 나는 사람들이 가진 지식과 경험을 통해서 수익을 내는 메신저의 삶을 살아갈 수 있도록 돕는 일을 하고 있다.

스펙보다 독서

학력이 없다면 어떻게 하여야 하는가?

학벌이나 학연이 보잘 것 없다면 스스로 홀로서기를 하는 것이 가장 바람직하다. 나 역시 그랬다. 분명히 말한다. 대졸자들이 대학에서 보내는 4년과 동일한 기간을 어떤 분야에 홀로 파고 든다면 그 어떤 분야에서건 대졸자보다도 더 큰 실력을 갖추게 된다. (세이노 칼럼)

고교중퇴자라는 열등감 때문에 더 치열하게 공부했다. 사람들에게 무시 당하고 싶지 않았다. 무식하다는 이야기를 듣고 싶지 않았다. 내가 선택한 것은 독서였다. 사람들보다 책을 더 많이 읽기 위해서 노력한다. 책에서 한 가지라도 아이디어를 얻으면 실행하기 위해서 노력한다. 책에서 얻은 아이디를 실행해야 나의 삶이 바뀐다. 머릿속으로 알고만 있다고 내 삶이 바뀌는 것은 아니다. 아이디어는 돈이다. 단 실행했을 때 돈이 된다.

독서와 메모를 통해서 5년 만에 수입도 10배가 늘어나고, 만나는 사람도 달라졌다. 지금의 상황 가운데 힘들어 하는 사람들에게 책을 선물하기도 하고, 3P바인더를 선물하기도 한다. 힘들다고 하면서 책은 읽지 않고, 3P바인더는 쓰지 않는다. 그러면서 계속 힘들다는 말을 한다. 도와달라고 한다. 외부 환경은 절대 바뀌지 않는다. 나의 생각과 행동이 먼저 바뀌어야 한다. 성공하고 싶은가? 성공한 사람들의 생각을 읽어야 한다. 보이지 않는 생각을 읽을 수 있는 유일한 방법은 성공한 사람들의 책을 읽는 것이다.

나만 힘든 줄 알았는데, 나만 아픈 줄 알았는데, 나의 삶이 너무 괴롭고 힘들어서 삶을 포기하고 싶은 순간도 있었다. 힘들고 어려울수록 동아줄을 붙잡는 심정으로 책을 붙잡았다. 책 속에 답이 있고, 길이 있다고 하는데 그 답과 길을 찾고 싶었다. 보물을 찾는 간절한 마음으로 책을 읽고 또 읽었다. 새로운 책을 읽는 것도 좋지만, 좋은 책을 반복해서 읽는 재독이 더 좋다. 책을 읽을 때는 여백의 공간에 메모를 한다. 나는 따로 독서수첩을 쓰지 않는다. 모두 책의 여백의 공간을 사용한다. 재독을 하면서 지난 날 읽었던 책의 밑줄을 보고, 여백에 적힌 메모들을 읽는다. 그 시간에 고민했던 흔적들이 책에 고스란히 남아 있다. 문제가 생길 때 마다 다시 힘들 때 읽었던 책들을 꺼내본다. 사람은 망각의 동물이다. 조금만 상황이 괜찮아 지면 처음 시작할 때 간절함을 잊어버린다. 나는 초심을 잊지 않기 위해서 다시 지난 시간 읽었던 책들을 꺼내 읽는다. 처음 읽을 때는 이해되지 않고, 어려웠던 내용들이 다시 읽을 때는 이해가 되고, 마음에 새겨진다.

나는 성공학에 관심이 많다. 성공하고 싶었다. 부자가 되고 싶었다. 성공한 사람들의 책을 2000권 이상 읽으면서 연구했다. 성공한 사람들은 분명히 성공한 이유가 있을 것이라고 생각했다. 성공한 사람들은 선택과 집중을 했다. 한 분야의 전문가들이었다. 실행의 대가들이었다. 나는 성공한 사람들의 삶을 따라하기 시작했다. 한 분야의 책을 100권만 읽으면 전문가가 될 수 있다고 한다. 일주일에 한권이면 2년, 일주일에 2권이면 1년, 일주일에 4권이면 6개월만에 한 분야의 전문가가 될 수 있는 것이다. 나는 항상 책을 끼고 살았다. 책상 위에, 화장실, 부엌, 침대 옆에 책을 두었다. 내가 가는 곳마다 읽은 책들이 쌓여있다. 가방에는 항상 2-3권의 책을 갖고 다닌다. 대학을 나왔다면, 대학원을 나왔다면, 박사학위까지 있다면 이렇게 내가 열심히 독서하고 치열하게 살아갈까? 결핍이 있다는 것은 좋은 일이다. 나의 결핍을 극복하기 위해 나는 책을 읽는다.

슬럼프를 현명하게 극복하는 방법

슬럼프가 찾아왔다는 것은 좋은 일이다. 내가 그 동안 열심히 살아왔다는 증거이다. 첫째, 일단 쉬자. 아프기 전에 쉬고, 슬럼프가 오기 전에 쉬어야 한다. 내가 언제 슬럼프가 찾아오는지? 나를 먼저 아는 것이 중요하다. 봄, 여름, 가을, 겨울. 사계절이 있듯이 나에게도 매년 겨울과 같은 힘든 시간들이 주기적으로 찾아온다. 예전에는 슬럼프가 올 때 마다 침체가 되고, 침륜에 빠지는 내 자신이 못 마땅했다. 이제는 슬럼프가 오면, 아! 올 것이 또 왔구나! 이제 쉴 시간이구나! 먼저 인지한다. 둘째, 취미 활동을 한다. 여행을 떠나거나, 그림을 그리거나, 새로운 것을 배우면서 슬럼프의 기간을 견뎌낸다. 나는 새로운 것을 배우는 것을 좋아한다. 최근에는 그림도 배우고, 탁구도 배우고 있다. 앞으로 춤도 추고 싶고, 노래도 배우고, 연기도 배우고 싶다. 나는 새로운 것을 배우는 것이 좋다 셋째, 슬럼프의 원인이 무엇인지 파악한다. 명확한 원인을 알면 그 슬럼프를 극복하는데 도움이 된다. 사람 때문에 힘이 든다면, 그 사람과의 문제를 해결해야 한다. 나 자신이 싫어서 힘이 든다면, 나 자신을 이해하기 위해서 노력해야 한다. (이 경우가 가장 힘들었다)

사실 슬럼프가 오면 만사가 귀찮다. 책도 읽기 싫고, 글도 쓰기 싫다. 사람들도 만나기가 싫고, SNS에 글을 올리거나 사진을 올리는 것 모든 것이 싫어진다. 나만의 동굴로 들어간다. 전화도 꺼놓는다. 단, 시간이 너무 길면 안 된다. 슬럼프의 기간이 길 다면 다시 회복하는데 그만큼의 오랜 시간이 걸린다. 한번 꺼진 공장을 재가동하는데 시간이 오래 걸리듯이 말이다. 나는 슬럼프가 오면 속도를 늦춘다. 내가 하는 일들을 줄인다. 지금까지 내가 잘 해왔던 것들은 어떤 것들이 있는지 나의 성과들을 돌아본다. 수강생들의 후기를 읽거나, 지난 강의 영상들을 들어본다. 난 나의 지난 강의 영상들을 보면 다시 동기부여가 된다. 내가 쓴 책을 다시 읽어보면 다시 힘이 난다. 어느 책에서 본 나는 아직도 가치 있는 사람이야! 라는 말이 나에게 울림을 주었다.

그리고 나의 마음을 다 털어 놓을 수 있는 단 사람(깐부)에게 내가 지금 슬럼프 기간이라고 솔직하게 이야기 한다. 힘들 때는 어떤 해결책을 듣고 싶지도 않다. 그냥 옆에 조용히 옆에 나를 믿고 기다려주는 단 한 사람이 있다는 사실만으로도 큰 도움이 된다.

항상 다른 사람들을 챙기느라 나 자신을 챙기지 못할 때가 많았다. 나는 우주에서 가장 소중한 사람이다. 내가 가장 소중하다. 나를 먼저 챙기고 남을 챙기자. 내가 먼저 행복해야 다른 사람을 행복하게 할 수 있다. 슬럼프를 무조건 피하려고 하지 말자. 슬럼프의 기간을 지혜롭게 극복하자.

나는 슬럼프를 지혜롭게 극복하는 사람이다.
나는 슬럼프를 지혜롭게 극복하는 사람이다.
나는 슬럼프를 지혜롭게 극복하는 사람이다.

공감 가는 콘텐츠 만드는 3가지 방법

온라인 시대에는 주목을 끄는 기술이 중요하다. 많은 SNS채널에 글과 사진 속에서 나를 주목하게 하기 위해서는 공감가는 콘텐츠를 만들어야 한다. 공감이 가야만 나의 게시글에 머무는 시간이 길어진다. 알고리즘은 나의 콘텐츠가 좋은 콘텐츠로 인식하고 더 많은 사람들에게 보여지게 한다.

그렇다면 공감 가는 콘텐츠는 어떻게 만드는가? 첫째, 사색을 많이 하는 것이 중요하다. 사색의 시간을 통해 번뜩하고 떠오르는 생각들을 메모하고, 글을 쓰거나, 영상을 찍는다. 나는 주로 아침시간 걷기를 하면서 생각하는 시간을 갖는다.

둘째, 내가 하고 싶은 말 보다는 상대방이 듣고 싶어하는 이야기를 한다. 앞에 가상의 한 사람이 있다고 생각하고 그 사람과 대화하면서 글을 쓴다. (페르소나 기법) 이 말이 어렵지는 않은지, 이게 도움이 되는지? 공감이 되는지? 물어보면서 콘텐츠를 만든다.

셋째, 사람들이 반응하는 콘텐츠를 벤치마킹한다. SNS에 보면 사람들이 많이 공유하고, 댓글을 남기고 저장하는 게시글들이 있다. 처음에는 똑같이 만들어 본다. 따라하는 것이 나의 실력을 높이는 방법이다. 모방은 창조의 어머니라고 하지 않았던가. 초보 기자들도 처음에는 선배의 기사를 따라 쓰는 연습을 한다. 따라하기 위해서는 분석하는 능력이 있어야 한다. 보는 눈을 키워야 한다. 제목은 어떻게 구성이 되었는지? 본문은 어떻게 구성이 되었는지? 분석하며 콘텐츠를 보는 눈을 키우자.

절대 실패하지 않는 메신저의 기술

메신저를 꿈꾸는 사람은 많지만, 메신저로 살아가는 이는 많지 않다. 메신저가 되기 위해서 조금의 노력을 하다가 다시 현실의 삶으로 돌아가는 경우들이 많이 있다. 지식 창업을 하겠다고 도전했다가 당장의 결과가 주어지지 않으니 다시 취업을 하는 것이다. 독서모임을 시작했다가 모집이 되지 않으니 독서모임을 없애버린다. 오픈채팅방을 만들었다가 관리가 되지 않고 힘드니까. 오픈채팅방을 없애 버린다.

다른 결과를 원한다면, 다른 행동을 해야 한다. 기존에 하지 않았던 것을 시도하다 보니 육체적으로 정신적으로 많은 스트레스를 받는 것은 당연하다. 우리는 더 성장하기 위해서 안전지대를 벗어날 필요가 있다. 절대 실패하지 않는 메신저의 기술 3가지에 대해서 이야기 하고자 한다.

첫째, 나만의 시간 확보해야 한다. 메신저가 되기 원한다면 최소 하루 한 시간은 메신저의 타임을 갖자. 메신저가 되기를 원한다면서도 시간을 투자 하지 않는 경우들을 본다. 현실의 삶이 바쁘고, 힘들기 때문이다. 다른 미래를 꿈꾼다면 지금 다른 시간을 보내야 한다. 메신저가 되기 위한 준비 시간은 정말이지 중요하다. 예를 들어보자. 영어를 잘하기 원한다면 영어공부에 시간을 투자한다. 수영을 잘하라면 물에 직접 들어가서 수영하는 시간을 갖는다. 영어에 더 많은 시간을 투자할수록 영어로 듣고 말하는 것이 쉬워진다. 물에서 보내는 시간이 더 많을 수록 수영선수가 될 가능성은 높아진다. 마이클 펠프스 수영 선수는 보통 사람보다 훨씬 많은 연습량을 갖는다. 그래서 세계 최고의 국가대표 수영 선수이다. 내가 얼마나 메신저가 되고자 하는데 시간을 투자하느냐에 따라 결과는 달라질 것이다. 메신저가 되기 위해서 더 많은 시간을 투자할 수록 성공한 메신저가 될 가능성은 높아진다.

그렇다면 메신저가 되기 위한 시간에 무엇을 하면 좋을까? 가장 중요한 것은 사색의 시간을 갖는 것이다. 명상을 하는 것도 좋고, 걷는 것도 좋다. 나는 어떤 메신저가 되고 싶은지? 나는 누구를 돕고 싶은지? 어떤 주제로 사람들을 도울 것인지? 끊임없이 생각한다. 마음의 소리를 듣는다. 타인과 비교하지 않고, 진정으로 내가 원하는 메신저의 삶은 어떤 것인지? 마음 속에서 울리는 작은 외침의 소리를 듣는다. 외부에서 들려오는 소리를 끄면 마음의 소리가 들려온다. 외부의 소리가 크면 마음의 소리가 들리지 않는다. 옆을 보는 것보다 내 안을 들여다 보는 것이 중요하다. 내가 진정으로 원하는 메신저의 삶은 어떤 삶이지? 메신저의 시간을 갖을 때는 핸드폰을 잠시 꺼놓는 것도 좋은 방법이다.

둘째, 나만의 공간을 확보한다. 사람은 환경의 영향을 받는다. 좋은 환경이 좋은 사람을 만든다. 나만의 몰입하고 집중할 수 있는 공간이 있어야 한다. 아무리 집중하고자 해도 나를 방해하는 사람, 나의 꿈을 파괴하는 사람들이 있는 공간에서 메신저의 시간을 보내는 것은 의미가 없다. 집중할 수 있는 공간을 확보하자. 회사 근처 혹은 집 근처에 조용한 카페를 찾아보자. 하루 한 시간은 나만의 공간에 들어가서 메신저의 시간에 집중하자. 집에 있으면 오히려 집중에 방해가 된다. 앉으면 눕고 싶고, 누우면 자고 싶다. 집에 있으면 해야만 하는 집안 일들이 계속 보인다. 엄마도 엄마의 시간이 필요하고, 아빠도 아빠만의 시간이 필요하다. 메신저도 메신저의 시간이 필요하다. 나만의 집중할 수 있는 공간에서 시간을 집중된 시간을 보내야 한다. 자투리 시간 보다 중요한 것은 몰입할 수 있는 1시간이다.

스터디 카페를 추천한다. 2시간에 5천원 정도 비용을 내면 조용한 공간, 나만의 책상에서 책도 읽고 글도 쓸 수 있다. 처음 메신저 사업을 시작할 때는 고정비를 줄이는 것이 중요하다. 정기적으로 사람을 만나야 한다면 사무실이 있는 것이 좋다. 하지만, 처음부터 고정비를 높이면 위험 부담이 크기 때문에 사무실을 오픈하고 메신저 사업을 시작하는 것은 추천하지 않는다. 고정적으로 수입이 생긴 이후라면 나만의 사무실이 있는 것이 좋다. 나는 항상 메신저 연구소를 꿈꾸었다. 책과 바인더들을 정리하고 집필 활동을 하고 싶었다. 한쪽의 공간에는 강의장을 만들어서 강의를 하고 싶었다. 삼성동 위워크에 입주했다. (공유 오피스) 처음에는 고정적인 월 77만원의 지출이 부담이 되었다. 하지만, 나만의 공간이 생기자 마음의 안정이 되었다. 작은 책장을 사서 책과 바인더를 꽂아 넣고, 사람들과 매일 만남을 이어 나갔다. 코로나 덕분에 온라인으로 사람들을 만날 수 있는 시대가 되었다. 하지만, 오프라인으로 직접 눈을 보고 이야기하는 것은 확실히 다르다. 나는 관계는 1:1에서 만들어진다고 생각한다. 고정비가 발생했지만 그 이상의 고정적인 수입이 늘었다. 추후 지인과 함께 2인실로 들어갔다. 월지출은 고정적으로 130만원이 나왔다. 하지만, 그 이상의 매출이 나왔다. 공유 오피스의 장점은 옆에 열심히 일하는 사람들을 많이 볼 수 있다. 사람은 환경의 영향을 받는다. 옆에 일하는 사람들을 보면서 나도 더욱 열심히 일하다 보니, 수익에도 변화를 가져왔다.

2020년 2월 코로나가 왔다. 모임을 할 수 없었다. 2020년 3월 사무실을 정리했다. 다시 집으로 들어갔다. 집에서는 집중이 되지 않았다. 근처 카페에서 공부를 하고, 온라인 강의를 할 때만 집에서 강의했다. 되도록 집에 있는 시간을 줄였다. 나는 집에서 집중을 잘 하지 못한다.

집에 있으면 늘어지게 된다. 2020년 5월부터 시작한 온라인 강의가 폭발적으로 인기를 끌었다. 보증금 1000만원에 월 100만원. 강남역에 있는 오피스텔로 1년 계약을 해서 입주를 했다. 다시 사람들을 1:1로 만나고, 온라인 강의 시스템을 갖추어 나갔다. 나만의 몰입하고 집중할 수 있는 공간이 생기자 나의 매출은 더욱 늘어났다.

정리하면 처음에는 고정적 비용을 줄이기 위해서 사무실이 없는 것이 좋다. 카페나 스터디카페 등을 이용하자. 메신저 사업을 하면서 고정적 수입이 생기고, 매일 만날 고객이 생기면 작은 사무공간을 오픈하자. 고정지출 이상의 매출을 달성할 수 있을 것이다. 세계 최고들은 나만의 공간이 있었다. 성공한 메신저가 되고 싶다면, 나만의 공간에서 몰입의 시간을 보내는 것이 중요하다.

셋째, 힘을 빼야 한다. 처음부터 너무 잘 하려고 하면 시작하는 것이 두려워진다. 어깨에 힘이 들어간다. 완벽하게 시작하려고 하니 시작이 느려진다. 일단 시작하고 개선해야 한다. 나는 완벽함을 내려놓기 위해서 시간을 정해 놓고 움직인다. 완벽하지 않더라도 일단 그 시간이 되면 실행한다. 예를 들어 강의공지를 먼저 올리고 강의를 준비한다. 완벽하게 준비가 되지 않았더라도 강의를 해야만 한다. 강의를 하고 난 후에는 반드시 스스로 피드백을 한다. 부족한 부분을 개선한다. 다음 시간에는 더 나은 강의를 할 수 있다. 가면서 길을 찾는다. 계속 생각만 한다고 결과가 나오는 것이 아니다. 부족한 만큼 실행을 해보고 수정을 한다. 완벽하게 시작하려는 마음을 내려 놓아야 한다. 강의도 힘을 빼고 하니 오히려 사람들의 반응이 좋았다. 완벽하게 준비하면 딱딱한 강의가 되지만, 힘을 빼고 하면 부드러운 강의가 되고, 듣는 사람도 편하게 느낀다.

누구나 메신저가 될 수 있는 시대가 되었다. 나의 경험과 지식을 통해 조언을 제공하고 대가를 받아야 한다. 메신저가 되면 의미 있는 삶과 물질적인 만족을 누릴 수 있다. 이 글을 읽는 당신의 경험은 당신 스스로 생각하는 것보다 가치가 있다. 이제 용기를 내어 메신저 사업을 작게 시작해보자. 당신의 메신저 사업의 시작을 뜨겁게 응원한다.

위기일 때
오히려 기회를 잡아라!

김지은

김지은

나이 40세가 되어서야 자기계발을 시작한 가정주부
독서 천재 홍대리 후속책인 일독과 이독을 통해
생존 독서로 제2의 인생을 시작하게 된다.
코로나 바이러스로 인해 신랑의 사업의 위기를 맞아
아무것도 모르는 가정주부가 사업을 시작하게 된다.
독서를 통해
내 자신이 변화되고 성장한 것을 나와 연관된 사람들과
내가 지도하고 있는 학생들에게 가르치고 전하고 싶은
내면 건강 독서 메신저다.

블로그 :https://blog.naver.com/nathral
https://blog.naver.com/achallmom
유튜브 : 아챌PD
이메일 : nathral@naver.com

현 5분에 책1권 읽기(독서, 속독)수원광교센터원장
현 내면 건강 독서 코칭반 운영
전 4년간 두 아들과 엄마표 홈스쿨
전 돈 좀 아는 언니 모임 코칭
대학에서 컴퓨터전공, 플루트전공
대학원에서 기독교교육학 박사 과정중

contents

네 꿈이 뭐야

"엄마, 선생님이 나 노래 잘한대~"

"어, 그래!"

초등학교 6학년 때의 일이다.

음악 선생님이 내가 하는 족족 A+을 주신다.

'나 정말 잘하는 걸까?'

아이들이 놀란다.

내가 그렇게 재능이 있는 줄도 모르고 살아가고 있었다.

"아빠, 저 성악 전공하고 싶어요."

"조수미처럼 되지 못하면 시작하지도 마라."

딱 잘라 말씀하시는 우리 아빠, 바라는 꿈을 내려놓고 평범하게 수능 점수에 맞춰서 대학에 들어갔다. 대학 생활을 처음 시작하는데, 음악동아리 회원을 모집한다고 대학 게시판에 붙여 놓았다. 음악교육과 선배님들이 알려주실 모양이다. 내심 기대하고 연락했다.

　"안녕하세요? 선배님, 저 음악동아리 신청하고 싶어서 연락을 드렸어요."

　"아, 그래요?" "무슨 악기를 원하세요?"

　"제가 어떤 악기를 배울 수 있을까요?"

　"제 전공은 플루트이에요."

　"아~ 그럼, 플루트 배울게요."

　음악동아리 첫 만남은 대학교 식당에서 시작했다. 동아리를 신청해서 들어갔는데, 동아리를 좀 더 활성화해서…. 만나서 호프집에 가서 이야기하고 그런 정도가 다였다. 그리고 악기를 알려 주던 선배는 연락도 두절…. 도망을 다니기 시작했다. 이제 내가 돌아보며 생각나는 건…. 레슨비 준다고 레슨해 달라고 할 걸 그랬다. 그 선배도 플루트 레슨하느라 시간이 나지 않아서 그런 거 같기도 했다.

　'에이…. 플루트 배운다고 엄마한테 돈 달라고 해서 플루트 샀는데….'

　'주님, 저 플루트 배우고 싶어요.'

　'플루트 배우게 해주시면 주님을 위해 사용할게요.'

　나도 모르게 기도가 나왔다. 며칠 후에 아파트 게시판에 "OO 동사무소에서 플루트 함께 배우실 분 연락해주세요." 비용은 무료라고 적혀 있는 것이었다. 사실 내가 사는 동네 동사무소 쪽이 아니었다. 버스를 타고 20분 정도 넘게 가야 하는 곳이었다. 너무 신기했다. 대학을 다니면서 플루트를 배우기란 쉽지는 않았지만, 너무 재미있었다. 동사무소에서 가르쳐 주시는 분은 플루트를 독학으로 배우신 할아버지 선생님이셨다. 나의 첫 선생님이다. 기초적인 것부터 시작해서 6개월을 배웠다. 이제는 할아버지의 수준을 넘으니 전공하신 선생님을 만나고 싶었다. 전공하신 선생님을 만나려면 우선 레슨비가 필요했다. 매달 부모님께 레슨비를 달라고 할 수도 없는 상황이었다. 그래서 생각해 낸 곳이 바로 벼룩시장 신문이었다. 그 신문에는 일자리를 구하는 사람도 있고, 사원이나 선생님을 구하는 곳도 있었다. 대학생 신분으로 내가 아르바이트를 할 수 있는 곳은 어디 있는지 찾아보게 되었는데, 바로 피아노 학원이었다. 일주일 세 번 2시부터 7시까지 그때는 학교 수업을 조정할 수 있기에 피아노 학원 선생님 아르바이트하면서 레슨비를 만들었다.

플루트 선생님을 처음 만나면서 하나씩 제대로 레슨을 받게 되었다.

레슨을 받게 되니 내가 무언가가 되어가는 기분이 들어 정말로 기쁘고 행복했다. 내가 하고 싶은 것을 하면서 매일 매일 꿈꾸니 그야말로 구름 위에 앉아 있는 기분을 느꼈다. 수 개월 동안 레슨을 받고 나니 전공하고 싶은 마음이 들었다.

'몇 년 전에 아버지께 이야기했었는데…. 그것도 물거품이 되었는데…. 이번에도 그렇겠지?' '아니야, 내 인생이잖아. 내 인생이지. 부모님의 인생이 아니잖아. 나 지금 하지 않으면 정말로 후회할 거 같아. 어떻게 이야기를 해야 할까? 또 뭔가 사단이 날 거 같아…. 두렵고…. 무서워….' '뭐 어때, 고등학교 때는 내가 아직 어려서 내 앞길을 어떻게 책임질지 몰라 부모님의 말씀에 응했지만…. 20대 내가 하고 싶은 것을 해보지 않으면 영영 후회할지도 몰라….'

두렵고 떨리는 마음으로 아버지께 말씀을 드렸다.

"아버지, 저 음대 가고 싶어요." 아버지께서 대답하셨다.

"뭐?"

"고등학교 때 제가 음대 가고 싶다고 했을 때는 아버지 말 듣고 일반 대학을 갔지만, 지금 하지 않으면 후회할 거 같아요."

엄마가 옆에서 거들어 주신다.

"여보, 지은이가 하고 싶은 거 하게 해줘요."

옆에서 내 편을 들어주는 엄마가 얼마나 고마운지….

"제가 지금 돈이 없어서 그런데, 학교 입학금만은 아버지께서 내주세요.

그 다음은 제가 알아서 할게요."

입시 준비하면서 이렇게 돈이 많이 들어가는 건 대충 알게 되었지만, 부모님께서 지인을 통해 자리를 마련해주신 은행직원으로 취직하지 않고, 시사영어사 학습지 교사로 일하고 있었는데, 돈을 모아서 전공 플루트를 사고, 레슨비를 충당하고 있었다. 그런데, 내가 버는 돈으로는 역부족이었다.

매번 레슨을 가기 전에 아버지께 눈치를 보며 아버지께 레슨비를

달라고 해야 하는 나 자신이 초라하기도 했지만 '어쩌겠는가?'

'하고 싶은 일에는' 자존심도 없어지는 것 같다. 플루트 선생님의 스승님이신 교수님께서 내가 나이가 많다고 안 받아 주려고 하셨는데 나의 어떤 모습을 잘 보셨는지 모르겠지만 특별히 받아 주셔서 레슨을 본격적으로 받게 되었다. 어느 날 하루는 교수님께서 말씀하셨다.

"지은아, 넌 똘똘하고 재능도 많은데…. 플루트는 아닌 거 같아."

"다른 어린 친구들이 훨씬 잘하는데, 굳이 네가 할 필요가 있을까?"

'아…. 이상적인 꿈과 현실과는 정말로 아주 다르구나!'

전공생들 대부분은 초등학생 때부터 예중을 준비하고, 예고를 다니는 학생들은 수시로 연습하면서 홀을 빌려 교수님께 단체 연주 레슨을 받고 콩쿠르와 입시를 준비하는 친구들이다. 그날 교수님께 레슨을 받고 집으로 오는 길에 눈물 콧물…. 펑펑 울었다.

'나를 받쳐주는 사람도 없고, 우리 부모님도 내가 그만두게 되면 땡큐라고 말씀하시는데…. 거기에 교수님까지 그렇게 말씀하시니…. 나는 어떻게 해야 할까?' '낮에는 아이들을 가르치고, 저녁부터 밤까지는 연습을 게을리하지 않았는데…. 입술이 부르트고, 어깨의 근육이 뭉쳐서 아플 지경에…. 내가 왜 이렇게 열심히 하는 거지?'

내 나이 24살

    플루트를 전공 선생님께 배운지 2개월부터 레슨이 들어왔다. 참 이상하고 신기한 일이다. 교회에서 언니들이 레슨해 달라고 하고, 피아노 학원 원장 선생님이 레슨해 달라고 하신다. 그리고 작은 교회 목사님 자녀도 레슨해 달라고 하셨다. 물론 레슨비를 받고 말이다. 본격적으로 음대 입시를 준비하는데 실기시험을 보는 곳마다 떨어졌다. 나와 같은 나이 내 친구는 편입해서 더 좋은 학교로 가게 되니 주위에 언니, 오빠들이 칭찬해서 내가 참으로 뻘쭘했던 기억이 난다.

    '괜찮아. 지은아 너는 최선을 다했어. 다시 하면 되지 뭐.'

    다시 시작하게 되는 음대 입시 정말로 힘이 들지만, 다시 시작하게 되었다. 손가락의 근육의 메커니즘이 빠르지 않으니 교수님이 답답해 하셨다. 교수님께서 하시는 말씀….

    "지은아, 너 그냥 내가 레슨 하는 학교로 지원해라."

그곳은 2년제 전문대였다. 그렇게 해서 나의 음대 인생은 시작이 되었다.

'왜 내가 이토록 음악을 하고 싶은걸까?'

나는 골똘히 생각했다. 나는 말하고 싶었기 때문이다. 내 소리를 내고 싶었기 때문이다. 말을 하고 싶지만, 말이 통하지 않으니…. 말보다 음악을 택했다. 곡을 연주하게 되면 나에게 모두 집중한다. 그리고 감동받는다.

대학에 다시 들어가서 2학년이 되니 다시 입시를 준비하게 되었다. 편입하려고 또 입시를 준비하기 시작했다. 새벽 5시에 새벽기도를 다녀오고 나서 6시부터 자정까지 밥 먹고 조금 쉬고 빼고는 연습실 1평에서 종일 살았다. 그런데, 그 삶이 전혀 외롭지 않았다. 나는 내 인생을 만들고 있었기 때문이다. 이제 와서 드는 생각은 책을 좀 읽으면서 연습할걸…. 아쉬움이 많이 남는다. 편입 준비하고 서울에 있는 대학들을 다니면서 원서를 쓰고 실기시험을 보는데…. 보는 족족 다 떨어졌다. 덕분에 경험도 많이 하게 되었다. 간신히 학사를 졸업했는데, 나는 졸업장이 3개요. 졸업 연주도 두 번이나 한 셈이다. 회사에 다니면서 직장을 다니면서 내 꿈을 펼칠 수 있다는 건 엄청난 용기와 수고가 따른다는 것을 알게 되었다. 20대의 경험이 아니면 난 아무것도 도전하지 못했을 거다. 그것의 발판으로 지금의 내가 있는 것 같다. 어릴 때부터 나를 강하게 키우셨던 부모님께 감사드린다.

새로운 만남과 동시에
새로운 인생길 시작

　나는 유치원 영어 강사를 하면서 유치원 업계에 종사한 사람을 소개팅으로 만나게 되었다. 나이 차이가 좀 났지만, 소개팅으로 만난 그 사람은 계속 나에게 연락해서 만나자고 했다. 거의 반년을 넘게 매일 만났다. 연애란 연애를 해본 적이 없었던 나는 너무 달콤하고 좋았다. "11월달에 좋은 일이 있을 거예요." 나는 그 말이 무슨 말인지 잘 몰랐다. 순진하고 아무것도 모르는 나는 무슨 소리인지 감을 잡지도 못했는데…. 연애하던 그 사람과 11월달에 결혼하게 된 것이다. 이제 제대로 내 인생이 시작되는 기분이 들었다.

　'너의 본토 친척 아비 집을 떠나….'

　결혼하면 마음으로 몸으로 독립하면서 혼자 살아갈 힘을 키우는 것이 맞는데, 나는 그러지 못했다. 왜냐하면 내 생각에 갇혀 있어서 혼자 스스로 하는 것에 대한 근육을 단련하지 못했기 때문이다. 수십 년 간 나의 마음에 자리하고 있는 부정적인 시각과 자존감이 회복되기에 는 힘들어 보였다. 어떤 것들을 새롭게 시도할 때 내면에서 들려오는 소리는

'네가 뭘 할 수 있겠어. 요번에도 끈기 없이 또 실패하고 말 거야!'

내면에서는 실패와 좌절의 소리를 다시 피드백해서 들려주었다.

'네가 그렇게 컸는데, 네 자식을 잘 키울 수 있겠어?'

불안한 마음에 다른 주위에 있는 아기 엄마들을 보면서

'어떻게 하면 따뜻하고 여유 있는 마음으로 자녀들을 잘 키울 수 있을까?'를 고민했었다. 5살이 된 큰아들, 어린이집을 잘 다니고 있던 큰 아들을 내 손으로 직접 잘 키워보리라 마음을 먹고 집에 데리고 와서 직접 키우기로 결심했다.

껍질을 깨고 나오다

홈스쿨링 하기로 결정했지만 당장 오늘부터 난감했다.

데리고만 있는 것이 능사가 아닌데….

'어떻게 하면 자녀들을 가르치고, 잘 양육할 수 있을까?'

고민하게 되었다. 그냥 단순하게 생각했다. 자녀들에게 독서와 영어 이 두 가지만 생각하자고…. 자녀들과 꿀 관계를 형성하고 싶었다. 꿀 관계는 꿀이 떨어지는 달콤한 관계를 말하는데, 홈스쿨로 그냥 데리고만 있다고 꿀 떨어지는 관계가 되는 것은 아니다. 내면이 건강하지 않은 내가 어떻게 올바른 관계, 행복한 관계, 꿀 떨어지는 관계를 할 수 있을지 정말 궁금하기도 했다. 매일 아침 일어나서 자녀들과 함께 큐티를 하고 암송하면서 오전 시간을 보냈다. 오후 시간에는 무조건 차를 끌고 도서관으로 직행했다. 평일에 도서관은 학생들이 별로 없어서 우리 자녀들은 도서관이 놀이터인 줄 알고 늘 좋아했다. 첫째와 둘째 아들은 책을 쌓아놓고 읽는데 너무 대견했다. 분당 야탑에 살 때는 차가 없어서 자전거를 이용해 책을 빌려오고 반납했다. 도서관에서 책을 자녀들에게 소리 내어 읽어주었다. 도서관 문 닫을 시간도 몰랐을 정도로 자녀들에게 열심히 책을 읽어주었다.

막내는 돌이 막 지날 때쯤에는 도서관에서는 유모차가 침대였다. 유아 도서실에서 막내가 기어 다닐 때 책을 보여주고, 기저귀도 갈아주고, 유모차에 태워 재우기도 했다. 집에서 자녀들과 콩닥콩닥하는 것보다 도서관에서 각자 읽고 싶은 책들을 보면서 시간을 갖는 것이 더욱 자녀들을 키우기가 쉬웠다. 누구의 도움을 받지 않고, 홈스쿨을 하는 것이 여간 어려운 일이 아니었지만…. 단순하게 생각했다. 홈스쿨을 하는 그 시간만큼은 책을 좋아하는 자녀로 키우고 싶은 마음이었다.

엄마의 욕심과 기대는 하늘을 찌른다. 나 역시도 그렇다. 그런 욕심과 기대를 내려놓기란 결코 쉬운 일은 아니다. 자녀들에게 책은 인생에 있어서 정말로 필요한 등대 역할을 하는 인생의 도구 중의 하나라고 깨닫게 해주고 싶었다.

그렇게 2학년이 지나가고 3학년이 지나가고 4학년이 지나갔다. 큰아이는 이제 5학년이다. 5학년 9월 달부터 첫째 아들은 태어나서 처음으로 초등학교 교문을 밟게 되었다. 나름의 자녀교육으로 때 묻지 않게 키우고 싶었고, 상처받지 않게 키우고 싶던 마음을 내려놓고 자녀들을 이제 놓아주기로 했다. 어떤 사람들은 잘했다고 말하고, 어떤 사람들은 "자녀들이 잘 적응할 수 있을까?" 하며 걱정을 해주기도 하셨다. 9월 한 달은 자녀들과 내가 적응하는 시기로 혼자서 스스로 할 수 있는 근육을 단련해가는 귀한 시간이 되었다. 혼자서 일어나고, 혼자서 학교에 가고, 혼자서 숙제하고, 혼자서 가방을 챙기는 시간을 가졌다. 홈스쿨을 하면서 엄마인 내가 다 해주었는데, 그 뒷바라지를 언제까지 해야 하나 생각했었는데… 내가 가진 계획은 정서적으로 안정감 있게 양육하고 나서 세상에 보내고 싶었다. 그러나 그건 언제까지 내 안에 갇힌 생각과 틀에서 내가 만든 것뿐이다. 뭐든 완벽한 것은 없고, 경험해야 안다. 자녀들도 엄마가 홈스쿨 하면서 누렸던 시간이 귀한 것이었음을 본인 자신도 깨닫는 듯하다. 첫째가 나에게 한 달 동안 학교에 다녔던 마음들을 이야기한다.

"어머니, 제가 학교에 다닐 줄을 몰랐어요. 학교가 너무 재미있어요. 학교에서 나오는 밥이 너무 맛있는데, 선생님이 너무 쪼끔 줘요."
"어머니, 어떤 친구가 와서 자기랑 친구 하자고 했어요."

올해 상반기까지 핸드폰이 없었던 큰아들과 작은아들에게 핸드폰을 선물했다. 아이들은 신세계를 경험하는 듯하다. 카톡 앱을 다운을 받고, 엄마, 아빠, 할머니, 할아버지까지 카톡방을 묶어서 만들고 수시로 소통하는 것을 보면서 다른 하나의 대화 공간이 생기는 듯하다.

이제는 일하는 나에게 아이들은 수시로 전화하고 카톡을 보내면서 자신의 일상을 말해주고 있다. 핸드폰을 자녀들 손에 쥐여 주게 되면, 게임이든 유튜브든 그쪽으로 빠져만 들고 공부는 하지도 않고, 도서관을 열심히 다녔던 그때가 물거품이 될 거 같아서 이 어미로서는 좀 두려웠던 건 사실이었다. 자녀들에게 자극적인 미디어나 게임을 먼저 노출하지 않고 독서로 재미를 느끼게 한 후에 핸드폰이 자녀들에게 좋은 필요한 도구로 사용되는 것임을 알 수가 있었다. 뭐든 좋은 것, 올바른 것을 자녀들에게 인풋 시켜야 함을 깨닫게 되는 시간이었다.

독서의 세계로 초대받다

2020년 2월 코로나19 바이러스 출현, 유치원과 학교 및 학원 당분간 운영 중지, 외출 자제를 정부에서 부탁했다. 자녀 셋을 데리고 열심히 갔었던 도서관도 끊겼다. 반납도 못 하고, 도서관에서도 기한 없는 통보를 했다. 아이들과 홈스쿨을 하던 시기라 아이들과 집에 있는 것이 그렇게 힘들지 않았다.

초, 중, 고등학생들과 어머님들의 삶이 멘붕이었을 것이다.

그런데, 위기를 맞닥뜨리신 한 분이 더 계셨다. 사업을 하는 신랑이 위기가 닥친 것이다. 4월달부터 수입은 0원으로 찍혔다. 정부에서 자영업자에 대한 보조금이 나와서 1달에서 2달은 버틸 수 있었다. 신랑도 안 되겠는지 극한 직업의 아르바이트를 시작하게 되었다. 저녁에 나가서 새벽에 들어오고 이런 생활들이 몇 달 반복이 되고 있었다. '코로나, 몇 달 후면 괜찮아지겠지?' 생각하면서 하루 하루를 보냈지만, 점점 상황이 심각해졌다. 2020년 올해 코로나가 끝나지 않을 기세였다. 신랑이 하는 아르바이트로는 가정 경제를 꾸려 나갈 수가 없게 되었다. 내가 사명감으로 자녀들을 데리고 있는 것도 한계가 생기기 시작했다.

뭐라도 해야겠다고 생각했다. 정말 미칠 것만 같았다. 관리비, 건강보험료, 각종 보험들, 공과금 등 1달, 2달 밀려갔다.

'이대로는 안 되는데… 어떻게 해야 할까?'

나는 경력단절 주부다. 정말로 삶이 막막했다. 주위에 아시는 지인분들이 나에게 힘을 내라고 봉투를 건네 주셨다. 오히려 본인도 어려운 삶을 살고 있는데, 나를 더욱 섬기셨다.

'내가 할 수 있는 것이 무엇이 있을까?'

고민하다가 답답해서 책을 읽게 되었다. 처음에 읽었던 도서가 독서 천재 홍대리의 후속작인 '일독과 이독' 도서 였다. 독서를 하면서 고현성대리가 꼭 나 같았다. 신세한탄만 하고 있었던 내 자신을 발견하게 된 것이다. 일독과 이독 도서에서는 독서만 하는 것이 아닌, 실행 독서 즉 생존 독서를 하라고 말하고 있다. 독서를 하면서 깨닫는 것을 실천에 옮기라는 것이다.

독서가 무엇인지 잘 알지 못한 나에게 일독과 이독의 도서는 사막의 오아시스였다. 갈 길이 막막해서 처절하게 울고 있던 나에게 한 줄

기의 빛이 비치는 것만 같았다. 독서를 하면 할수록 지금 내가 사는 현재에 만족하지 않고, 더 나은 삶을 살기 위해 어떻게 해야 할 수 있는지 사고할 힘을 길러 주었다.

나는 행복해지고 싶었다. 이 책에서 말하는 주인공들처럼 성공하고 싶었다. 그런데, 현실은 코로나였다. 나의 상황은 더욱 숨을 조여 왔다.

보도섀퍼의 '돈' 도서를 통해 나 자신 안에 있는 돈에 대한 부정적인 신념을 벗겨나가기 시작했다. 미치도록 읽어 내려갔다. 지금 현실에서 벗어나려면 미치도록 독서하고, 미치도록 깨닫고, 살아내야 했었다.

'돈을 벌려면 어떻게 해야 할까?'

이런 생각이 처음으로 들었다.

'나는 지금 홈스쿨 맘이야!, 애들 딸려 있는데 어떻게 돈을 벌러 가?'

생각과 동시에 '돈을 벌어야 생활이 나아지고, 더 발전된 꿈을 꿀 수 있게 되지!' 나는 몹시 두렵고 떨렸다. 아이들을 내려놓고 일하러 간다는 것은 상상도 해본 적이 없었기 때문이다.

나는 돈에서 자유로워지고 싶었고, 나도 부자가 되고 싶다는 생각과 꿈을 꾸게 되었다. 독서를 하면서 부자들의 성공 이야기가 내 얘기였으면 했다. 지금 내가 할 수 있는 것이 무엇인지 생각하면서 하나씩 실천해나갔다. 4살인 막내딸부터 어린이집에 보내기로 했다.

'너무 어려서부터 어린이집을 보내는 건 아닐까?'

믿음은 보이지 않는 것을 걸어가는 것이 믿음이다. 도전해본 사람만이 성취를 맛볼 것이고, 실패의 두려움으로 아무것도 안 하는 사람들은 성장 없이 그냥 그 자리에 있을 것이다. 어린이집을 알아보니 정말 가까운 곳에 딱 한 자리가 남아서 서류를 접수하고, 주민자치센터에 가서 신청하고, 막내딸을 데리고 소아과에 가서 검사받고 자료를 제출했다. 마음 한쪽이 짠하고 눈물이 났다. 어린이집에 보낸 첫날, 막내딸은 씩씩하게 어린이집에 다녀왔다. 안 해본 것을 해보는 경험 그리고 느낌은 감사다. 좋은 선생님 만나 하루하루 성장하는 막내딸을 보면서 감사가 절로 나왔다. 독서를 하면서 새로운 세계를 접하고, 나에게 주어진 상황에서 하나씩 실천해보는 것, 그것이야말로 실천 독서가 아닐까 싶다. 하나씩 용기를 내어 도전했을 때, 나중에 큰 것도 용기 낼 수 있을 거 같다.

독서 모임을 열다

5개월 동안 쉬지 않고, 시간 관리 도서와 돈과 부자에 관한 도서들을 읽고 나니 이제 주변이 보이기 시작했다.

'내가 어떻게 독서 모임을 시작해?, 아 떨려…'

첫 번째 독서 모임을 블로그에 홍보했는데, 무려 12명이나 신청했다.

'돈 좀 아는 언니 모임'. 독서 모임원들은 서로 '돈 언니'라고 불렀다. 돈 언니 1기, 돈 언니 2기, 돈 언니 3기가 생겨나고, 돈 언니 7기까지…. 새로운 멤버들이 생겨나서 들어오고 나가기를 반복했다. 그런데 돈 언니 멤버들만의 찐이 형성되기 시작했다. 처음에는 떨렸다. 독서 모임을 열었지만 12명의 모임원을 어떻게 이끌고 가야 할지 막막했다. 내가 꼭 전문가가 되어 앞에서 이끌어 주어야만 할 것 같았다. 내가 주는 미션들을 매일 열심히 인증하는 모습을 보고 참으로 감동하였다. 그것이 리더의 맛인가 보다. 나의 말에 순응해주고, 반응해주고, 따라오는 사람들로 인해 내가 힘이 나는 것이다. 때론 내 방식이 마음에 안 들어 환급을 요청하기도 하고, 중간에 나가시기도 하시지만 나에게 배우고 싶고, 그냥 내가 좋아서 함께 하고 싶어 하서 하시는 분들은 모임원으로 장기 멤버가 되셨다. 매일 아침에 일어나서 미라클모닝 인증부터 긍정문을 매일 쓰며 읽고 녹음해서 인증하고, 매일 독서하고 난 후에 감동된 문구를 적고 그 문구에 대한 느낀 점을 인증하는데…. 매일 매일 꾸준히 안 했던 것을 하시는 분들이 이제는 각각의 자리에서 전문가가 되어 리더로 섬기시게 되었다.

'우리가 부자가 되려면, 우리가 지금보다 더 나은 삶을 위해 성장하려면 어떻게 해야 할까?'

고민하게 되었다. 책을 읽고 나눔을 하는데, 각자의 생각의 깨달음들이 다양하다. 나 혼자만 독서를 하는 것보다 똑같은 도서를 가지고 한 주 동안 한 권의 도서를 읽고 나서 매주 토요일마다 비대면으로 만나 독서 모임을 하는데, 편협했던 나의 시각과 내면의 틀이 깨지기 시작하는 것을 느꼈다. 때론 그들의 문제들을 해결해 줄 수는 없지만 그들의 삶을 오픈했을 때 스스로 정리하시는 분들도 계셨다. 돈 언니 독서 모임은 본인 자신이 부끄러워하는 모임이 아니다. 잘 보일 필요도 없다. 연약한 부분들을 이야기했을 때 음지에서 양지로 비추는 한 줄기의 빛이 그들 내면 가운데에 회복되고 그 후에 내면이 밝아지는 것을 느낄 수가 있었다.

돈에 관한 도서, 성공에 관한 도서, 부자에 관한 도서들을 접하니 자기 삶과 괴리감을 느끼시는 분들도 계셨다. 그때마다 처방 약은 감사하는 마음이다. 이 책을 만나게 하신 것도 감사, 내가 성장 할 수 있도록 이 자리에 있는 것도 감사, 내 현 위치를 깨닫게 하신 것도 감사…. 모든 것이 감사다.

도서만 읽는다고 달라지는 것은 없다. 나 자신과 한번 격하게 부딪혀야 하고, 어떻게 하면 성장할 수 있을까? 깊이 고민해보아야 하고, 내면과 싸워서 승리해야 한다. 매번 넘어질지라도 일어나면 또 성장하는 것이다. 그러나 혼자서 훈련하기란 쉽지 않기에 독서 모임을 통해 성장할 수 있게 기반을 마련해주는 것이다. 우린 모두 생존 독서, 실천 독서, 행동 독서가가 되어 또 다른 누군가를 살리고 있다. 내면에서 내가 성장한 만큼 다른 누군가를 도울 수 있다는 것이고, 다른 누군가를 이끌어줌으로 인해 내가 성장하는 것이다. 이것이 독서 모임의 묘미이다.

교육사업을 시작하다

코로나로 삶이 막막해졌을 때 나는 홈스쿨링을 내려놓고 새로운 것을 찾아 돈을 벌어야 할 수밖에 없었다. 막내를 두 달 전 미리 어린이집을 보내 적응시키고, 남은 두 아들을 데리고 센터를 열게 되었다. 내 생각에 많은 도서를 읽힐 방법 그것이 속독이었다.

자녀들을 속독학원을 보내는 지인을 통해 이야기하면서 우뇌 속독이라는 콘텐츠를 알게 되었다. 우뇌 속독의 대표님을 만나니 나도 모르게 내 마음속에서 준비했다는 듯 계약서를 쓰고 있었다. 큰일을 저지르고 말았다.

'돈도 없는데, 무슨 사업을 시작할 수 있겠어?'

남편과 상의도 없이 계약을 덜컥 해버렸다. 친정어머께 전화해서 세 손주를 위해 모아두었던 자금을 보태 달라고 말씀드리고, 은행에 가서 사업자금을 만들기 시작했다. 그리고 기적적으로 사무실을 계약했다. 모든 것이 위의 분의 도우심이 아니면 그림이 그려지지 않는다. 본격적으로 아들 둘이 속독을 배우기 시작했다.

이제 계약한 사무실에 인테리어를 어떻게 해야 할지 알아보러 다녔다. 아시는 지인분이 나의 사정을 아시고 도움을 주셨다. 센터에 칸막이를 설치하고 문짝과 창문을 달고, 에어컨을 설치하고 책장에 책을 채우고 책상과 의자를 마지막으로 세팅하니 그럴듯한 센터가 되었다. 본사 대표님을 모시고 블로그에 설명회를 한다고 홍보했다. 코로나 시기인데도 불구하고 많은 분이 설명회에 참석하셨다. 이제 본격적으로 수업을 시작했다. 경험도 없고, 경력도 없는 내가 교육사업을 시작하는 것은 정말로 두렵고 떨리는 일이지만, 독서를 통해 내가 실천해야겠다고 다짐하고 용기를 내어 행동을 옮기는 일은 내 인생의 무리수를 던지는 일이다.

코로나처럼 위기인 시기에, 더군다나 학원이나 음식점들이 문을 닫고 있는 시기에 반대로 사무실을 계약하고 보증금을 내고 월세와 관리비가 꼬박 나가야 하는 것에 무리수를 던질 사람이 얼마나 되겠는가? 다들 움츠려들려고 할 테고, 한 푼이라도 더 아끼고 아껴서 지출을 줄이려고 하지 않겠는가? 주위에서는 말렸다. 정말 제정신이 아니라고…. 몇백만 원도 아니고, 몇천만 원이 들어가는 사업을 시작하니….

다들 걱정도 많이 해주시고, 더 힘들어질까 봐 말리시는 분들도 계셨지만…. 한번 해보고 싶었다. 위기의 시기가 오히려 기회를 만나게 될 줄 누가 알겠는가? 그것은 행동하고 부딪혀야 알게 되는 것이다.

내 나이 마흔…. 제대로 직장 한 번 다녀 본 적이 없는 엄친 딸…. 부모의 슬하에서 돈 걱정 없이 자라온 나…. 신랑의 사랑받으면서 철없이 살았던 나의 인생…. 자녀 교육만으로 발로 뛰었던 나 자신…. 그곳에서 '나'라는 존재가 없었다. 누구의 아내, 누구의 딸, 누구의 엄마로 사는 삶이 조금씩 힘겨워질 때…. 내가 가정에서 튀어나온 것이다. 학원을 운영한 지 이제 1년이 되었다. 1년을 쭉 돌아보니 절대로 후회되지 않았다. 그리고 수십 명의 학부모님과 상담을 하면서 나도 많이 성장했다. 등록하는 학생들의 니즈를 파악하면서 정말로 최선을 다해 코칭을 해주었다. 처음으로 가는 길이라 삐걱거리기도 하고, 넘어지기도 하고, 시행착오를 경험하기도 했다. 앞이 보이지 않을 만큼 정말 막막하기도 했다.

경험이 콘텐츠가 되는 것이다. 아무것도 모르고 캄캄하기만 한 황량한 세상에 믿음으로 한 걸음 한 걸음 걸어가는 것! 그리고 그것이 곧 나의 경험이고, 경험이 쌓여 콘텐츠가 되어 이제는 그 콘텐츠로 메신저가 되는 것! 그래서 뭐든 배워야 하고, 뭐든 긍정적으로 반응해야 하는 것 같다.

새로운 시대가 다가온다

글을 쓰면서 나의 살아온 인생을 돌아보게 되는 귀한 시간이었다.

혼자서 원망과 불평했던 시간이 정리가 되었다. 글을 쓰고 인생을 돌아본다는 것은 매우 중요하다. 내가 이제 어떤 방향으로 나아가야 할지에 대해 조금씩 구도가 잡혀가기 때문이다. 열심히만 살지 말고, 잠시 멈추어서 내가 살아온 인생길을 한번 돌아보며 묵상해보는 건 어떨지…. 지금 이 순간이 나의 인생에서 반평생일 수 있다. 한번 사는 인생, 내 목숨이 딱 한 번 뿐인 인생인데, 쉽게 쉽게 인생을 생각했던 것 같다. 내가 하고 싶은 대로 살았던 것 같다.

여유가 없이 달려만 와서 나에게만 초점이 되어 있었다. 만약 코로나가 나에게 닥치지 않았다면 어땠을까? 내가 자녀에 대한 욕심도 못 내려놓고, 전전긍긍하면서 또 앞만 내다보고 열심히 살아가고 있지 않을까? 코로나시대는 참 막막하면서도 유익하다. 잠시 쉬어 살아온 인생을 돌아볼 수도 있고, 앞으로 어떻게 살아갈 것인지도 생각할 수 있는 귀한 시간인 것 같다. 코로나로 움츠러들었던 분들도 이제는 한 분씩 한 분씩 원에 상담을 요청하려 연락을 주신다. 계속 마냥 기다릴 수만은 없다는 것을 알기 때문이다. 반면에 어떤 학부모님은

'코로나 좀 잠잠해지면 갈게요.'

이렇게 말씀하시는 분들은 마냥 기다리시는 마음이다. 지금은 코로나가 종결되는 시기를 준비해야 하는 시간이다. 조금만 생각을 전환한다면 이 시간을 효율적으로 사용하고 오히려 준비하고 대비하는 시간이 될 것이다.

코로나로 위기의 상황일 때 '우리는 어떻게 이 어려운 상황을 헤쳐나갈 수 있을까?' 생각하며 절망하지 않고, 독서를 통해 그 해답을 찾고 하나씩 용기를 내어 껍질 밖으로 나온 것처럼 우리 인생 앞으로의 길을 담대하게 맞이해야 한다. 하지만 분명한 것은 책을 통해 간접적으로 생각하고, 깊이 있게 사고할 수 있다는 것이다. 우리가 생각 없이 살아갈 때가 얼마나 많은가? 순리대로 사는 것이라고 말을 하고 있지만 누구도 나의 인생을 절대로 책임져 주지 않는다. 내 인생은 내가 책임져야만 한다. 아무것도 하지 않으면 아무런 변화도 일어나지 않는다. 손해 볼 것이라는 확률을 감당하고 뛰어들어야 한다. 정말로 두려운 일이다. 코로나 팬데믹 시대보다 더한 시대가 올 것이라고 전문가들은 예언한다.

4차 산업혁명 시대에는 어떻게 살아가야 하는지, 코로나가 종결이 된 후의 시대는 어떻게 되는지에 대해 서점의 수많은 책을 통해 자세히 나와 있다. 이제는 오프라인 시대에서 온라인으로 전환이 된 것들이 너무나 많다. 플랫폼 시대가 열렸다. 어떻게 내가 이 시장에서 살아남을 수 있을까? 그것은 독서다. 책을 통해 내가 성장해야 할 분야, 내가 궁금한 분야, 앞으로 이 시대의 초점은 어디인지 파악할 수 있는 중요한 키맵이 될 것이다. 가상현실은 이미 이루어지고 있다.

가까운 미래를 내다보고 연구하며 공부하시는 분들은 이미 시작했다.

'내가 지금 하는 일과 연관성이 없는데 어떻게 해야 할까?'가 아니다. 지금 내가 서 있는 곳이 발판이 되어 새로운 세계에 도전해야 할 것이다. 직접 마트에 가지 않고 온라인으로 주문을 해서 집 앞에서 신선하게 물건을 받아 볼 수 있는 시대, 학생들도 온라인으로 학교 수업받는 시대, 학생이 사정이 있어서 원에 올 수 없을 때 줌으로 수업하는 시대, 내가 필요한 과목을 신청해서 인터넷 강의를 들을 수 있는 시대, 손가락 하나로 세계의 모든 상황을 볼 수 있는 유튜브 미디어 시대가 이미 열렸다.

'내가 여기서 살아남으려면 어떻게 해야 할까?'

'4차 산업혁명 시대에 발맞추어 성장하려면 어떻게 해야 할까?'

무엇이든지 배워야 하는 것이 답이다.

"라떼는 말이야?"

내가 알고 있던 경험과 지식을 바탕으로 살아가기가 어려운 시대가 지금 시대이다. 아무리 내가 왕년에 잘 나갔어도 지금 시대는 아이들이나 어른이나 노년에 이르기까지 모든 연령층과 상관없이 다음 펼쳐질 시대를 위해 공부하고 연구하고 무엇이든 배워야 한다. 바리스타만 해도 할머니, 할아버지들이 배우시는 것을 우리는 전혀 상상하지 못했다. 그러나 복지관 카페에 가기만 해도 어르신들이 주문받고, 직접 카페라떼, 팥빙수 등을 만들어서 운영하신다. 남녀노소 모두 다음시대를 준비하기 위해 배워야 한다. 이 책을 읽고 있는 독자분들에게 질문을 해본다.

"여러분들은 코로나 팬데믹 시대 이후로의 삶을 준비하고 계십니까?"

알고 있는 지식과 경험은 나에게 큰 힘을 주지만, 행동으로 옮겨야 결과를 볼 수 있다. 망설이지 마시고 용기를 내세요. 이상적인 것을 바탕으로 현실로 살아보세요. 용기를 내어 실천하시는 분들을 응원합니다.

나를 지키는
슬기로운 뇌건강 생활

김진홍

김 진 홍

아픈 분들과 만나면서 건강한 삶의 기반이 되는 뇌에 관심을 가졌다.
뇌를 관리하는 것이 나를 잃지 않고 건강한 삶을 사는 것이다.
미래의 브레인코치, 뇌건강 메신저로서의 삶을 위해
지금도 공부중이다.

2007년 의료급여관리사 근무 시작
2009년 한국방송통신대학교 간호학과 졸업
2014년 한양대학교임상간호정보대학원 임상사례관리 석사
2016년 브레인트레이너 자격 취득
2017년 싸나똘로지(죽음학) 취득
2018년 국제뇌교육종합대학원대학교 뇌교육 박사과정 수료

contents

삶의 끝에 선 노년을 만나다

누군가는 건강하고 즐겁게 노후를 보내고 또 다른 누군가는 내 의지와 상관없이 내 몸을 마음대로 할 수 없는 상황에서 지내고 있다. 태어나면서부터 정해진 것은 아닐 텐 왜 이런 차이가 날까? 왜 끝이 다르지? 어떻게 하면 노후가 건강할까?

일하면서 수많은 아픈 대상자들을 만났다. 처음부터 건강한 삶에 관심이 있지 않았다. 하지만 나이가 들어가면서 관심을 가지게 되었다. 내 삶의 끝자락을 미리 망원경으로 바라보듯 내가 바라는 것은 건강한 삶과 품위 있는 삶의 마무리이다. 요양병원에 누워서 기본적인 개인위생 처리를 누군가에 의존하는 삶이 아니라 내 몸을 스스로 돌보는 힘을 가진 건강한 삶을 원한다.

업무 특성상 요양병원에 자주 방문하여 입원하고 계시는 분들을 만난다. 각자의 삶은 다양하다. 치열하게 삶을 살아왔고 지금은 그 삶의 끝자락에 선 분들을 만난다. 삶의 마지막을 어떻게 보낼지 생각해 보았는가? 우리 대부분은 삶을 살아내느라 삶의 노후를 생각하지 못하고 살고 있다. 내가 살아왔고 나와 함께 했던 내 손때가 묻어있는 물건들이 있는 공간이 아니라 살아생전 처음 본 사람들과 똑같은 공간에서 환자복을 입고 지내야 한다고 생각해 보았을까? 아마 대부분 '나는 안 그럴 거야'라고 생각할 것이다. 나도 역시 그랬다.

인지 저하가 심하지 않은 분들은 나에게 이렇게 진심으로 말을 해 주신다.

"내가 이렇게 늙을 줄은 몰랐어."

"젊을 때 이렇게 될 줄 알았다면 건강관리에 좀 신경 쓸걸. 먹고 사느라 바빠서 신경 쓰지 못했어요."

"건강관리 잘해요. 아프지 말아요. 아프니까 서러워요."

치매가 진행된 분들, 아직 그 정도가 가벼운 분들, 전혀 말씀하지 못하는 분들, 움직임 없이 그야말로 죽음을 기다리는 분들…. 다양한 분들을 만난다.

아이가 태어나면 전적으로 부모에게 의지해 성장한다. 사춘기를 거치고 성장하면서 혼자 생활 해나간다. 삶을 함께하고픈 연인을 만나

서로 사랑하고 결혼하며 가정을 꾸려나간다. 자녀를 낳고 그 자녀 역시 우리가 살아온 것처럼 성장하고 본인의 삶을 살아간다. 우리는 늙는다. 원하지 않았지만 내 몸을 스스로 감당할 수 없는 시기가 온다. 어린아이일 때는 스스로 할 수 있는 것이 없기에 부모가 돌보는 것은 당연하다. 하지만 나이가 들어 스스로 할 수 없는 상황이 된다면 어떻게 하지? 나이가 들면 모두가 다 스스로 할 수 없는 것일까? 어디서부터 어떻게 해야 건강한 나를 잃지 않고 지낼 수 있을까? 나도 나이가 든다. 그리고 나보다 먼저 나이 드신 분들을 만나면서 많은 생각을 한다. 내가 만난 분들 덕분에 건강한 삶에 관심을 가지게 되는 계기가 되었다.

뇌는 우리 몸과 마음의 컨트롤 타워다. 살아온 모든 것들이 뇌 안에 저장되어 있다. 뇌를 잘 관리해야 한다. 뇌에 관심을 두게 된 후 뇌과학을 기반한 뇌교육 박사과정을 도전했고 수료했다. 뇌는 몸과 연결되어 있다. 젊을 때 공부하는 것이 아니기에 쉽지는 않았지만 신비로운 뇌를 알게 됨에 감사했다. 관리하는 뇌는 다르다. 지금도 공부 중이다. 그리고 나에게 적용하고 있다.

자기결정권

자기 결정권 : 대한민국 헌법 제10조(인간의 존엄과 가치, 행복추구권, 기본적 인권보장)에 의해 보장되는 권리로, 사적인 영역에서 국가권력의 간섭 없이 스스로 결정할 수 있는 권리를 말한다.

나이가 들어 몸이 아프거나, 치매로 인해 나를 잃어버리면 자기 결정권을 행사할 힘이 감소하던가 없어진다. 현장에서 그런 분들을 너무나 많이 본다. 나와 오랫동안 함께 해왔던 손때 묻은 물건들이 있는 내 집이 있다. 하지만 보호자는 집으로 보내지 않는다. 한 대상자를 소개한다. A(80세)는 화장실에서 넘어져 팔을 다쳤고, 수술 후 요양병원에 입원했다. 인지 상태는 그렇게 나쁘지 않았다. 수술 후 상태를 보면서 퇴원계획도 세울 수 있을 정도로 보였다.

"잠깐만 치료받고 오자"고 하면서 이곳으로 왔다고 한다.

"나 집에 가고 싶어요. 집으로 보내주세요" 그 눈은 간절했다. 하지만 그분의 보호자는 퇴원을 거부했다. 지역사회 돌봄 서비스를 받을 수 있도록 자원연계를 해보겠다고 안내하였으나 그냥 내버려 두라고 한다.

"당신이 책임질 거냐?"

"당신이 모셔라"

"그냥 병원에 계속 있을 거니까. 귀찮게 하지 말아요"

입원하고 있는 분들의 보호자들과 상담을 하면 대부분 이러한 말을 한다. 병원에서의 치료가 어느 정도 끝나면 치료보다는 돌봄 위주의 서비스를 더 많이 필요로 한다. 나는 의료급여관리사다. 2007년부터 업무를 하고 있다. 의료급여는 보건과 복지 영역의 업무가 중복되어 있다. 간호사로 종합병원에서의 5년 경력이 있다. 업무를 하면서 사회복지사 자격도 취득했다. 지역사회에는 우리 생활에서 유용한 많은 자원이 있다. 대상자에게 필요한 자원을 연결해 주는 것 역시 내가 하는 업무 중 하나이다.

많은 분과 만나면서 물어보는 것이 있다.

"여기 병원인 거 아시죠?"

"응"

"그럼, 여기 병원에서 해주시는 게 뭐가 있어요?"

"별거 없는데, 밥 주고, 약 주고, 목욕시켜 주고. 아 맞다 침도 놔

주고."

대상자에 따라 다르지만, 치료 기간이 어느 정도 지나면 돌봄 서비스가 주를 이룬다. 내가 살아왔던 내 집에서 살고 싶어 하는 분들이 많다. 최근 퇴원한 분을 만났다. 허리 통증이 있어서 입원했던 대상자이다.

"퇴원하셨네요, 지금 몸은 괜찮으세요?"

"내 집이 최고야! 통증이 어느 정도 가라앉아서 퇴원한다고 말하고 나왔지."

"아픈 곳은 어떠세요?"

"이 정도 아프면 지낼 만해, 그러니깐 왔지. 지금 동네 언니들이랑 고구마 구워서 먹고 있어. 요양보호사분도 매일 아침 오니깐 괜찮아."

내 몸에 대한 결정권을 할 수 있으려면 몸과 마음이 건강해야 한다.

난 후회되는 것이 있다. 지난 2019년 아버님께서 돌아가셨다. 5월 1일 나와 이야기도 하셨고 스스로 화장실도 다녀오셨다. 아버님께서 원하셨던 것은 집 근처에 있는 의료기관으로 입원하고 싶다고 하셨다. 왜 그러시냐고 여쭈어보았다 "버스 타고 집에 가보기도 하려고 그러지."라고 하셨다. 하지만 계셨던 곳이 우리 집에서 가까운 곳이기에 바로 아버님의 말씀을 따르지 않았다. 상의 후에 아버님께서 원하시는 대로 따를 생각이었다. 하지만 그건 오로지 내 생각이었다. 5월 4일 오후에 소천 하셨다. 너무나 빠른 진행이었다. 아버님께서 말씀하셨던 대로 했었더라면 하는 생각이 지금도 든다. 아버님께 집은 과연 무엇일까? 내가 살던 곳, 나의 정든 물건들이 있는 곳, 좁든 넓든 내 집, 편안한 내 집이다. 삶이 고스란히 묻어있는 곳이다.

자기결정권은 중요하다. 살면서 배운다. 아는 것과 행동하는 것의 차이를 줄여가는 것! 나 또한 배워가고 있다. 누구에게나 나이 듦이 온다. 지금 상태를 유지할 수는 없다. 나이 들어서의 자기 결정권을 잃지 않기 위해선 어떻게 해야 할까?

세상에서 귀한 것은 공짜다

세상에서 귀한 것은 공짜다! 한 번쯤 들어보았을 것이다. 없으면 우리는 살 수가 없다. 바로 공기, 햇빛, 물 그리고 땅이다. 요즘 물은 돈을 주고 사서 먹어야 하지만 자연에서 주는 물 역시 공짜다. 이렇게 중요한 것이 '공짜'라는 것에 감사해보았는가? 그럴 일이 일어나지 않아야 하겠지만 재난 영화를 생각해 보면 그 중요성이 더 절실해진다.

공기

인간은 공기 없이는 살 수가 없다. 하지만 그 공짜인 공기에 감사함을 나 역시 잊고 산다. 폐는 깨끗한 공기를 원한다. 호흡 없이는 살 수가 없다. 하지만 경제성장 우선으로 공기의 중요성이 밀려나 관리되지 않았다. 최근에서야 미세먼지, 지구온난화 등 지구에서 보내는 신호에 관심을 가지면서 깨끗한 지구 만들기 운동이 시작되고 있다. 우리는 평소 호흡을 의식하지 않는다. 본인의 호흡수를 체크 해보자 그리고 의식적인 호흡을 해보자. '의식을 한다는 것은 집중한다.'라는 것이다. 호흡이 끝난 후 편안함을 느낄 수 있을 것이다. 호흡을 제대로 하지 못해 힘들어하는 분들 역시 많다. 걷는 그것조차 할 수 없다. 호흡은 나를 움직이게 해주는 것이다. 호흡이 힘들면 움직일 수가 없다. 그 호흡의 중심! 공기! 공기가 주는 무한한 사랑을 느껴보길 바란다.

햇빛

햇빛은 무한한 에너지 가지고 있다. 햇빛이 없다면 어떠할까? 햇빛의 중요성 중 일상생활과 밀접한 수면과의 관련성에 관해 이야기하려고 한다. 인간의 24시간은 밤과 낮이 있듯이 주기가 있다. 낮에는 햇빛을 통해서 우리 몸에서 세로토닌이라는 호르몬이 나온다. 밤이 되면 그 세로토닌이 멜라토닌으로 변한다. 즉 멜라토닌은 세로토닌이 변한 형태이며 그 기준은 빛이다. 낮 동안에 세로토닌 생성된 만큼 밤에는 멜라토닌이 분비된다는 것이다. 그러면서 낮에 살아가느라 힘들었던 것들이 밤에 잠을 통해 치유된다. 다시 살아갈 힘을 얻는 것이다. 자가 회복력이다. 하지만 요즘 햇빛을 보는 사람들이 얼마나 있을까? 햇빛을 보지 않고 수면제에 의지해서 잠을 청하는 사람들이 많아지고 있다. 공짜로 주어지는 햇빛을 활용하지 않고 화학적으로 만들어진 것을 천연의 몸인 우리 몸에 넣는 것이다. 시간 없다고 하지 말고 잠시 10분이라도 밤의 선물 멜라토닌을 위해 '햇빛보기'를 하자 그 누구도 아닌 나 자신을 위한 시간을 내야 한다. 그 무한한 사랑을 온몸으로 받도록 하자.

물

물의 소중함은 누구나 다 안다. 우리 몸은 수분으로 이루어져 있음을 알고 수분 섭취의 중요성을 알고 있다. 하지만 평소 생활하면서 물을 얼마나 마실까? 물보다는 커피 등 기호식품을 선호한다. 물과 커피는 다르다. 누구나 같은 양의 수분을 마셔야 한다는 것은 아니다. 우리 몸은 세포로 이루어져 있고 세포의 70% 이상은 수분이다. 세포와 수분에 관련해 많은 이야기가 있다. 세포에 수분이 부족해지면 까칠해지고 예민해진다. 나는 하루에 약 2ℓ 이상의 물을 마시고 있다. 건강한 나를 생각하면서 물을 얼마나 마시고 있는가?

땅(흙)

흙은 모든 것을 키운다. 요즘 맨발 걷기의 효과에 대해 많은 내용이 있다. 우리 몸은 천연이다. 자연이다. 흙 역시 자연이다. 흙을 밟으면 내 몸의 불완전한 전하를 가져가고 건강하게 만들어준다고 한다. 요즘 건물들이 많아서 진정한 흙과 만나기는 힘들다. 하지만 찾아보면 흙은 있다. 걸을 수가 없는 상황이라면 흙과 만나는 것만으로 효과는 있다고 한다. 맨발로 땅을 밟고 서는 것!

10분~20분 정도 흙과 만나기를 해보자 그 느낌은 해본 사람만이 안다. 그 포근포근한 느낌을 느껴보길 바란다.

당연한 것에 감사하는 마음이 없었다. 언제나 있으니 그 소중함을 몰랐다. 하지만 지금은 건강에 관심을 가지게 된 후 무한한 사랑에 감사한다. 우리에게 주어지는 무한한 공짜! 최대한 많이 누리시길 바래본다.

감정의 힘

우리를 움직이게 하는 힘은 어디서 나올까? 평소 우리 대부분은 이성보다 감정을 부정적으로 보는 경향이 있다. 하지만 최근 많은 책에서는 '감정에는 좋고 나쁨이 없다.'라고 한다. 우리의 뇌는 3만 년 전 원시적인 뇌와 별반 다르지 않다. 뇌는 생존을 위해 존재해 왔다. 생존을 위해서 빠른 선택을 해야 했고, 적군인지 아군인지 구별해야 했다.

이성과 감정 중에서 우리를 움직이게 하는 것이 무엇일까요? 라고 묻는다면 대부분 사람은 '이성' 쪽에 무게를 둔다. 합리적인 선택을 한다고 생각한다. 하지만, 고통을 피하고 기쁨을 얻는 것(감정)이 계획을 세우고 분석하는(이성) 것보다 더 강하다.

"다이어트는 내일부터 하는 거야"

"오늘은 맛있는 것 먹는 거야"

"아 날씨가 좋지 않아. 이럴 때는 막걸리에 파전이 당기네"

"아 귀찮아, 오늘 운동 안 갈 거야, 내일부터 정말 열심히 다닐 거야"

"아! 정말 미치겠네, 스트레스 받아, 매운 거 먹으러 가자"

이렇듯 유혹하는 많은 것들 대부분 음식이다. 음식의 유혹이 빠진다. 그 후 음식을 먹게 되면 몸에 나타나는 결과에 대해 알고 있다. 이렇듯 우리는 지금 하는 행동으로 인해 앞으로 나타날 불편함과 힘듦은 알지만, 순간의 기쁨을 뛰어넘기 어렵다. 그 달콤함을 선택한다. 이렇듯이 이성적 판단보다는 지금의 힘듦을 피하고자 순간의 기쁨을 선택한다. 담배를 끊는 사람들에게나 다이어트에 성공하는 사람들에게 하는 말이 있다. "저 사람 정말 독한 사람이야."라고 표현하는 것이다. 그만큼 순간의 고통을 이겨내는 것, 해야만 한다는 것은 알고 있지만, 행동으로 조절하는 것이 어렵다는 것이다.

인디언 우화 중에 '두 마리 늑대 이야기'가 있다. 할아버지가 손자에게 들려주는 이야기이다. 우리 모두의 내면에는 두 마리 늑대가 있다. 한 마리는 고약하고 못된 악한 늑대이며 다른 한 마리는 선하고 착한 늑대이다. 손자가 어느 늑대가 이기냐고 묻자 할아버지는 "네가 먹이를 많이 주는 늑대가 이긴단다." 라고 이야기해 주었다. 우리 뇌는 긍정도 부정도 없다. 현재 나에게 일어나고 있는 상황을 어떻게 해석하느냐에 따라 나에게 부정이 되기도 하고 긍정이 되기도 한다. 똑같은 상황에서 바라보는 관점에 따라 다르게 받아들여지게 된다. 누군가에게는 불편함으로 또 다른 누군가에게는 아무렇지 않을 수도 있다.

감정은 뇌 속에 대뇌변연계에서 생겨난다. 뇌 속에서 분비되는 다양한 화학적 전달물질이 몸속으로 돌아다니면서 감정을 온몸에 전달되어 신체적 증상으로 나타난다. 감정 상태에 따라 심장이 빨리 뛰게도 하고, 입이 바짝 마르게도 하고, 손이 축축하게 하기도 하고, 행복과 기쁨이 충만하게 하기도 한다.

앞으로 나아질 것이라는 기대감은 나를 변화시킨다. 어느 늑대에게 먹이를 줄 것인가?

긍정이 뇌를 건강하게 한다

"긍정적으로 생각하라"는 말을 많이 듣는다. 진실은 간결하고 깔끔하다. 하지만 누구나 다 알고 있지만 잘 실행되지 않는다. 과연 나는 평소 긍정적인 생각을 많이 하고 지내고 있는가? 박세니 대표의 책《초집중의 힘》에는 많은 사람이 알고는 있지만, 실행이 어려운 이유를 설명해 놓았다. 바로 신념, 즉 무의식의 변화가 없기에 행동으로 변화되지 않는다고 한다.

어릴 적부터 수없이 많이 들어온 많은 부정적 언어들이 무의식 속에 자리를 잡고 있다.

"너는 이거 할 수 없어"

"하면 안 돼! 다칠 거야"

"세상은 만만치 않아"

"세상이 얼마나 무서운데" 기타 등등 많다.

생각해 보면 나 역시 아이들에게 많은 부정적 언어들을 사용했다. 나 또한 이런 말들을 내 부모에게서 들어왔던 말이기도 하다. 어릴 때는 도전도 많고 호기심도 많다. 점점 부모의 부정적인 말, 주변 상황에서 들려오는 부정적인 말들이 내 무의식에 자리를 잡게 된다. 무의식의 영역은 90%, 의식의 영역은 10%이다. 부정적 신호들이 무의식 영역인 90% 세계로 비판 없이 들어와서 자리를 잡는다.

긍정의 신호를 보내려고 해도 부정의 힘이 강한 무의식으로 인해 변화는 쉽지 않다. 어찌 보면 '작심삼일'이라는 말은 당연할 수 있다. 우리 뇌는 생존을 위해 진화해 왔다. 그리고 효율성을 위해 새로운 것들은 받아들이는 데에는 저항이 있기에 쉽지만 않다. '학습된 무기력'은 새로운 도전보다는 주어진 환경에 적응하려고 하는 힘이 더 강하다는 것을 보여준다.

많은 성공한 사람들, 자기 주도적 삶을 살아가는 사람들은 무의식에 꾸준히 긍정의 신호를 보내고 실천했던 사람들이다.

NASA에서 시행된 실험이 나에게 용기를 준다. 무중력 상태에서의 우주 비행사들에게 세상이 거꾸로 보이는 안경을 쓰게 했다. 실험 기간이 끝날 때까지 그 안경은 벗어지지 않는다. 생각해 보자. 얼마나 당황하고 힘들었을까? 실험을 중도에 그만두고 싶었을 것이다. 하지만 28일이 지나자 "세상이 똑바로 보여요" 라고 말하는 것이 아닌가. 점점 그렇게 말하는 비행사들이 늘어갔다. 이 실험은 적응하기 위해 우리 뇌가 시간이 필요하다는 것을 보여주었다. 적응한다는 것! 그러기 위해서 시간이 필요하다는 것! 변화는 가능하다는 것을 보여주는 것이다. 참으로 멋진 실험이었다.

변화는 가능하다! 목표를 가지고 긍정의 신호를 보내며 지속해서 실행하는 것이다. 긍정의 자기 확언 "나는 할 수 있다. 나는 모든 면에서 점점 나아지고 있다. 나는 내가 참 좋다" 긍정의 신호를 통해 변화에 도전해보자.

내가 할 수 있는 것부터 시작하자

사람들은 건강관리의 중요성을 알고 있다. 하지만 그것을 실천하지 못하는 이유는 무엇일까? 대부분 우리는 건강을 잃고 나서야 그 소중함을 안다. '시간이 없다. 먹고 사느라 바쁘다. 나는 아프질 않을 거야. 설마 나에게 그런 일이 일어나겠어?' 기타 등등 많은 이유로 일단 건강은 뒤로 밀린다.

내가 현장에서 만나는 사람들은 건강을 잃고 힘들어하는 분들이 대부분이다. 때로는 통증의 불편함이 얼굴로 표현된다. 통증이 없다는 것은 무엇을 말하는 것일까? 느껴지지 않는 것이다. 두통이 있다는 것은 통증으로 인해 머리가 느껴지는 것이고, 허리가 아프다는 것은 허리가 느껴지는 것이다.

"건강을 잃으면 모든 것을 잃는다."

우리는 컨디션이 좋으면 웬만한 건 스스로 이겨낼 수 있다. 하지만 이와 반대로 컨디션이 좋지 않으면 굉장히 예민해진다. 이렇듯 몸 건강은 마음의 건강과 밀접하게 관련 있다.

우리 뇌는 3층 구조이다. 제일 아래층이 담당하는 영역이 기본적인 몸 담당하는 영역이다. 그 위층은 감정을 담당하는 영역, 그리고 최상층은 이성(생각)을 담당하는 영역이라 할 수 있다. 건물 구조를 보면 기초가 튼튼해야 그 건물 역시 튼튼하다는 것을 알 수 있다. 이러하듯 몸이 튼튼해야 마음도 생각도 건강해진다.

자신의 건강 상태를 챙겨보자, 내가 좋아하는 운동은 뭐지? 어떻게 하면 내가 좋아하는 운동을 할 수 있을까? 돌이켜 생각해 보면 30~40대에는 몸을 많이 움직이는 에어로빅을 했다. 어느 날 무릎에 신호가 왔다. 통증과 삐걱거리는 소리도 들리기 시작했다. 불편했다. 특히 계단 오르내리기가 힘들었다. 그 당시에는 더더욱 지식이 없었다. 지금처럼 정보가 많은 것도 아니었고, 책도 읽지 않고, 그냥 음악에 맞춰서 강사를 따라 하는 것이 전부였다. 무엇을 어떻게 해야 하는지 몰랐다. 그냥 운동을 멈췄다.

45세 이후 나에게 변화가 생겼다. 독서 모임에 참석하게 되었고, 덕분에 책을 읽게 되었다. 정보가 바뀐 것이다. 내가 알고 있는 건강에 관련 지식이 옳지 않음을 알았다. 소크라테스는 "부정을 하는 것은 부정을 당하는 것보다 더 나쁘다."라고 말했다. 알게 되면 부정을 하지 않는다. 물론 알았다고 해서 바로 무 자르듯이 싹둑 자를 수는 없지만, 정보가 변하니 생각이 변하고 행동이 변화된다. 지금의 우리는 수많은 어제가 만들어낸 결과물이다.

우리 뇌는 옳고 그름이 아닌 내가 평소 해왔던 대로 행동한다. 즉 효율성을 따른다. 그렇기에 새로운 도전을 하려고 하면 뇌는 힘들어한다. '평소 하던 대로 해'라면서 거세게 저항한다. '작심 3일' 말이 있듯 새로운 것을 하기는 그만큼 어렵다는 것이다. 그러나 불가능하다는 말은 아니다. 생각해 보자. 아무도 걷지 않는 우거진 숲길이나 잡초가 무성한 길이 있다. 나는 그 길을 가야만 한다. 처음에는 길이 없기에 힘들다. 하지만 걷고 또 걷다 보면 길이 나기 시작한다. 그러다 보면 그 길이 점점 넓어지고 지나가기 수월해진다. 습관이 형성되는 것이다. 뇌의 시냅스가 강화된 것이다. 이것이 새로운 길을 내는 것이다.

도전하지 않으면 아무것도 일어나지 않는다. 이 말을 누구나 다 알고는 있지만 다양한 이유로 실천하지 않는다. 아인슈타인은 "평소대로 하면서 다른 결과를 바라는 것은 미친 짓이다"라고 했다. 원하는 목표는 건강한 삶이지만, 내 행동은 그와 반대의 행동을 하면서 건강한 삶을 바라는 것은 아인슈타인의 말을 빌리면 미친 짓이다.

실제 내가 활용할 수 있는 지식이 나에게 힘을 준다. 이를 통해서 아는 것과 실천하는 것 사이에 틈새를 줄이는 것이 필요하다.

환경에 따라 사물의 성질이 달라진다는 사자성어 귤화위지(橘化爲枳). 중국 춘추시대 제나라 재상 안자(晏子)에서 유래되었다고 한다. 귤이 변해서 탱자가 된다는 뜻이다. 기후와 풍토가 다르면 같은 것이라고 그 성장이 달라진다는 것이다. 우리도 주위 환경에 따라 생각과 행동이 달라질 수 있다는 것을 의미한다. 강남의 귤을 강북에 옮겨 심으니 탱자가 된다.

아무리 좋은 정보가 많아도 '모두에게 똑같은 결과를 주는 것은 아니'라는 것을 알자. 내게 맞는 방법을 찾는 것이 필요하다. 건강의 열매를 얻고자 한다면 나부터(토양) 알아야 한다.

당신이 일상생활에서 나를 위해 활용할 수 있는 지식은 무엇이 있을까?

나는 뇌건강 메신저다

내가 경험한 것을 건강한 삶·품격 있는 삶을 원하는 분들에게 나누어주고 싶다. 나는 뇌건강 메신저다. 삶에 있어서 방향은 중요하다. 움직임에 목표가 있다. 가려고 하는 방향이 없으면 표류하게 된다. '내가 도대체 어디로 가는 거지?' 2021년 새해를 맞이한 듯하다. 그런데 벌써 10월하고도 중순이다. "아! 하다가 '어!'하게 된다."라는 말을 들었다. 공감하는 문장이다. 2021년 무엇을 하며 보냈을까? 나에게 있어서의 변화는 무엇이 있었을까? 매일 메일 주어진 24시간! 나에게 어떠한 변화가 있었는지 돌아보았다.

첫 번째, 새벽 기상이다. 2021.10.29.(금) 오늘까지 271일 차다. 4시 38분에 일어나서 평소 시간 없다는 핑계로 하지 못했던 것을 한다. 대부분 독서를 한다. 종례 시간은 6시 30분이다. 새벽 시간을 활용하는 많은 분과 인터넷 세상에서 만난다. 새벽 기상을 하고 싶어서 혼자 시도해보았다. 역시나 '작심 3일' 이였다. 하지만 함께 하는 분들이 있고 '나도 할 수 있다.'라는 생각으로 지금까지 진행하고 있다. 그 시간을 활용한 독서 습관 역시 바뀌고 있다. 완독이 아닌 내가 필요로 하는 부분을 읽는 것, 그리고 정리하는 것, 그래야 내 것이 된다는 것이다. '기록하지 않으면 기억되지 않는다.' 명심해야 한다.

두 번째, 하루 7,000보 이상 걷기를 하고 있다. 움직이는 시간보다 사무실에 앉아 있는 시간이 더 길다. 움직이지 않으면 뇌는 퇴화한다. 멍게는 살기 좋은 곳을 찾아서 돌아다닌다. 그러다가 적당한 곳에 정착하면 더는 움직임이 필요하지 않기에 자신의 신경계(뇌)를 에너지원으로 먹어버린다. 뇌는 움직임이 있어야 한다.

세 번째, 돈 공부 하고 신념이 바뀌었다. 돈은 삶의 균형을 위해 필요한 것이며, 절대적이지는 않지만, 돈에 문제가 생기면 건강, 관계, 가족, 일 등 그 균형이 흔들린다. 생활하면서 어려웠던 기억들, 그 속에는 돈의 문제가 있었다. 돈에 대해 알고, 돈 공부를 하고 있다. 돈은 나와는 거리가 먼 것으로 알고 지냈다. 하지만 정보가 바뀌고 생각이 바뀌니 내 신념이 바뀌었다. 돈에 대한 거부감이 없어졌다. 나는 돈을 좋아한다.

네 번째, 바른 자세를 위해 노력하고 있다. 뇌는 뇌 혼자 별도로 존재하지 않는다. 신경을 통해 우리 몸 전체와 연결되어 있다. 신경은 척추를 통해 전달된다. 바른 자세는 뇌로 들어가는 정보 전달을 원활하게 해준다. 만나는 분들 대부분은 자세가 불안정하며 척추가 바르지 못하다. 그리고 특이한 것은 나이가 들었어도 '자세가 바른 분들은 건강하다'라는 것이다. 나 역시 자세가 바르지 않다. 한쪽으로 치우쳐져 있다. 일자목이다. 근육을 알게 되고 근육의 상호작용 역시 공부를 통해 알게 되었다.

평소 습관이 나를 만든다. 건강한 뇌 역시 습관이 만든다. 건강한 브레인 코치로서 내 역할을 위해 난 오늘도 공부하고 생활 속에서 실천해 나간다. 나를 위해 생활 속에서 실천하고 있는 것들은 무엇이 있을까?

실패의 끝에서
성공을 만나다

김혜원

김혜원

나이 37에 세상의 바닥을 찍게 되었다.
세상의 끝에서 희망을 찾고 싶었다.
가족들의 눈물이 보고 싶지 않아, 자기계발을 시작했다.
이제 빚을 다 갚고 새로운 출발선에 섰다.
여러 멘토들을 만나고 극복하는 경험을 통해
이겨낼 용기와 방법을 학습했다.
나를 사랑하는 마음이 기본임을 알고
어제보다 1%보다 나은 나를 만나기 위해 잠재의식을 훈련하고
책을 읽고 아이디어를 내고 바인더를 쓰면서
교육을 통해 발전하고 있다.
최종적으로 나의 꿈을 이루어 질 것을 안다.
나와 같은 실패를 경험하고 바닥에서 시작하는 사람에게
희망이 되고 싶어하는 파워 오뚜기 메신저.

코다에듀(수학, 과학)학원대표,
수학, 영재교육 20년차.
㈜매스티안 팩토 운영교육강사.

contents

힘든 삶을 끝내려는 시작

노력해도 나아지는 게 없어. 차라리 죽는 게 편하겠다. 이제 그만 해도 되지 않을까… 힘들어 쉬고 싶어. 엄마의 팔자를 어쩜 이렇게 물려받았을까?

"남편 복 없는 년이 자식 복이라고 있겠어. 엄마 바빠. 저리가 있어."

이 말을 달고 사신 엄마의 말버릇.

남편이 좀 더 능력이 있었다면… 내 부모가 좀 더 나은 환경에서 날 낳아주었으면… 아니 내 팔자가 좀 더 나은 사주로 태어났더라면… 왜 하는 족족 이렇게 안되고… 왜 나이 37에… 왜 빚에 모든 게 넘어가고… 하루하루 날 힘들고 고달프게 하는 사람만 있지. 아이 하나 있는 것도 왜 이렇게 속을 썩이지… 누가 좀 나 좀 살려줘!! 나한테만 이래 왜!

어제 딸아이와 남편과 다투고 25층인 아파트 난간에 매달렸었다. 아이는 울음과 땀범벅이 되어 나를 말리고… 남편은… 빌고 또 빌었다. 아이 아빠의 원망 섞인 말과 앞뒤 막힌 상황에… 어쩔 도리가 없었다. 차라리 내가 없어지고만 싶었다. 한바탕 난리를 치루고 뒤돌아서니 내 가족이 나 때문에 울고 있었다. 정신이 번쩍들었다. 이 상황을 어떻게든 끝내야 해. 이렇게는 살아갈 방법이 없어.

어느 순간 난 가장이 되어 있었다. 코로나로 인해 작년에 학원을 폐업했다.

나라에서는 강제 휴원을 결정해 한 달 가까이 수업을 하지 못하게 했고, 중간 중간 반복적인 강제 휴원으로 인해 학생들은 1/3로 줄어들었다.

남편과 따로 공부방을 운영하며 공부방은 상황이 괜찮았지만, 기껏 모아놓은 돈을 학원에 다 메꿔주고 있었다. 언제 끝날지 모르는 이 사태에… 난 살 의지를 잃어가고 있었다. 아직 갚아야할 빚이 남아있는 상황에서 내가 없어지면 내 남편과 내 아이가 겪게 될 고통… 2021년 10월 빚 정리가 끝나는 그 날까지만 살겠다고 결심했었다. 정리가 안되는 삶을 누군가 정리 좀 해줬으면 좋겠다 싶었다.

정리를 배우고 싶어 3p 바인더 홈페이지를 들여 다 보고 있었다. 전부터 시간기록을 하고 있었는데, 번번이 실패했다. 왜 거길 봤는지 모르겠다. 바인더를 쓰면 삶이 좀 정리가 된단다. 근데 교육비가 엄청 비쌌다. 사업실패와 코로나… 이걸 겪으면서 난 신용불량자가 되었다.

인생 참 더럽다.

한 달 소득 4,000만원, 추가로 동화책 판매로 받은 수당 1,000만원, 이렇게 벌던 내가, 갑자기 순식간에 나락으로 떨어졌다. 원생 200명인 학원을 3,000만원에 집어 삼키려 했던 사기꾼도 만나고, 보이스 피싱 사기를 당해서 경찰서도 왔다갔다. 개인회생까지 신청했다. 아이 때문에 보증금을 시아버님이 도와주셔서 그나마 월세로 이사를 했다. 신용카드는 당연히 없다. 없는 게 아니라 해지 당했다.

몇 백만원의 교육비를 내야 하는데 지금 돈 나올 구멍이 없다.

다달이 내야하는 월세도 버겁다. 한숨이 나온다. 일상이 한숨이다. 세상 귀찮고 짜증나고, 사업이 망한 뒤로는 거울도 보지 않는다. 당연히 몸무게를 재어 보지도 않았다. 살이 엄청 쪘다. 약 오르는 게 난 하루에 한 끼 먹는데… 그래도 살이 붙어 올랐다. 입맛이 없어 하루 종일 굶다가 저녁 12시가 넘어 퇴근한 뒤 밥 한술 겨우 먹는데 그게 살을 찌웠다. 내가 내 삶에 문제가 있다라고 인지한 시점에서 이미 몸무게는 90kg 가까이 되어 있었다. 만삭일 때도 이렇게는 안 나갔는데, 총체적 난국이다.

그때 3p바인더 홈페이지에 한 영상이 올라와 있었다. 영상 내용은 파산을 했는데, 3p바인더를 만나면서 6개월 만에 상황이 바뀌었다는데 그게 너무 궁금했다. 그러나 그때 당시 나는 3p바인더를 교육받을 여력이 되지 않았다.

3p바인더 측에서 내 사정을 봐 줄 것 같지도 않고, 들어줄 것 같지

도 않았다.

독서모임 '나비'가 있다는 것을 알게 되었고, 정리력 강의가 있다는 것을 알게 되었다. 일단 '성과를 지배하는 바인더의 힘'이라는 책을 샀다. 밑줄을 그어가면서 읽고 또 읽었지만, 이론과 실제는 달랐다. 내가 똑똑한 줄 알았는데, 책을 읽는 습관이 사라지면서 문해력이 현저히 떨어졌다. 아님 내 잠재의식이 변화를 거부했는지도 모르겠다.

인터넷에서 바인더 교육을 검색하니, 유튜브 강의가 여러 개 있었다. 그 중 한 바인더 특강을 결제하고, 듣고 또 듣고 따라했다. 바인더 특강을 수료했더니 독서수업을 들어보라고 기회를 주셨다. 온라인으로 하는 독서모임이었는데, 이미 무기력으로 가득 찬 나는 책읽기가 쉽지 않았다.

바쁜 일과에 책을 한 줄도 못 읽고 참여했는데 괜찮다는 코치님의 말씀에도 나 자신에게 화가 나기 시작했다. 그날 수업이 뭐였는지 기억도 안난다. 그 이후로 몇 번 더 권해주셨지만, 알량한 자존심에 책이 안 읽히는데 참석하지 못하겠어서 포기했다. 포기가 일상이요. 연기대상을 수없이 받았다. 그때의 나는…

지역에 독서모임이 있는지 검색했다. 일단 들이대야 해결이 될 것 같아서 검색하니 집 근처에 독서모임 '나비'가 있었다. 담당자에게 문자를 보냈다. 참여하고 싶다고… 내가 죽을 것 같으니, 열심히 살았는데 억울하다고… 나 좀 어떻게 해달라고… 그랬더니 도움을 줄 수 있는 강의가 있으니 한 번 찾아오라는 답변이 왔다. 그런데 교육비가 있단다.

금액이 조금 나갔다. 결단이 필요했다. 고등학생 5명을 가르쳐야 받을 수 있는 원비… 한 달 생활비… 그 사람들이 누군지도 모르는데 써야하다니, "만약 안 달라지면 어쩔 건데… 자기들이 책임진데?"

그래도 왠지 모를 끌어당김이 있었다. "뭐라고 하는지 들어나 보자." 하고 찾아갔다.

독서모임

2021년 4월 24일 토요일 새벽 6시… 알람소리에 잠에서 깨어났다. 피곤하니 짜증이 올라왔다. "새벽 2시에 잠들었는데… 가지말까? 지금 일어나야 준비하고 나갈 수 있는데…" 투덜거리며 씻고 나왔다.

7시에 독서모임을 한단다. '뭘 이렇게 꼭두새벽부터 해. 그 사람들은 잠도 없나. 아니지 다들 일찍 자겠네… 수업이 9시 30분부터니 독서모임이 끝나고 부지런히 오면 되겠다. 오늘은 또 늦는다고 엄마들이 트집 잡지 않겠지…' 머릿속으로 오늘하루를 돌려본다. 혹여 늦게 들어오면 첫 수업에 차질이 생길까 걱정했다. 시간 약속을 어겨 나쁜 이미지를 주느니 차라리 가지말자는 생각이 스멀스멀 올라왔다. 망설이다 시간이 흘러갔다. '벌써 시간이 6시 40분이네… 그래도 사람과 한 약속인데 일단 가자. 내가 아쉬워 연락하고 약속을 안 지키면 안되지…' 택시를 불렀다. 도착까지 7분이 걸린단다. 집에서 모임장소까지 가는데 20

분, 합쳐서 27분이 걸린다. '음… 또 늦었다. 쪽팔려…' 도착했다. 묘하
게 긴장되고 설레네… 이게 뭐라고… 교회 한 칸에서 시작한 독서모임
이 상가까지 얻어서 확장되어 있었다. '독서모임이 돈이 되나? 교회를
다니는 분들인가? 나 이상한데 가는 거 아니지?' 별 생각이 다 들었다.
도착해서 유리창을 봤더니 이미 많은 사람들이 읽은 책을 가지고 토론
을 하고 있었다. 하나같이 새벽에 깬 피곤한 모습이 아니라 생기가 돌
고 어린 아기를 데리고 온 엄마도 있고, 점잖은 남자 분들도 보이고…
와 빛이 난다. 세상 부자들만 모였나? 저 사람들은 잘먹고 잘사는데 공
부까지 하나보네. 이러니 나라가 빈부 차이가 심하지…

"오늘 독서모임 처음 왔는데요. 어디로…"

안쪽에서 여자 분이 나오셨다. 포근한 인상이다. 활짝 웃으시더
니…

"처음 오셨어요? 독서모임 처음이신가요? 저랑 같이 차 한잔 해요."

옆방으로 나를 이끄셨다. '그래… 오늘 책도 다 못 읽었는데… 모
르는 사람들이랑 이야기 하느니 저분하고 이야기 하는 게 낫겠다.' 그
분 따라 테이블에 가서 앉았다. 독서모임인데 사전 OT가 있다고 했다.
바인더를 하나 꺼내더니… 나비의 안내문을 하나 꺼내주셨다. "효선선
배님, 저희는 서로서로 배운다는 의미에서 선배님이라는 호칭을 써요."
선배님이라고 부르는 호칭이 낯설지만 듣기에도 나쁘지 않았다. 문자
를 보고 기다렸다고 하셨다. 일이 많다보니 답이 늦어 미안하다고 하셨
다. "여기 그림 보이세요. 뭘 의미하는 걸까요?" 나비의 그림을 가리켰

다. "나비네요. 근데 날개가 다르네요." 나비의 왼쪽 날개와 오른쪽 날개가 달랐다. "그럼 여기서 뭘 느끼세요? 왜 다르게 그린 걸까요?"

이유가 있을 텐데… 그냥 알려주시지… 질문이 참 많으시다.

"결핍 아닐까요? 사람들은 하나씩의 상처를 가지고 있고, 그것을 채우기 위해 여기에 온다는거 아닐까요? 나의 부족함을 채우고 나로부터 비롯된 영향력으로 널리 이롭게 하라…" 이제 나의 대답이었다. 내 영혼이 부족함을 느끼고 갈증을 느껴 찾아갔으니… "그렇게도 볼 수 있겠어요. 5대양 6대주를 의미해요. 효선님 보는 눈이 참 좋으세요." 칭찬을 받았다. 나이를 먹어도 칭찬에 기분이 좋아지네… 6개월 넘는 기간 동안 매주 두 분을 보지만 부정적인 말씀을 하는 걸 본적이 없다. 항상 나의 좋은 점을 찾아주신다. 워크지를 하나 꺼내오셨다. "효선님, 이 책 읽어 보셨어요? 제가 힘들었을 때 처음 읽었던 책이에요." 그 책은 '청소력'이라는 책이었다. 표지에 손가락을 올리시더니 한 문구를 가르키셨다. '당신이 살고 있는 방이 당신 자신입니다.' "저는 이 말이 충격이었어요. 내가 힘들 때 내 집을 살펴보니 엉망이더라구요." 로 시작하여 본인의 이야기를 잠깐 해주셨는데, 나의 집을 생각해보았다. 내 방, 침대 위, 화장실… 그렇다. 내 방이 내 자신이고 인생이면 끔찍하겠다. 시간을 주시고 읽어보게 하셨다. 빨노파의 인덱스가 붙어 있었고, 깨알같이 뭐라 쓰여 있었다.

이분은 책을 본, 깨, 적 (본 것, 깨달은 것, 적용할 것) 하시며 읽으셨던 것이다. 나중에 알게 되었지만 빌려주신 책이 참 충격이었다. 책에 밑줄

긋고 색펜으로 본인의 생각, 적용할 부분 등을 적으며 수차례 읽은 것 같았다. 느낌을 적은 날짜가 모두 달랐던 걸 보면… 난 그냥 책을 쭉 읽어 나갔는데, 내용이 머릿속에 남는 게 별로 없었다. 사실 소설, 로맨스, 역사, 추리… 이런 종류의 책을 읽었으니 기억 할 것조차 없었는데… 시간을 보내기 위해 그냥 책을 읽었다. 그 시간 동안은 아무도 방해하지 않고 몰입할 수 있으니까…

그리고 한 시간 남짓의 OT 끝에 책 한권을 손에 쥐어주셨다. 선물이란다.

소피노자의 '10배 버는 힘'이란 책이었다. 집에 돌아와 검색해보니 이 책의 작가셨다. '어쩌면 나를 이 수렁에서 건져줄 수 있겠다…'

어떻게 돌아왔는지 모르겠다. 그 길에 10배 버는 힘을 정신없이 읽었던 것 같다. 그 다음 만남이 별로 걸리지 않을 거라는 예감이 들었다.

절망 끝에서 붙잡은 희망

2021년 4월 17일 토요일.

3p본사 홈페이지를 뒤적거렸다. 바인더를 쓰기 시작한지 일주일째…

"왜 내 맘대로 안 써지는 거야… 뭐가 이렇게 복잡해. 이 상자들은 뭐고?"

'성과를 지배하는 바인더의 힘'을 붙들고 실갱이 중이다. 사례들을 보니 "대충은 알겠다. 색으로 표시하니 내가 시간을 어찌 쓰는지 알겠구나. 근데 이건 그 책에 나오는 그와 그녀의 이야기지. 이거 펴놓고 한가하게 들여다 볼 시간이 어딨어? 그래도 뭔가 달라진다잖아. 어떻게 사는지 기록이라도 하자.

다른 사람들은 계획도 세우고 실천도 해서 성과를 낸다는데, 성과가 나오려면 얼마나 매달려야해? 잠도 부족한데, 지금 이것저것 따질

114

때야?"

누가 이 수렁에서 건져준다면 붙들고 싶었다. 남한테 피해를 끼치는 일만 아니면 뭐든지 해서 지금 이 상황을 꼭 탈출하고 싶었다. 또 다시 가족의 눈물을 보고 싶지 않다. 강의를 들어야하나…

한 영상이 흘러나온다. "나랑 비슷하다. 폐업을 했었단다. 코로나가 여럿 죽이는 구나. 그런데 어떻게 6개월 만에 파산직전에서 월 매출 1억을 달성하지? 그래, 단가가 크잖아. 흔한 스토리 아닐까?" 그 분의 블로그를 읽었다. 그런데 이분의 블로그에는 제품 홍보는 별로 없고, 사는 이야기만 잔뜩이다.

모든 사람들을 선배님이라고 부르시면서 소상공인 교육도 하신단다. 폐업스토리를 읽는 데 눈물이 났다. 가장의 무게… 마지막에 환하게 웃는 사진이 참 좋아보였다. 저 사진이 내 것이었으면 좋겠다. 블로그 뿐만 아니라, 오픈채팅방도 있다고 한다. '사업하시는 분이 부지런도 하시네…' 단톡방에 들어갔더니, 자영업자들이 많았다.

"다들 에너지가 많으시네. 왜 이렇게 긍정적인거야? 나만 힘든가? 아닌데… 아… 보는 시야가 나와 다르구나…"

일주일동안 단톡방을 한 번씩 들여다보기 시작했다. 추천해주시는 책을 메모하고, 대화에 참여도 하고, 다음 주에 토요일 저녁에 3p바인더 대표님이 강의를 하신다고 한다.

"많이 바쁘시다던데… 책을 쓴 사람을 직접(zoom)을 통해서 볼 수 있다니… 좋다. 나 이 수업 꼭 듣는다… 과외가 문제야? 빨리 정리하고 시간 당겨서 수업 끝내고 난 이 날, 이 강의 꼭 들을 거야."

수업 당일이 되었다. 조금 이르게 접속을 하고 강의를 들을 준비를
했다.

쑥스러워 화면도 못켜겠다. 지난 주에는 수업이 안 끝나서 못 들어
가고 있는데 직접 전화를 하셨다. 신청하시고 접속을 안하시길래 전화
했노라고… "참 이런 분은 처음이네… 어떻게 나까지 챙기시지? 사람
이 별로 없나? 아닌데… 아… 이분 원래 이런 사람이구나."

낯선 사람이 또 전화 하게 하는 것이 싫어서 오늘은 좀 일찍 준비
를 했다. 그 분들이 궁금하기도 했고…

시간이 되자 대표님 강의가 시작되었다. 독서모임에 대한 강의를
주셨다. 나비를 나가기 시작했으니까 패스.

원래 대표님이야 넘사벽이시니… 자동 독서 머신도 아니고, 사람
들의 사정에 맞추어 책을 막 골라주신다. "그 많은 책을 다 읽으셨다는
거잖아…" 감탄을 하며 강의를 들었다. 거의 두 시간정도 되는 강의가
순삭이었다.

마지막에 '그래도'라는 시가 인상적이었다.

강의가 끝나고 질문을 하라는데… 질문의 기회가 나에게 주어졌다.

"대표님, 저 너무 힘듭니다. 사업에 실패해서 회복 중에 있습니다.
사업 실패하셨을 때, 어떤 책을 보고 힘을 내셨나요? 추천해 주실 책이
있다면 소개해주세요."

그 물음에 '커피한잔의 명상으로 10억을 번 사람들'의 책을 추천해

주셨다. 잠재의식이 있는데, 그것을 훈련할 수 있는 책이라 하셨다. 바로 구매를 했다.

그 책을 두 권 샀다. 하나는 집에, 하나는 공부방에 가져다 두었다.

하루에 한 꼭지씩 알람을 맞추고 읽는 중이다. 대표님처럼 한 꼭지를 읽고, 빈 공간에 날짜와 그날 드는 생각을 적기 시작했다. 나에게 또 어떤 변화가 올까? 또 내일은 어떤 좋은 일이 생길까? 희망이 생기기 시작한 것이다.

잠재의식 훈련과 꿈 리스트

그날 이후 나는 나의 잠재의식을 훈련하기 시작했다. 매일 아침 30분씩 '뜨겁게 나를 응원한다.'의 책을 필사하고 동영상을 보기 시작했다. 그대로 하나씩 실천하고 아침일기를 쓰기 시작했다. '커피한잔의 명상으로 10억을 번 사람들'은 출근해서 30분 정도 읽고 묵상을 한다. 묵상하면서 드는 생각을 책 여백에 메모를 한다. 다시 읽을 때 날짜와 함께 기록된 내용을 보게 되면 그 메모에 드는 생각과 마음을 또 적는 것이다. 나의 의식을 훈련하기 시작한 것이다. 뼈 속까지 부정적인 마음으로 가득한 내 생각을 도려내고 싶었다. 바라는 것과 실제로 하는 것은 달랐다. 시도는 하지만 끝까지 하는 것이 어려웠다. 포기가 일상이었다. 연기대상은 매일 받는다.

작은 시도를 해야 큰 성공으로 가는 길이라는 것을 안다. 마음에서 울림이 오고 실패했던 경험이 겹쳐지면서 그렇게 되지 않으려는 노력도 필요하다는 이야기이다. 나는 스트레스도 받아야 한다고 생각한다. 심장박동도 오름 내림이 있고, 길을 걷다가도 오르막 내리막이 있는데, 어찌 매일이 성공이고 행복일까?

나는 아이들 수학을 가르치는 사람이다. 가끔 학부모님과 아이가 성적이 나오지 않아 고민을 하고 찾아오신다.

그럼 공부하는 양과 아이의 노트, 책을 점검해본다. 아이는 학원에 와서 공부하는 것이 전부이거나, 아니면 집에서 공부를 하더라도 책만 펴놓고 있는 경우가 많다. 마음이 느껴지지 않는다. 누가 봐도 귀찮아 죽겠다는 몸부림이 아이의 풀이와 필기에서 묻어난다. 그러니 성적이 좋지 않을 수밖에…

할 마음이 없다. 그러다 보니 공부는 누군가 시켜서 하는 것이고, 나를 괴롭히는 행위인 것이다. 몇 년 전부터 아이들을 열심히 가르친다고 하는데, 그 효과가 판이하게 달라 고민을 했다. 그 원인이 뭘까?

10여 년 전 아이들에게는 결핍이 있었는데, 지금 아이들은 결핍이 없다. 아이들이 풍족하고, 의견을 존중한다는 명목아래 기준이 없고 다 허용된다. 참고 견디는 것이 없다. 기다림과 고민이 없다. 지금 내게 배우는 학생들 중에도 성적이 좋고, 결과가 좋은 친구들이 있다. 왜 그 아이들은 살아있는 눈빛일까? 인생이 왜 다 호기심일까? 그러면 어떻게 아이들에게 공부를 하게 할 수 있을까? 학습동기, 더 나아가 자신의 삶을 소중하게 여기고 노력하도록 돕고 싶었다. 그럼 그것을 어떻게 끌어내지? 그 고민에서 시작되었다.

결론은 아이들의 꿈의 부재였다. '드림리스트', '꿈꾸는 다락방', '성과를 지배하는 바인더의 힘'등의 책을 접하면서 꿈리스트 써보았다. 사람들은 보통 버킷리스트를 작성하는데, 왜 죽기 전에 꼭 해야 하는 것을 쓰나, 오늘을 살아가며 내가 즐거운 꿈리스트 하나는 있으면 사는 힘이 되지 않을까? 아이들에게 처음에는 그냥 써보라고 시켰다.

방법도 모르면서 써보라고 강요하고 가르치니 잘 될것인가? 아이들은 어른의 거울이다. 민감하고 예민해서 다 안다. 진심인지 아닌지, 본인을 사랑해주는 사람인지 아닌지, 전에는 하는 방법을 이론으로 배워 말로 설명하고 관리했다. 그 중에는 아이들이 뛰어나 스스로 잘 쓰는 똑똑한 아이도 있었다. 그건 그 학생 자체가 훌륭한 거다. 내가 써봐야겠다는 결심이 들었다. 그래야 어떤 부분은 도움이 되고, 어떤 부분은 필요가 없으니 빼야겠다는 생각이 들테니까 말이다.

다이어리를 찾기 시작했다. 말로하고 기록하지 않으니 그 동안의 시간이 흩어진다. P사의 것도 써보고, 아이들 스터디 플래너도 써보면서 아이들이 꾸준히 쓸 수 있는 양식을 찾았다. 지금의 플래너는 다듬고 다듬어 아이들과 만들어낸 서식이다. 아이들 바인더에는 자신에게 하는 셀프칭찬, 긍정 선언문이 있다. 그것을 쓰면서 아이들이 힘을 얻는다고 한다. 그 말이 그 날의 아이들을 붙잡아 준다.

아이들이 일상에서 쓰게 되는 부정어를 금지했다. 긍정어로 바꾸어 이야기하고 나부터 아이들에게 이쁘고 고운 말을 하려고 노력한다. 긍정의 영향이 아이들에게 미치길 바라면서 말이다.

요즘 아이들은 꿈이 없다고 한다. '꿈=직업'이 아닌데, 아이들은 꿈과 직업을 연결시켜 생각하고 성적이 안 되니까 못한다고 이야기 하는 것이다. 하고 싶은 게 있으면 조금은 돌아가도 괜찮다고 이야기 해준다. 설사 고등학생이라도 지금 재수를 한다고 해도 그 아이의 인생에서 큰 영향을 주는 것은 아니지 않은가. 지금 가고 싶은 학교의 점수가 높다면 포기하지 말고 재수라도 하겠다는 각오를 하라고 이야기 한다. 가고 싶은 학교가 생겼고, 인생의 목표가 생겼으면 그것만 보고 나아가자고… 조금 더 일찍 깨달았으면 좋았겠지만, 18살 지금이라도 깨닫는 게 어딘가. 나이 40에 인생 목표를 설정해도 늦지 않았다고 생각하는데…

아이들의 가능성은 무궁무진하다. 아이들의 동료가 되어주고, 친구가 되어주고, 멘토가 되어 주고 싶다. 어느 날 갑자기 어떤 계기가 되어 어떠한 것을 해내야겠다는 결단이 오지 않는 한 시도는 실패로 간다. 약한 동기부여는 시도는 하나 끝까지 버티는 힘이 없다. 나를 감싸주는 친구, 동료, 가족들이 있을 때 강력한 힘으로 이끌어주는 것 같다. 그렇게 하려면 기록하고 읽고 생각하고 마음에 새기며 나의 변화의지를 보여주는 것이다.

전에 남편에게 비쳐지는 나의 모습은 의욕은 충만하나 끝이 흐지부지인 사람이었다. 그러다보니 뭘 하겠다고 결심하면 "괜히 기운 빼지 마." 하는 이야기를 자주 들었던 것 같다. 그러나 요즘은 달라졌다. 책을 꾸준히 읽었고, 바인더를 쓰며, 생각을 기록으로 남기고 시각화 하였다.

조금씩 남편과 아이의 시선이 달라지더니 나의 의견과 조언을 듣기 시작했다. 남편은 내가 제안하는 모든 것을 긍정적으로 검토하고 도와줄 방법을 생각해내서 도와준다. 나로부터 변화는 시작된다. 주변의 환경이 바뀌지는 않지만, 나의 의식들이 변화하고 주변사람이 달라지기 시작했다. 생각하는 프레임이 바뀌니 주변 환경이 바뀐 것처럼 느껴진다. 감사가 넘쳐나고 하는 일마다 즐거워지려고 노력한다. 주어진 환경에 감사하고 그 안에서 최선을 다하니 좋아진 환경으로 옮겨지기 시작했다.

'끼리끼리 논다'는 표현은 비슷한 사람끼리 어울리고 생각하고 이야기를 나눈다는 이야기이다. 요즘은 주변에 그런 사람들이 있으니 또 내가 영향을 받고 바뀐다. 이 베이스에는 절실한 마음이 들어있다. 조금 더 행복해질거야. 조금 더 성장할거야. 조금 더 나를 사랑할거야. 난 할 수 있어. 그리고 우리니까 가능한거야…

새벽 기상

아~ 알람이 울린다. 4시 30분… 5시에 글쓰기 모임을 하기에 나의 시간은 한 시간이 당겨져 있다. 새벽 6시부터 다음 날 새벽 1시까지의 일상… 이것이 변화를 시도하고 있다. 만원의 행복 새벽글쓰기에 참여하고 싶어 4시 30분으로 기상시간이 당겼다. 나의 삶을 변화시키겠다고 결심했기에, 어떻게든 적응해 내야한다.

몸이 피곤하고 지치면 나도 모르게 짜증이 밀려오고, 예민해지고, 부정적 생각들로 머릿속이 가득차게 된다. 몸이 적응이 안 되니 스멀스멀 나의 부정적 생각들이 올라왔다. 잠재의식은 몸과 연결되어 있는 것 같다. 몸이 적응하느라 애썼다. 만성피로를 달고 살고, 낮 시간에는 졸음이 밀려왔다. 머리를 새차게 흔들어 부정적 생각의 스위치를 끈다.

상상한다. 나의 사명을 떠올리고, 비전을 떠올리고, 내 가족이 행복해 하는 모습을 떠올린다. 기분이 좋아지면서 즐거움이 온다. 찰나이다. 내가 행복의 스위치를 켜는 순간 행복이 온다. 어떻게 이 상황을 내 몸이 받아들이고 나의 잠재의식이 받아들이게 할 것이냐…

남편에게 부탁하여 낮잠을 조금씩 자고 피로를 해결할 영양제를 찾았다. 다행히 내 몸에 맞는 영양제를 찾고 일찍 자는 습관을 들였다. 한 달이 지나니 몸이 사이클에 맞추어 적응해주기 시작했다.

나도 모르게 4시 30분 전에 눈이 떠진다. 침대의 편안함과 안락함이 주는 행복에 잠깐을 망설이게 된다. 무얼 위하여 내가 이렇게 일찍 일어나는가? 내 몸을 망가트리는 짓은 아닌 건가? 나의 본업에 영향을 주지 않나? 내가 하는 것이 내 일에 도움이 되던가? 갖가지 핑계가 머릿속을 스친다. 순간 번쩍 머리에 스친다. "comfort zone을 벗어나야해" 이 단어와 함께 생각 없는 양떼무리보다 외로운 늑대의 삶을 선택하기로 한 기억이 떠오른다.

이불을 박차고 나온다. 그리고 세수를 하고 미지근한 물 한잔을 들고 나의 지정석 자리에 앉는다. 그러다 보면 4시 50분 글쓰기 강의 줌 링크를 클릭한다.

이것이 나의 요새 루틴의 시작이다. 원래 나는 9시에 일어났던 사람이다. 때로는 10시에 일어나기도 했다. 일찍 일어날 이유가 없었다. 꿈도 없고, 사는 이유가 없으니 일어날 이유가 없었던 것이다. 여유시간이 되면 TV드라마를 끼고 살았다. 생각 없이 시간을 죽일 수 있는 일을 찾았다.

하루를 버텨내고 시간만 보내길 바랐다. 일찍 죽어도 좋다고 생각했다. 40살까지만 살고 싶었다. 리셋이 되지 않고, 나의 의지와 상관없이 흘러간 내 인생이 밉고 싫었다. 어떤 일을 할 때 처음에는 원대한 꿈을 꾸고 시작하는데, 마음먹은 것처럼 되지 않고 꼬여 가면 어떻게 할까?

어떤 사람은 그것을 뒤엎고 새로 다시 할 것이고, 다시 시작 하는 게 안 되는 것을 알면 그 일을 포기할 것이고, 어떤 사람은 그 원대한 꿈을 기억하고 실패했을지라도 다시 조금씩 방향을 바꿔가면서 최종은 원하는 꿈에 귀결되게 될 것이다.

내가 인생을 바꾸기로 결단하니, 아침에 일어날 이유가 많아졌다. 주변에 메신저의 삶을 살고 계시는 모든 분들이 새벽시간을 잘 활용하는 것을 보았다. 바인더를 쓰기 시작하니 시간이 없다는 이야기를 달고 살았다는 것을 알게 되었다. 해야 할 일도, 하고 싶은 일도 많은데 시간이 모자랐다. 48시간이었으면 좋겠다. 아침에 일어나기로 결심하고 새벽시간을 활용하고, 바인더에 시간을 기록하고 계획하니 모자란 시간이 넉넉한 시간으로 바뀌게 되었다.

나의 유희와 즐거움의 시간을 책을 읽고 자기 경영시간으로 바꾸니, 이 삶이 소중하고 커다란 사명에 맞춘 목표를 정하고 그 것을 연간, 월간, 주간, 일일계획으로 쪼개다 보니 삶의 방향이 조금씩 바뀌었다.

우선순위를 정하고 해야 할 미션을 3가지 내외로 정하니 연기하거나 포기하는 일이 줄어들었다. 이것은 'one thing'이라는 책을 읽고 정한 규칙이다. 급한 마음에 여러 가지를 동시에 진행하다보니 결국은 다

못하거나 더 시간이 오래 걸렸다. 반복되는 실패에 이를 해결할 책을 찾아 읽다보니 그 해결책이 책에서 찾아졌다. 여러 가지의 TO DO를 쫓다보니 바쁘게 살아왔어도 성과로 이어지는 게 없었던 것이다.

이제 하나씩 자리를 잡아가고 있다. 원래는 내가 행복해지는 것이 목표였다. 처음 결단하고 6개월의 시간동안 내가 매일 하고 있는 루틴은 독서, 바인더, 운동이다. 몸이 정상으로 조금씩 변화하고, 책을 통해 영혼을 채우고, 바인더를 통해 삶을 기록하고 계획하고 피드백하니 180도로 바뀐 것 같다. 때로는 1도, 때로는 10도 조금씩 정방향으로 바꾸면서 '최소한 어제보다 1%라도 성장하자' 결심하고 긍정선언문을 만들어 외치고 아침일기를 쓰는 작은 습관하나가 나를 새롭게 디자인하고 있다. 그전에 실패한 지옥 같았던 삶도 소중하고 귀하다. 그 실패의 경험들이 지금의 나를 이루는 역사이고 증거일테니…

조금씩 성장하며 꿈리스트가 이루어지면서 하나씩 지우고 또 하나 생성하고 매일이 꿈꾸는 일상이다. 설레고 행복하다. 이 행복을 남에게도 알려주고 싶다.

이제는 메신저로서의 꿈도 꾸고 있다. 나의 실패의 경험들이, 또 이렇게 극복하는 과정들이 다른 사람들에게 간접경험으로, 공감으로, 지혜로 전달되면 좋겠다.

나는 나의 실패한 경험과 극복과정을 통해 당신과 나의 성장을 이루고 성과로 이어지게 돕는 파워 오뚜기 메신저 김혜원입니다.

40에 찾은 나의 꿈

10대 나의 꿈은 서울로 대학을 가는 것이었다.

시골 출신, 농사짓는 부모님, 인문계고등학교를 나왔고, 집에서 가장 멀리 가는 것이 나의 꿈이었다. 서울에 있는 대학을 가는 것, 공부를 잘하는 것을 인정받는 것. 고2때까지 꿈은 의사가 되는 것이었다. 공부를 잘하는 아이들은 거의 의대 진학이 목표였으니까, 또 청춘드라마에서 비치는 의사들의 삶이 부러웠다. 똑똑해 보였고, 편안한 삶을 사는 것 같았다. 그리고 우리 부모님이 인정해줬으니까. 고3때 늦게 온 사춘기로 성적이 떨어지고, 주변 친구들의 시선과 뒷담화 때문에 갑자기 공부만 하는 내가 싫어졌다. 난 치열하게 열심히 살았는데, 친구들 입장에서는 얄밉고 재수 없는 지지배였다. 전교 1등을 한 번도 놓친 적 없고, 악발이처럼 하루 18시간을 공부했다. 고3 방과 후 친구들이 하는 나의 뒷담화를 듣고, 그길로 도망가서 엉엉 울었다. 의연하게 대처하기가 어려웠었나 보다. 그 때 남자친구도 처음 사귀어 보고, 소개도 받았다.

수능 100일 전 정신을 차리긴 했지만, 떨어진 성적은 의대와는 거리가 멀게 했다. 다행히 '학교장추천제'가 있었고, 담임선생님이 써주신 기똥찬 추천서 덕분에 서울 유명 사립대를 갈 수 있었다. 나는 입학까지가 목표였다.

일단 대학은 왔는데, 성적에 맞추어 원서를 써주셨으니, 전공에 뜻이 없었다. 다행히 공부하는 재주는 있고, 장학금을 받아야 대학을 다닐 수 있었으니까, 장학금은 받았는데, 지금 전공 관련 질문을 하면 머리는 백지상태다. 졸업장은 있어야 하니까, 휴학과 복학을 반복하면서 그냥 저냥 다닌 것 같다. 대학생활을 버티게 하려면 아르바이트가 필요했다. 처음 한 아르바이트가 '친구동생의 과외'였다. 어려서부터 수학을 좋아하고 잘했다. 20살 대학생이 한 달에 100여만 원을 벌었다. 두 집 아이들을 가르쳤다. 나한테 가르치는 재주가 있다는 것을 그때 이후로 학원 강의를 하면서 비로소 깨달았다. 제일 재밌고, 신나는 일… 아이들과 함께 할 때 살아있음을 느낀다.

지금은 문하생 개념이 없지만, 나의 20대 강사시절에는 원장님께서 매주에 두 번의 교육을 통해 시범 강의를 해보게 하고, 판서를 검사하셨고, 시중에 있는 교재를 다풀게 해서 강의력을 키우게 하셨다. 많은 선배 강사들 앞에서 혼나고, 울고, 다시 힘내서 준비하고…

지금은 그렇게 강사교육하면 남아나는 강사가 하나도 없을 것이다. 영어로 된 수학책을 던져주시며 풀게 하시고, 번역하여 워드작업을 하게 하셨다. 그것이 요즘 사고력수학교재의 모태였다. 미국 초, 중 수학경시대회 문제를 많이 풀게 하셨고, 문해력을 중요하게 생각하셨다. 덕분에 사고력수업으로 외부강의도 나가고, 선생님들의 선생님으로 살고 있다.

지금 생각해보면 20년은 앞선 눈을 가지고 계신 것 같다.

2000년대 중반에는 한반에 8~15명 정도가 수업을 들었다. 기본급 150만원에 인센티브로 1,000만원이 넘게 버니 거침이 없고 항상 잘 되는 줄 알았다. 그 때는 아이들을 협박하고 겁주고, 달달달 볶아서 성적을 내게 만들었다. 소위 1타 강사로 내가 한 달에 가르치는 학생만 혼자 200여명이 넘게 가르치고 관리했다.

상처주는 말을 거침없이했다. "너 그딴 식으로 해서 수도권 4년제 가나 두고 봐." "잠이 오니? 그냥 가서 잠이나 자." 때려서라도 가르쳐 달라는 부모님이 많으셨다. 그래도 그때 힘들게 울면서 배웠던 아이들은 군대간다고, 결혼한다고 찾아온다. 진심은 통했나 보다. 내가 결혼하고 아이를 낳아 기르다보니 잠재의식에 부정적 말을 심어주는 것 같아, 예전처럼 거침없이 내뱉기보다 왜 그런지 조근 조근 설명하고, 설득하고 있다.

며칠 전에는 선생님 덕에 서울대에 갔다며 졸업생이 카톡으로 연락해왔다. "너라면 서울대에 갈 수 있을거야." 그 말이 그 친구에게는 고등학교 내내 힘이 되었다고 한다.

나의 부산한 20대와 30대를 보내고 자기계발하면서 가장 큰 충격은 내가 꿈이 없다는 거였다. 아예 없기야 하겠냐만은 왜 사는 이유가 없다는 거였다.

종이 몇 장의 양식을 주면서 꿈리스트를 써보세요. 하는데 빈 종이를 채울 수가 없었다. 내가 바라면 이루어진다는 강사님 말이 신뢰가 되지 않았는데, 연이어 보여주신 ppt를 보다가 빵 터졌다.

"저는 딸은 갖고 싶었습니다. 그래서 썼지요. 아내 닮은 딸. 그런데 제가 실수를 했어요. 아내의 혈액형을 닮은 딸. 외모는 저를 닮았더라구요. 여러 분 꿈은 구체적으로 명확하게 쓰세요."

요즘은 바인더에 꽂아두고 바라는 꿈이 생기면 하나씩 추가하고 있다. 그 과정에 생긴 꿈리스트만 올해 들어 3장 째다. 하나씩 이룰 때마다 지우는 재미가 쏠쏠하다. 비전과 사명에 대해 생각하면서 내가 잘하는 것, 내가 하고 싶은 것에 대한 깊은 고민을 하게 되었는데, 이제 나의 꿈과 목표가 명확해져가는 것 같다. 평균수명이 120세가 된다고 하니 이제 나는 전반전의 끝을 향해 달려가고 있다. 하프타임일지 모른다. 그동안 쌓은 내공을 바탕으로 나의 후반전은 더 힘있고, 개척해 나가며 즐겁게 살고 싶다. 의미없이 표류하는 삶을 살았다면 또렷한 목표로 앞으로 나아가고 싶다.

내 눈앞에는 우리남편과 내가 만든 비전보드가 있다. 시각화, 구체화시켜 사진으로 표현하니 눈에 보이고 마음을 다잡는 계기가 된다. 하나씩 이뤄 갈 것이다. 그리고 시간이 걸릴 뿐, 다 이루어 질것이라는 믿음은 명확하다. 아침에 일어나면 비전보드를 보고 또 본다.

　나는 이제 나의 진로를 찾으면서 '10대인 우리 학생들이 좀 더 명확하게 자신의 꿈과 비전을 찾으면 얼마나 그들의 인생이 알차게 될까? 그 아이들이 꿈을 찾는 것을 도와주고 싶고, 그 실천방안을 같이 찾아주고 싶다. 어른들에게도 자신의 꿈을 갖는 게 사는 데 얼마나 큰 힘을 갖게 하는지, 도와주고 싶다.' 그래서 만든 사명이다. 나 김혜원은 꾸준한 BBE(binder, book, education)을 통하여 가정, 나의 일터를 부, 지혜, 건강의 키워드로 바르게 성장시키겠습니다. 더 나아가 나에게 배우는 학생들이 자신을 알고 가꾸고 성장하여 각 가정과 사회에 빛과 소금이 되도록 기여하겠습니다.

경험이 돈이 되는 세상

"김혜원선생님, 우리 같이 책 써요."

"코치님 저는 글을 써 본 적이 없어요. 그리고 남들보다 나은 인생을 산 게 없어요. 그런 제가 어떻게 책을 써요?"

"선생님 그런 경험은 선생님밖에 못해요. 그러니 하셔요. 지금 상황이 힘든 누군가에게는 희망이 될 겁니다." 그렇게 하여 공저를 처음 시작했다.

나의 실패라고 생각했던 경험도 누군가에게는 타산지석으로 하지 말아야 할 짓으로, 또 누군가에게는 공감이 되고 이겨내는 내 삶을 보면서 나도 해내겠다는 생각을 하게 되기를 희망한다. 다들 자신만의 소중한 경험을 한다.

요즘은 오픈 톡방과 블로그, 유튜브 등 여러 매체를 통하여 내가 찾고자 하면 많은 지식들을 무료로 혹은 소액의 강의비를 내고 얻을 수 있다. 자신만의 아이 스토리가 나를 단단하고, 힘 있게 만들어 주었고,

살아가는 희망을 주기도 했고, 밋밋한 내 인생에 점을 찍어 연결하게도 했다. 나아가 이 경험들이 새로운 파이프라인이 되어 다른 명함을 만들어 주었다.

세상이 끝났다 생각했을 때 다른 문이 열렸고, 그 문을 열고 나가는 것도, 새로운 선택을 하는 것도 나 자신이다. 바닥에서 일어나서 한 발, 한 발 앞으로 내딛을 때, 수렁에서 건져준 주변 멘토들이 있었고, 그 과정에서 많은 배움들이 있었고, 최종적인 것은 내 결단과 행동이 있었다.

어떤 일이 변화되려면 여러 선배들의 경험을 지켜보면서 느낀 것은 이 모든 것이 나로부터 시작된다는 것이다. 다들 안전한 컴포트 존에 있고 싶다. 그리고 뇌구조 자체가 변화를 싫어한다. 그럼에도 불구하고 다른 삶을 살아야 하니까, 바인더를 배우고 있었을 때 가지고 다닐 책이 많고, 가방도 무겁고, 이거 아이패드로 쓰고 두고 다니면 안 되는지 물었던 적이 있다.

그때 멘토가 바인더는 "내 인생이 쓰여진 책인데, 내 인생의 무게가 그 바인더보다 무겁던가요?"하셨었다. 그렇다. 결코 가볍지 않다. 녹록하지 않다. 세상살이가…

마지막으로 이야기 하고 싶다. 다시 태어나는 것보다 나를 사랑하고 과거의 나를 인정해주고, 현재의 나를 가꾸면 미래의 내가 반갑게 손짓할 것이라고. 진짜 나에 대한 공부가 필요하고, 나를 믿어주는 마음이 필요하다.

오늘은 내 남은 인생의 첫날입니다. 당신의 하루가 태양처럼 빛나길…

실시간 온라인
글로벌마당발
부동산 메신저

박병오

박병오

16년차 공인중개사.
숱한 삶의 위기를 끊임없는 독서와 배움으로 이겨왔다.
얼리어답터로서 부동산 매물관리에 VR과 Pivo 시스템을 도입,
고객들이 사무실에서 매물을 입체적으로 확인할 수 있는 서비스를 제공해
화제의 부동산 전문가로 인정받았다.
혼자 두 아이를 키우며 청소년들과 다음 세대에 대한 비전을 품고
그들의 꿈을 도울 수 있는 '청꿈미션센터' 건립을 준비하고 있다.
코로나 이후 비대면으로
전국 어디에서도 실시간으로 부동산 거래가 가능한
3S-RE 부동산거래시스템을 운영하며 업계를 선도하고 있다

엄마 15회 공인중개사
3P 마스터 바인더 강사
씽크와이즈 강사
오피스정리력강사
전국부동산네트워크 네오비회원
드론+VR+Pivo 촬영대행 및 교육강사
2005년부터 고척동 현대부동산 운영중
한국공인중개사협회 구로지회 고척1동 분회장

유튜브 "글로벌마당발부동산TV"
블로그 "글로벌마당발부동산"
이메일 : allthankthink@gmail.com

contents

나의 아픔에서 사명을 발견하다

'비행기'

사람들은 비행기를 보면 제일 먼저 어떤 생각이 떠오를까? 아니 어떤 즐거운 추억들이 연상될까? 달콤한 신혼여행의 추억, 따뜻한 효도관광의 추억, 친구들과의 즐거운 여행 추억, 자녀들과의 살가운 추억, 뜨거운 해외 유학의 꿈 추억… 생각만 해도 가슴 뛰는 추억들이 많을 것이다.

하지만 나는 비행기만 보면 가슴이 아파 눈물만 흐를 뿐이다. 20년 전 어느 날 아침 비행기를 타고 남편이 별안간 멀리 떠났기 때문이다. 이젠 다 잊혀 진 줄 알았는데 다 이겨낸 줄 알았건만, 나는 이 글을 쓰면서 알았다. 아직 저 가슴 밑바닥에 아직도 완전히 해결되지 않은 상처의 아픈 흔적들이 여전히 남아 있다는 걸…

20년 전, 남편 회사에 부도 위기가 찾아 왔다. 남편은 잠시 떠나있겠다며 갑자기 비행기를 타고 하와이로 떠났다. 얼마 안 되어 남편의 회사는 부도가 났다. 날벼락을 맞았다. 나는 한 자리에서 10년째 컴퓨터 매장을 열심히 운영하고 있었다. 그런데 한 순간에 모든 걸 잃고 떠나야 했다. 가족은 뿔뿔이 흩어졌다. 나는 언니 집으로, 두 딸들은 시댁으로 갔다. 하늘이 무너진 이때, 내 나이 35살, 큰 딸은 초등학교 5학년, 작은 딸은 3학년 때였다.

남편의 사업도 꽤 잘되고 있었고 내 컴퓨터 매장도 괜찮게 운영이 되고 있어 잘 살고 있었다. 한 순간에 모든 재산을 잃고 가족이 흩어지게 되니 제정신이 아니었다. 노크도 없이 찾아온 불행의 습격에 정신을 차릴 수 없었다. 내 눈은 앞을 분간하지 못한 채, 계속해서 눈물만 흘렸다. 모든 상황이 믿어지지 않았다. 심장이 조여 와 잠을 잘 수도 없었다. 간신히 든 잠은 나의 비명소리로 깨곤 했다.

하루하루가 지옥 같던 어느 날, 큰 딸 은주가 블레싱 샘터 교회 집사님의 권유로 교회 축제에 가보자는 말을 했다. 마음이 너무나 무너져 있던 때라 지푸라기라도 잡는 심정으로 축제에 참석했다. 때마침, 목사님의 말씀이 마치 모든 걸 잃고 깊은 절망에 빠진 나에게 하시는 말씀 같았다. 이사야 49장 15절 말씀이었다.

"여인이 어찌 그 젖 먹는 자식을 잊겠으며 자기 태에서 난 아들을 긍휼히 여기지 않겠느냐. 그들은 혹시 잊을지라도 나는 너를 잊지 아니할 것이라."

'I Will Not Forget You !' 나는 너를 잊지 아니할 것이다.

나는 이 한 마디에 눈물샘이 터지고 말았다. 하염없이 눈물이 흘렀다. 그러나 그 때의 눈물은 절망의 눈물이 아니라 희망과 감사의 눈물이었다. 다른 모든 사람이 모두 나를 잊어도 하나님은 나 박 병오 를 잊지 않으시겠다니, 나는 이 한 말씀이면 충분했다.

'이 우주와 세상을 창조하신 하나님께서 나를 잊지 않으시겠다는데 내가 무엇을 두려워하겠는가.'

나는 그 때부터 움직일 수 있었다. 간신히 움직였던 한 발자국의 걸음걸음으로 새로운 일을 찾을 수 있게 되었다. 지금은 이렇게 부동산 중개업을 하며 집도 있고 일도 잘 되고 있으며 아이들도 당당한 성인으로 자라 자기 인생을 훌륭하게 살아가고 있다.

지금의 나의 모습을 보고 사람들은 말한다.

"박 사장님은 자기 일을 가지고 있으니까 좋겠어!"

"박 사장님은 남편 밥 안 차려줘서 좋겠어!"
"박 사장님은 시댁 신경 안 써서 좋겠어!"
"박 사장님은 친정 부모님 잘 챙겨줘서 좋겠어!"

지금의 박병오가 있기까지 저런 아픔이 있었다는 것을 사람들은 모른다. 한 번도 이야기 한 적이 없었다. 그러나 이제는 나도 나의 아픔을 나누려 한다. 왜냐하면, 나와 같은 아픔을 가진 사람들을 돕고 싶기 때문이다.

부동산 일을 하면서 뜻하지 않게 어려운 상황에 빠진 가족들을 많이 보게 되었다. 특히 가정이 깨지면서 청소년 아이들이 힘들어 하는 모습을 가까이서 보며 너무나도 가슴이 아팠다. 그들의 아픔을 보며, '내가 도울 수 있는 일은 없을까?' 늘 생각했다. 어린 두 딸을 혼자 키우다 보니 이런 생각이 더욱 간절했다.

다음 세대는 우리의 미래다.
다음 세대가 무너지면 우리의 미래가 무너지는 것이다.

다음 세대를 위한 생각을 계속 하다 보니, 어느 날 이런 영감이 떠올랐다.

'그래! 청소년들이 꿈을 이룰 수 있도록 지원하는 청소년 드림센터를 짓자. 10층 건물을 지어 그 안에서 청소년들이 마음껏 미래를 준비할 수 있는 활동을 할 수 있도록 하자. 그리고 나아가 어린이에서 100세 어르신까지 그들의 꿈을 이룰 수 있게 돕는 '청꿈 미션센터'로 확장해 가자.'

비전이 생기자 가슴이 뛰었다. 내가 열심히 살아야 할 강력한 이유를 갖게 되었다. 내 모든 것을 걸고 이루고 싶은 사명이 생긴 것이다. 이 사명은 결국 나의 아픔에서 시작된 것이었다. 아픔이 사명이 될 때까지 열심히 살아온 내가 대견하다. 마음 아픈 엄마의 모습을 보면서도 잘 견뎌준 두 딸이 자랑스럽다. 아픔을 통해 사명을 깨닫게 해주신 하나님께 감사하다. 이제 남은 인생은 이 사명을 위해 기쁘게 달려가리라.

나를 구해준 직업의 발견

남편이 떠나고 홀로 두 아이를 키워야 했다. 지인의 소개로 고정급을 받으며 일할 수 있는 직장을 구했다. 집과 직장의 거리가 너무 멀었다. 이제 겨우 초등학생인 두 아이가 저녁 늦게까지 엄마의 퇴근만을 기다리고 있는 모습에 가슴 아팠다. 아이들을 위해 새로운 일을 찾기로 했다. 새로운 일은 먼저 아이들을 돌볼 수 있는 시간을 낼 수 있어야 했다. 그리고 고정급으로는 빚을 갚으며 생계도 유지해야 하는 상황을 극복할 수 없으므로 내가 노력한 만큼 수입을 올릴 수 있는 일이 필요했다.

그러다 우연히 신문을 보던 중, 공인중개사 시험 광고를 보게 되었다. 순간 '그래! 바로 이거야. 공인중개사가 되면, 시간도 내 마음대로 쓸 수 있고 열심히 하면 돈도 그만큼 벌 수 있을 거야.' 하는 생각이 들었다.

당시의 내게는 고민도 사치였다. 무조건 공인중개사 시험에 합격해야 한다는 생각밖에는 없었다. 밤낮을 가리지 않고 공부에 몰두했다. 그리고 첫 시험에 도전했다. 그런데 이게 웬일인가! 내가 응시했던 시험의 합격률이 0.75%밖에 되지 않았다. 탈락의 고배를 마셨다. 시험 합격률이 너무 저조해 사회적인 문제가 되면서 재시험이 결정되었다. 나는 '아! 하늘이 나에게 다시 기회를 주는구나.'생각하며 다시 한 번 온 힘을 다해 공부에 집중했다. 결과는 합격이었다. 합격자 명단에서 내 이름을 보는 순간 두 눈에서는 하염없이 눈물이 흘렀다. 혼자서 다짐하고 또 다짐했다.

'그래, 이제 정말 열심히 해서 아이들과 행복하게 살아보자.'

그러나 합격은 끝이 아니라 시작에 불과했다. 합격증을 거머쥐었으나 중개사로 일할 자리가 필요했다. 나는 부동산 분야에 아는 사람도 없었고 어디서 일자리를 구해야 하는지도 몰랐다. 그렇다고 손을 놓고 있을 수는 없었다.

당시 우리 동네에서 가장 먼저 보였던 공인중개사 사무소의 문을 열고 들어가 무작정 물었다.

"혹시 여기 사람 필요하지 않으세요? 제가 공인중개사 자격증을 땄는데요."

"그럼 혹시 저녁 6시부터 9시까지 일할 수 있으세요?"

신기하게도 사장님께서 나에게 물으셨다. 나는 찬밥 더운밥 가릴 신세가 아니었다. 무조건 할 수 있다고 했고 다음 날부터 출근하게 되었다. 사장님은 저녁 6시부터 일하라고 했지만 나는 아침 9시에 출근했다. 사무실 청소도 하고 전단지도 돌리고 필요한 일을 찾아서 했다. 사장님은 아르바이트생을 뽑았다고 생각했지만 나는 내 일처럼 일을 했다.

그러던 중, 부동산 중개소 사장님께서 다른 일로 중개소를 정리해야 할 일이 생겼다. 사장님은 그래도 동네에서 자리를 잘 잡은 중개소인데 모르는 사람한테 넘기는 것보다는 열심히 일해 온 나에게 넘겨주고 싶다고 하며 인수 의향을 물었다. 권리금이 7천만 원이나 되었다. 당시 한 달 생활하기도 빠듯했던 나에게 그 돈은 천문학적인 액수였다. 하지만 나는 이 기회가 내 인생에 결정적인 터닝 포인트가 될 것이라는 직감이 들었다. 당시의 나에게는 불가능한 돈이었지만 일단 인수하겠다고 했다. 내가 할 수 있는 모든 노력을 다해 돈을 구했다. 입이 마르고 등골이 오싹한 시간들이 지나며 7천만 원이 만들어졌다. 지금 난 그곳에서 16년째 일을 하고 있다. 그동안 딸이 결혼을 하여 사위도 함께 일하게 되었다. 딸도 공인중개사가 되어 다른 곳에서 10년째 같은 일을 하고 있다.

내가 만일 그때 생활이 힘들다고 공인중개사 공부를 소홀히 했으면 지금의 나는 어떻게 됐을까? 부끄럽다고 제일 먼저 보이는 부동산 사무소에 무작정 들어가지 않았다면 어떻게 됐을까? 돈이 없다고 사장님의 사무소 인수 제의를 거절했다면 어떻게 됐을까? 생각만 해도 아찔하다. 인생은 모든 조건이 다 갖추어져 있어야 성공할 수 있는 것은 아니다. 학벌이 없고 인맥이 없고 돈이 없어도 나만 포기하지 않으면 반드시 길은 찾을 수 있다.

내가 몰랐던 길이 책에 다 있었다

교육을 받는 것 외에 또 다른 중요한 배움의 통로가 있다.

바로 '책'이다.

나는 오래 컴퓨터 장사를 하면서 기계를 주로 다루다보니 책을 보는 일이 거의 없었다. 그런데 어느 순간 고객과 상담을 하다 보면 내가 모르는 정보를 소재로 이야기하는 사람들이 종종 있었다. 고객들의 연령층도 많이 낮아지고 최신 트렌드에 대해 대화를 하는 사람들도 많아지면서 내가 지식이 많이 부족함을 절실하게 느끼게 되었다. 책을 읽어야겠다는 생각이 번쩍 들었다. 책과 독서에 대한 검색을 해보았다. '양재나비'라는 독서모임이 눈에 띄었다. 독서모임에 대한 내용을 살펴보니 매주 토요일 아침 7시에 모여서 모임을 했다.

'세상에! 토요일 아침 7시면 한 주간의 피로를 풀기 위해 모두가 잠들어 있는 시간인데 그 시간에 모여서 독서모임을 한다고!' 눈이 번쩍 뜨였다.

바로 그 주간 토요일, 아침에 찾아갔다. 다시 한 번 깜짝 놀랐다. 토요일 이른 새벽에 일어나 책 이야기를 하러 나온 사람들로 큰 강연장이 가득 차 있었다. 매주 책만 읽는 것이 아니라 책의 저자를 초청하여 저자특강도 듣는다고 했다. 나도 열심히 산다고 생각했는데 세상에는 정말 열심히 사는 사람들이 많았다.

독서모임 양재나비에서 추천해준 책들을 읽으며 내 마음의 양식이 풍성해졌다. 최신 트렌드에는 어떤 것들이 있으며 그 트렌드를 형성하는 배경에 대해서도 알게 되면서 고객들과도 편안하게 다양한 주제로 대화를 나눌 수 있게 되었다. 아울러 독서모임에서는 자신이 읽은 책에 대한 소감을 나누는 시간이 있다. 같은 책을 읽었는데도 저마다 다른 관점에서 다른 느낌을 이야기하는 모습을 보며 나와 생각이 다른 사람들에 대해서도 열린 마음을 갖게 되었다.

부동산 고객들도 참 성격이 다양하다. 전에는 나와 성격이 맞지 않는 고객이 오면 부담스러워 상담도 제대로 하지 못했는데 이제는 고객의 성격에 맞추어 내가 대화를 이끌어갈 수 있는 여유도 생겼다.

내가 만난 책 중, 나에게 가장 강력한 영향을 준 책 한 권이 있다. 바로 〈관계우선의 법칙〉이다. 이 책은 양재나비 독서모임의 대표인 강규형 대표님께서 사업을 하는 사람들이 반드시 읽어야 할 교과서 같은 책으로 강력하게 추천하는 책이었다. 대표님은 이 책의 가치를 알아보고 절판된 책을 다시 출간하는 열정을 보여주었다. 나도 이 책을 읽으며 내가 사업에 임하는 자세와 마음가짐을 새롭게 해야겠다는 생각이 들었다.

책에는 모든 사업의 근본이 되는 가장 중요한 기본 원리를 세심하게 제시해주고 있었다. 사업은 상품이나 서비스를 팔기 전에 고객과의 관계를 먼저 형성하는 데서 출발해야 한다는 것이다.

그 동안 나도 고객과 계약을 성사시키기 위해서만 노력을 기울였다. 고객과 평생 관계를 구축하는 단계까지는 신경을 쓰지 못했음을 인식하게 되었다.

책을 읽고, 나는 고객 한 분, 한 분과의 관계에 더 세심하게 신경을 쓰기 시작했다. 고객과의 계약 체결 뿐 아니라 그분의 삶 전반적인 관심사에 대해서도 응원하고 힘을 주는 마음을 더 기울이게 되었다. 그리고 그 고객의 성공에 필요한 일을 돕고 지원하는 일도 하게 되었다. 이를 위해 '관계 우선의 법칙'책을 200여권 구매해 계약하는 고객님들에게 선물로 함께 주면서 고객의 성공을 기원하고 축복해 주었다.

고객을 대하는 나의 관점과 태도가 달라지다보니 고객들이 나에 대한 태도도 달라졌다. 물건 계약 당시에만 연락하는 것이 아니라, 계약 종료 이후에도 지속적으로 서로 연락을 하며 서로의 안부를 묻고 성공을 돕는 관계가 되었다.

내가 몰랐던 길이 책에는 다 있었다. 그 길을 내가 스스로 시행착오를 거치며 찾으려 했다면 얼마나 많은 시간과 돈을 써야 했을까, 생각만 해도 아찔하다.

이제 내 곁에는 늘 책이 있다. 그리고 지금은 내가 이렇게 책을 쓰고 있다. 내가 작게나마 성공했던 경험들을 나누며 누군가 시행착오를 줄이기를 바라는 마음으로…

고객의 신뢰를
한순간에 얻게 된 바인더의 힘

물건 브리핑은 고객의 신뢰를 얻는 가장 중요한 순간이다. 나는 고객에게 브리핑을 할 때 특별한 바인더를 쓴다. 바인더에는 물건과 관계된 모든 사항들이 일목요연하게 순서대로 잘 정리되어 있다. 계약과 관련된 거의 모든 증거자료와 서류들이 들어 있다. 바인더를 펼쳐서 고객이 알아야 하는 정보를 순서대로 빠짐없이 관련된 자료와 함께 브리핑을 해나가면 고객들은 깜짝 놀라며 '아니, 이게 뭐에요?'하며 질문을 하곤 한다.

내가 사용하는 바인더는 바로 '3P 바인더'이다. 이 바인더에는 부동산 중개와 관련된 자료만 들어있는 것이 아니다. 나의 인생비전, 미션, 연간 계획, 월간 계획, 강의, 설교, 독서했던 책 목록 그 동안 내가 받았던 교육기록 내 삶의 가치와 실행의 역사를 알 수 있는 모든 자료들이 들어 있다.

　고객들은 처음에는 물건이나 계약과 관련된 이야기만을 듣다가 나중에는 나의 개인적인 기록들을 보자고 한다. 그리고 나의 모든 시간 계획과 시간 사용 결과들 그리고 다양한 나의 개인적인 메모들을 보며 깜짝 놀란다. 그리고 정말 이대로 살고 있느냐고 묻는다. "당연히 그대로 살고 있지요. 그 기록들은 한 순간에 한 것이 아니라 그 때 그 때 생활하면서 적은 것들이니까요."

　나의 바인더에 적힌 나의 생활과 메모들을 눈으로 직접 본 고객들은 거의 대부분 나를 전폭적으로 신뢰하게 되며, 어떤 분들은 나의 팬이 되었다고 말한다. 바인더에 적힌 내용들은 내가 얼마나 치열하게 살고 있는지 있는 그대로 보여주기 때문이다. 3P 바인더를 사용하기 전에는 일반 노트 이곳저곳에다 메모를 했었다. 그러다 시간이 흘러 노트가 쌓이면 어디에 적어 두었는지 혼란스러워 다시 필요한 정보를 찾는데 시간이 걸리곤 했다. 하지만 지금은 물건관리와 고객관리를 프로그램을 통해 관리하고 이 정보를 다시 고객이 한 눈에 파악할 수 있도록 바인더에 정리함으로써 나는 항상 손쉽게 정보를 관리하고 고객의 신뢰를 얻을 수 있는 브리핑을 할 수 있게 된 것이다. 3P바인더를 사용한 이후에는 머리가 항상 가볍다. 억지로 기억하려 하지 않아도 내가 원하는 모든 정보, 고객이 필요로 하는 모든 정보를 언제든 보여줄 수 있는 바인더가 있기 때문이다.

　나는 3P바인더 마스터 강사 과정까지 수료를 마쳤다. 그동안 만든 바인더가 수십 개가 넘는다. 그 곳에는 나의 모든 생활과 역사가 카테고리별로 정리되어 있다. 누구를 만나든 어디에서 강의를 하든 내게는 엄청난 콘텐츠가 되어 바로 사용할 수 있게 구축되어 있는 것이다. 이제 그 동안 쌓아놓은 콘텐츠로 누군가를 도울 수 있겠다는 생각이 들어 이렇게 글을 쓰고 강연을 하는 일에 관심을 갖게 되었다. 나를 만나 삶의 새로운 희망과 용기를 얻을 사람들을 생각하니 가슴이 벅차고 뜨거워진다.

나를 넘어 사람을 살리는
메신저의 꿈

16년 동안 부동산 중개업을 하며 참 많은 고객 들을 만났다. 반 지하에서 혼자 사시며 하루하루를 버텨가는 독거노인에서 한강이 보이는 큰 집에서 호화롭게 사는 사업자까지 삶의 모습은 참으로 다양했다. 그런데 특이한 것은 돈이 많아서 잘 사는 것과 마음이 평안하고 행복하게 사는 것은 다르다는 것이었다. 내가 보는 겉의 화려함과는 다르게 만나서 이야기해보면 그분들도 인생의 어느 한 부분에는 고민들이 다 있었다. 환경이 그리 좋지 않은 지역의 단칸방에서 살며 매달 겨우 힘들게 살아가는 가족을 보며 '삶이 얼마나 고달플까.'하고 생각했는데, 몇 년 후에 좀 더 큰집으로 이사 간다며 가족들이 활짝 웃으며 서로를 바로 보며 너무나 행복해 하는 모습을 보기도 했다.

이런 다양한 삶의 모습을 보며 '아! 결국 중요한 것은 사람의 마음이구나. 마음이 평안하고 행복해야 하는구나.'라는 걸 알 수 있었다. 그리고 이 세상에는 마음이 아픈 사람들이 참 많다는 걸 알게 되었다. 그렇게 사람들의 마음이 힘든 배경에는 불안정한 가정이 있다는 것도 깨닫게 되었다. 나는 남편 없이 혼자 두 아이를 키우며 오직 내 아이들을 잘 키워야겠다는 일념으로 일에 몰입하며 지금까지 살아왔다. 다행히 우리 집 아이들은 내가 밖에서 열심히 일하는 동안 하나님께서 돌보아 주심으로 밝고 건강하게 자라주었다. 이제 아이들이 잘 성장하여 각자 잘 살고 있는 모습을 보니 다른 가정의 아이들이 눈에 들어왔다. 생각보다 너무나 힘들어 하는 청소년들이 많았다. 대부분 부모의 성품과 관계가 그들에게 안정감을 주기보다는 불안감을 유발하고 있었다.

그런 모습을 보며 '그래, 이제 나도 나와 내 아이들만 챙기는 것이 아니라 저 아이들을 돕는 삶을 살아보자. 우리의 자녀는 하나님이 주신 유업이고 축복이며 상급이다. 혈통이 이어지는 자녀, 내 소유물이 아닌 청지기로 사랑의 눈으로 자라나게 해야 한다. 사랑받기위해 태어난 사람. 남편 사업의 부도로 아무 것도 없던 나를 하나님께서 이렇게 축복해주셨는데 이 사랑을 힘든 이웃들에게 흘려보내자,'하는 생각이 들었다. 그래서 이 땅의 청소년들에게 꿈과 비전을 심어줄 수 있는 '청꿈 미션센터'의 건립을 꿈꾸게 되었다. '청꿈 미션센터'를 상상만 해도 가슴이 벅차다. 청소년들이 환하게 웃는 모습으로 그 곳에서 마음껏 꿈꾸고 배우고 서로를 격려하며 활동하는 장면이 마음에 떠오르면 눈물이 흐른다. 내가 그토록 고생하며 열심히 살아온 보람과 가치가 느껴지기 때문이다.

　지금까지 내가 돈 한 푼 없이 시작해 내 일의 전문가로 자리 잡고 행복하게 살게 된 나의 경험과 노하우들을 나누고 싶다는 생각이 들었다. 조금만 다르게 해도 많은 성과를 낼 수 있는 방법들이 있는데 사람들은 그걸 몰라 힘든 생활을 반복하고 있는 모습을 보면 너무나 안타깝다. 이제는 나를 넘어 과거의 나처럼 어렵게 살고 있는 사람들을 돕고 싶다. 그들에게 힘이 되어주고 싶다. 내가 줄 수 있는 콘텐츠들을 공유하고 싶다. 나만의 부동산 거래운영시스템을 나누고 싶다. 독서를 하고 공부를 하다 보니 자신의 경험과 지식으로 타인을 돕는 사람을 메신저라고 한다는 것을 알게 되었다. 나를 넘어 사람을 살리는 메신저가 되어 남은 삶을 보다 의미 있게 가꾸고 싶다. 지금까지 만들어온 바인더 속에 빼곡하게 적혀 있는 나의 기록과 메모들이 생생하고 훌륭한 자료가 되어 줄 것이다. 내가 감동받으며 읽어온 책들이 멋진 동반자가 되어 줄 것이다. 고척동 마당발에서 글로벌 마당발이 되어 사람을 제대로 살리는 메신저가 되어 한 번뿐인 나의 삶을 아름답게 만들고 싶다. 오늘도 나는 왼 손에는 바인더 오른 손에는 책을 들고 나의 일터 고척동 현대 부동산으로 향한다.

또 하나의 새로운 시작
실시간 온라인 부동산

어렵게 갖게 된 부동산 개업이었기에 무조건 성공해야 했다. 어떻게 하면 남들과 다른 차별화된 부동산이 될 수 있을까 궁리하기 시작했다. 제일 먼저 수작업으로 하던 매물관리와 고객관리를 전산으로 데이터화하기로 했다. 프로그램 전문가와 만나 우리 현대 부동산에 최적화된 프로그램을 설계했다. 모든 부동산 매물 접수와 의뢰 내용 그리고 각종 필요한 내용들을 모두 전산으로 관리할 수 있는 프로그램을 개발했다. 각종 기록들을 전산으로 일목요연하게 파악할 수 있어 업무능률이 훨씬 좋아졌다.

부동산 운영 전반에 대한 지식과 콘텐츠를 배울 수 있는 곳이 없을까 찾다가 '네오비'를 알게 되었다. 이곳에서 중개업에 필요한 마케팅과 IT 교육을 받으면서 오프라인과는 또 다른 세계인 온라인 마케팅을 알게 되었다. 내 고민은 한 가지였다.

'어떻게 하면 고객들에게 부동산 매물을 빠르고 안전하게 보여드릴 수 있을까?'

마침내 내가 원하던 아이템을 만나게 되었다. 360도 카메라였다. 이 카메라를 이용해 촬영을 하면 매물을 사무실 모니터에서도 바로 눈앞에서 실제로 보는 것처럼 볼 수 있었다.

VR과 Pivo 시스템을 구축하여 마치 매물을 가상현실처럼 입체적으로 볼 수 있는 환경까지 만들었다. 이제는 메타버스시대 아닌가. 고객들은 현장에 가보지 않고 사무실 모니터에서 실제 매물처럼 꼼꼼히 살펴본 후 최종적으로 마음에 드는 곳에만 직접 가보면 되었다. 매물을 내 놓은 주인도 매물을 보러 오는 사람을 기다릴 필요 없이 처음에 촬영만 해가면 마음 놓고 외출을 할 수 있게 되었다. 결과적으로 매물을 내놓은 고객이나 매물을 구하는 고객 모두 시간을 대폭 절약할 수 있게 되었다. 이러한 시스템이 알려지면서 공중파 9시 뉴스에 출연하기도 하였다.

지금은 고객들과 의뢰인들이 전국에 계신다. 한자리 16년째 주거용부동산과 수익형부동산, 오피스텔, 지식산업 센터, 상가 등을 분양하고 임대하다보니 이제는 부동산매물과 고객님들이 전국에 계신다. 비대면 시대 2년째 지금은 줌으로 지역에 상관없이 부동산 매물을 접수하고 보여주고 계약까지 고객과 의견 조율하고 방문하지 않고도 실시간 줌으로 한번에 원격으로 이루어지는 디지털 도구의 시대다. 이 또한 배움의 한 분야라고 할 수 있다.

이제 나는 온라인 실시간 라이브 부동산에 가장 큰 강점을 가지고 있다. 전국의 매물들을 실시간으로 접수할 수 있고 실시간으로 볼 수 있게 해주는 시스템이다. 부동산 매물은 유통기한이 있다. 물건이 접수되어도 다른 부동산에서 계약을 하면 유통기한은 끝나는 것이다. 따라서 실시간으로 물건을 볼 수 있고 실시간으로 계약을 할 수 있다면 최고의 경쟁력을 갖추는 것이다.

이제 나는 우리나라 전국에 있는 물건을 다룰 수 있게 되었다. 조금만 더 나가면 전 세계에 있는 물건을 취급할 수 있는 날도 오게 될 것이다. 대한민국의 작은 동네 고척동 마당발에서 진짜 글로벌 마당발이 되는 것이다. 가슴이 뛴다. 마음이 설렌다. 이 모든 결과는 내가 늘 배움에 목말랐기 때문이다. 나는 '못한다, 안 된다'고 생각하기 전에 '어디에서 배우면 될까'를 생각한다. 컴퓨터 가게를 10년 하면서 자동화된 도구를 사용하는 것이 얼마나 중요한지 알고 있었다. 그래서 새로운 IT 도구나 기계가 나오면 제일 먼저 사서 사용해본다. 사람들은 그런 나를

'얼리어답터'라고 부른다.

사람이 자기 일에 즐거워하는 것보다 더 행복한 것이 없다고 했다. 내 일을 즐기다보니 고객들에게 더 나은 서비스가 무엇일까를 늘 고민하며 아이디어가 떠오를 때마다 바인더에 기록한다. 그러다 보니 일에서 성과가 나고 즐기면서 일을 한다.

배움에 시간을 투자하는 사람은 많지 않다.
배움은 씨앗이다. 배움의 씨앗을 뿌리면 반드시 그 열매를 얻게 된다.

오늘도 난 세상 모든 사람을 인생 선배라고 생각하며 좋은 것을 배우러 나간다.

꿈 이야기

박영숙

박 영 숙
NuSkin 크리에이터 1인기업

25년의 네일 & 훼이셜 크리에이터 경력,
2006년 시작한 네일 & 훼이셜 비즈니스 운영,
스킨케어 개인 1:1상담, 건강 다이어트 1:1상담,
NuSkin 사업 권리소득을 창출하는 1인기업 플랫폼 비즈니스,
웰 에이징 건강 디자인 메신저를 하고 있다.
코로나 덕분에 위기가 기회로 전환되어,
경험으로 돈이 되는 메신저를 하고 있으며,
권리소득 창출로 남에게 배프는 일,
"배워서 남 주자"를 하고 있다.
나는 100세 시대 웰에이징 건강 디자이너 메신저다.

페이스 북 : youngsook park
인스타그램 : beauty_choi_ysp
네이버 : 블로그 nulife042021
이메일 : yspark0315@gmail.com.

contents

내가 할 수 있는 일

우리가 처음 이민 생활을 시작할 때의 일이다. 말도 다르고 먹는 것도 다르고 문화가 다른 곳에 와서 무엇을 어떻게 해야 하지? 라고 생각 할 시간조차 없이 무조건 무엇이든지 일을 해야만 했다. 왜냐면 당장 먹고 살아가야 하고, 아이들 학교도 보내야 하고, 집세 공과금 등등… 살아가면서 기본으로 사용해야 하는 환경을 만들어 놓아야 하기 때문에 일을 바로시작 했다. 여기 문화는 완전 다르다. 일을 하려면 제일 먼저 여기 문화를 익혀야 했다. 매일매일 같은 일을 반복 하면서 눈치 것 해야 하고 모르는 것이 있으면 바로바로 물어봐서 해결을 해야만 다음 스텝에 지장이 없게 하기 위함이다.

먼저 남편이 일하는 곳은 아이들 고모부가 찾아 주었고, 나는 아이들 고모가 운영 하는 네일 가게에서 일을 하기로 하였다. 이렇게 일자리는 해결이 되어서 일을 다니면서 기술을 익히고 고모의 도움으로 집을 알아보기 시작했다. 집을 구하기까지는 고모 집에서 생활을 하였다.

현지에는 전세라는 개념자체가 없다. 무조건 월세(Rent)다. 계약금(Deposit)은 월세 2달분을 내고 계약 체결을 한다. 그리고 계약을 할 때 신용평가를 보는데 그 신용은 개인 크레디트를 본다. 우리 같은 경우는 크레디트가 없어서 아이들 고모가 보증을 해 주었다. 그래서 쉽게 집 렌트를 구 할 수 있었다. 남편은 델리그로서리에서 일을 하였다. 델리그로서리에서 하는 일은 설거지하는 일이다. 근무는 야간 근무를 했다. 야간에서 일을 하게 된 동기는 이러했다. 아이들을 돌봐야 하기에 어쩔 수 없었다. 초등학교 아이들은 무조건 부모 없이는 외출이 안 된다. 학교 등, 하교도 부모가 동행을 해야 한다. 그리고 어린 아이들이 혼자 집에 있게 해서도 안 된다. 만약 아이들을 돌보지 못 했을 경우 이웃 주민들이 신고를 한다. 그렇게 신고가 들어가면 바로 경찰들이 와서 조사 후 아이들을 아이들 보호구역으로 데리고 가서 몇 달 동안 아이를 볼 수가 없게 된다. 아이들 보호가 부족하여 아이들과의 만남을 금지령 받고, 아이들 보호교육을 이슈를 해야 한다. 아주 엄청난 벌을 받게 된다. 그래서 남편이 야간 근무를 할 수밖에 없었다. 밤에 일 하고 아침에 들어오면 나는 출근을 했다. 밤에는 아이들을 내가 돌보고 낮에는 남편이 아이들을 돌봐야 했다. 처음 현지 도착후 계획은 이러했다. 나의 계획은 쥬얼리를 배우려고 했었다. 지인의 소개로 쥬얼리 사장님을 만나려고 했지만 서울에서 김 서방 찾기가 되어 버렸다. 나는 빨리 생각을 달리하고 네일 일을 했다. 네일 기술을 배우는 것은 쉽지 않았다. 고난의 기술이 필요한 일. 기술을 배우려면 긴 시간이 필요하기에 일을 하면서 네일 라이센스를 취득해야 했다. 그리고 아주 중요한 것이 있다. 현지에서는 각 분야 별로 라이센스가 꼭 필요하다. 현지에서 라이센스 없이 일을 하다가 적발되면 업주와 고용인 모두 각각 벌금을 내야한다.(벌금은 업주가 더 많다) 그러기에 라이센스가 없으면 취업이 안 된다.

그렇게 세월이 흘러서 현지의 생활이 조금씩 익숙해져 갔다. 이제 나의발전을 위해 뭔가 도전을 생각을 하고, 그리고 바로 실행을 했다. 훼이셜(스킨케어공부)학원을 다니면서 토탈라이센스(comiclogy license)를 취득 하는 것이었다. 토탈라이센스가 있으면 (헤어,네일,스킨케어,메이크업)에 대한 모든 걸 합법적으로 시술할 수 있는 자격이 주어진다. 이렇게 4가지의 일을 할 수가 있다.

현지에서 사람들은 바뀐 삶을 열심히 배우고 실력을 쌓아 각 분야별로 성공도 하고 실패도 하면서 살아갔다. 계절마다 과일이 익어가듯이 현지의 이주민들도 익어가는 과일처럼 삶도 한해 두해 익혀 가며 살아갔다.

행복을 즐기는 가족들

    우리 4식구가 단칸방에서 침대도 밥상도 없이 살아도 마음만은 행복하게 즐겁게 지냈다. 그러면서 생활비는 1불짜리로만 사용하고 5불짜리는 돼지저금통에 모아가며 행복의 재미를 느끼며 웃음꽃을 피웠었다. 그렇게 모은 것으로 중고차(Jeep)를 샀다. 1,500불짜리를 샀다. 차는 낡았지만 그래도 나름 차가 있으니 아이들과 가까운 거리의 공원들을 다닐 수가 있었다. 아이들이 더 좋아하니 더 할 나위 없이 행복을 느꼈다. 이제는 조금이라도 수입을 더 늘릴 수 있는 길을 찾아야겠다고 생각을 하고 남편과 상의 끝에 내 차를 구매 했다. 이 나라는 신용(크레디트)인데, 크레디트는 생각도 못하고 살아왔다. 막상 차를 구매하려고 하니 이자가 많이 비쌌다. 그래도 어쩔 수 없이 해야만 했다. 언젠가는 해야 할 일이다. 크레디트 만드는 방법은 차를 구매하거나 아니면 돈을 은행에 예치를 해서 6개월이 지나면 조금씩 크레디트가 생성

이 되는 것이다. 이것이 개인 크레디트 신용평가다. 이렇게 크레디트
를 쌓아야만 다음에도 집을 구매 할 수가 있기 때문에 이렇게 해서라
도 크레디트를 만드는 것이 최상의 길이었다. 차 구매를 하고 바로 직
장을 구했다.

나는 차를 구매함과 동시에 바로 일을 했다. 구매한 차로 운전 픽
업(일하시는 분들 픽업)을 하면서 일을 했다. 그렇게 픽업 까지 하면 하루
에 두 가지 일을 하게 되는 것이다. 차를 구매해서 크레디트를 만들고,
할부금도 벌고, 내차도 생기고, 네일 기술을 배우면서 일을 했다. 그래
서 일석2조가 아닌 일석4조가 된 것이다. 이렇게 나는 또순이처럼 아니
오뚝이처럼 5년 동안 아이들과 남편과 함께 우리 가족은 행복하고 즐
거운 시간을 보냈다.

기회가 왔을 때 잡아라!

~~미국에서 집을 산다는 것은 참으로 어렵고도 힘든 일이다. 물론 어렵고 힘든 일이 모두가 다 그렇다는 것은 아니다.(나에게만 적용 된다는 것) 부부가 돈을 번다고 해도 아이들 키우고 살림을 하면서 집을 살 수 있는 돈을 모으는 것은 쉬운 일이 아니다. 그렇다고 포기할 수도 없는 이민생활 이다. 어렵고 힘든 일이 있어서 나는 결단을 하지 않으면 안 되는 상황 발생 했다(엄청나게 큰 히스토리) 이민생활 5년 크레디트도 조금 만들어졌고, 현재 살고 있는 동네를 꼭 떠나야만 해야 했기에 집을 구매하기로 결정을 하고 진행을 했다.

이민자생활 하면서 집을 구매 하기란 쉬운 일이 아니다. 여기는 집과 건물 살 때는 구매하고 싶은 물건의 20%만 지불하면 구매가 가능하다. 단 집 & 건물을 구매 할 때 반듯이 크레디트가 좋아야 한다. 은행에서 개인 크레디트를조사를 하는데 약 한달 정도 걸린다. 은행에서 크레디트 조사(개인 신용평가)를 하는데 그 기준에 도달 해야만 집이나 건물을 살수가 있다. 그리고 매월 고정 수입 있어야 하고, 3개월 은행 거래가 있어야 한다. 우리는 집을 보았고 집이 마음에 들어서 계약을 했다, 그 다음은 집을 인스펙션을 해야 한다. 구매할 집이 문제가 있는지 없는지를 체크하는데, 그 비용은 집을 구매 사람이 지불 한다. 만약 문제가 생기면 계약을 취하 할 수는 있지만, 인스펙션 비용은 돌려받지 못한다. 변호사 비용도 못 받는다.

집이나 건물을 살 때는 신중하게 꼼꼼하게 보고 결정을 잘해야 돈과 시간 낭비를 줄일 수 있다.

큐즈 젝슨하이 라는 곳에서 롱아일랜드 낫소카운티로 삶의 터전으로 이사를 했다. 새로운 삶의 터전을 옮기고 나니 새로운 세상에 온것 같은 느낌이었다. 단칸방에서 5년을 살다가 하우스로 약간 큰집으로 옮겼으니 마음이 뿌듯했다. 아이들은 각자 방을 사용하라고 했더니 너무들 좋아서 팔짝팔짝 널뛰듯이 좋아 했고, 남편은 남편대로 자기가 정원에 물주는 것이 꿈이었다며 꿈을 이루게 되어 정말 기쁘다고 나에게 고맙다는 말을 몇 번이나 했는지 아직도 기억이 생생하다.

내가 어느 책에서 본 바에 의하면 대개 성공한 여성들은 기본이 10년이 넘거나 그 이상의 경력을 지니고 있다. 배우는 데 3년, 실력을 키우는 데 3년, 뭘 좀 알고 뛰는 데 3년, 이렇게 그 지루한 '시간'을 지나온 것이 그들의 공통점 들이다.

모든 골든타임은 일정한 시간투자를 전제로 한다. 아이가 커가는 과정이든, 집을 사는 것이든, 꿈을 이루는 것이든, 다시 뛰는 나의 꿈은 한 번도 쉬어 가지 않았다. 그리고 탄력을 받으면서 뛰는 젊은 사람들의 꿈보다, 나는 골든타임까지 가는 데에는 좀 더 시간이 걸릴 수도 있다. 그러나 어떤 꿈을 시작하든 꿈이 시작되는 동시에 나만의 골든타임이 저 멀리에 세팅되어 있다는 것을 믿자. 내가 걸어가기만 한다면 골든타임과 나는 결국 만나게 되어 있다고 본다.

그러고 보면 나는 집을 구매 할 때 도 골든타임이 있는 것 같다. 나의 준비와 기회가 맞아떨어지는 순간이었다. 포기하지 말고 천천히 그 길을 가야 만날 수 있는 꿈처럼 말이다.

가슴 벅찼던 시절

비즈니스를 시작한 그 날, 나도 네일 비즈니스를 해야겠다고 생각하고 정말 앞만 보고 달렸다. 많이 힘들었지만 하려고 하는 꿈이 있었기에 힘든 줄 모르고 일주일을 한 번도 쉬지 않고 7일 동안 일을 하였던 시절도 있었다. 나의 비즈니스를 하기 위하여 열심히 뛰었던 결과가 드디어 이루어졌다. 나의 비즈니스를 시작하기로 남편과 의논 하에 결정을 했다.

열심히 상가를 찾기 시작 했다. 상가를 찾기 위하여 마음이 들뜬 상태로 상가 찾는 일에 집중을 했고, 직접 발 품팔이를 하면서 찾았다. 복덕방을 이용을 하면 쉽게 찾을 수는 있었겠지만, 그렇게 하면 금액이 조금 비싼 가격에 구매를 해야 해서, 주인이 직접 내 놓은 곳만 찾아다녔기에 시간이 많이 소요 되었다. 그래도 시간이 걸렸어도 좋은 가격의 상가를 찾아서 계약을 하게 되었다. 억척같이 일을 하여 비지니스를 할 정도(나의 수준에 맞춰) 준비하여 처음으로 시작하게 된 네일 & 훼이셜 비즈니스다. 2500 sf 의 규모로 내가 만족할 만한 금액으로 계약을 하게 되었다. 여기 현지에서는 모든 계약은 변호사 없이는 계약을 할 수가 없다. 변호사 fee를 지급하고 변호사 입회하에 계약을 체결했다.

이제부터는 갈 길이 멀다. 먼저 Department(관공서)에 가서 공사(인테리어)를 한다고 신청을 해서 허가가 나와야 공사를 할 수가 있다. 공사하는 것도 인 테리어 회사를 선정을 하면 쉽다. 그러나 나는 그렇게 하지 않았다. 왜냐하면 인테리어 비용을 절감을 해야 했기에 Department를 혼자 방문하여(완전 콩글리시 영어) 서류 접수하고 허가증을 받기 전까지 목수를 섭외하고 인테리어 재료는 목수와 홈 디퍼(Home Depot)에 가서 직접 재료도 구입을 했다. 네일(manicure, pedicure) 책상과 체어가 필요하기에 직접 회사를 찾아가서 사장님과 직접 가격 조정을 하고 바로 계약을 했다. 이제는 그다음이 제일 중요한 다음 단계다. 중간 점검 인스펙션에 통과를 해야 하는데 여기서 인스펙션을 잘못 받으면 처음부터 공사를 다시 해야 하는 일이 발생한다. 제일 중요하다.(까다롭기로 유명한 인스펙션) 그리고 꼭 알아 두어야 할 부분은 인스펙션을 받을 때다 모두 각각 인스펙션을 받아야 한다는 것, 그것을 몰라서 시간을 낭비를 하기도 했다. 전기, 위생, 화장실(장애인 설치) 그리고 각 룸마다 문의 규격이 맞아야 한다. 룸의 규격에 맞는 문을 사용해야 하고 정말 엄청 까다롭게 인스펙션을 받았다. 각 룸이 총 5개 훼이셜 룸, 주방, 화장실, 빼고 나머지 왓싱 룸 2개는 천장이 없어야 통과를 할 수가 있다. 정말 순조롭게 그냥 지나가는 것 없을 정도로 많이 힘들었다. 그래도 시간이 흘러 우여곡절 끝에 나의 사업을 시작하게 되었다.

나는 나를 칭찬하면서 뿌듯한 시간을 가졌다. 누구나 무엇이든 하려고 생각을 하고 실행을 하면 누구든지 할 수 있다고 본다. 그리고 하고 싶어서 하는 경우와 어쩔 수 없이 생계를 위하여 하는 일은 비교할 수 없을 만큼 큰 차이가 있다. 이민자 생활하면서 크게 깨달은 교훈이 있다. 진정으로 내가 하고 싶은 것이 무엇인지를 찾아서 꿈과 목표에 완전히 몰입하는 것이다. 한동안 힘들고 지쳐있었던 시절(코로나)이 있었지만 다시 오뚝이처럼 일어나서 나의 목표와 꿈을 향하여 도전 하고 있다. 앞으로 노후를 맞이하면서 하고 싶은 것들이 있다.

첫째. 재능기부 문화 재단 설립하는 것.
(같이 함께 행복을 즐기며 재능을 공유하는 재단)
둘째. 가족과 함께 달나라 가는 것.
셋째. 정다운 친구들과 함께 한 지붕 아래서 같이 지내는 것.

나의 이러한 꿈을 꿀 수 있게 만든 것은 책 이다. 나는 책을 통해서 많은 지식과 지혜를 얻을 수 있었다. 이 글을 보시는 분들에게도 꼭 말씀드리고 싶다. 책에서 모든 경험과 지식과 지혜를 쌓아 가시길 바란다.

질문의 두려움

질문의 두려움 꿈이 뭐예요? 에 대한 질문?

꿈을 갖고 살아간다는 것은 참 행복 이라고 생각한다. 오십이 훌쩍 넘어서 새로운 일을 시작해 보겠다고 시작한 일, 지금 하고 있는 네일 & 훼이셜 비즈니스에 도움이 되는 사업이기에 도전을 해 보기로 했다. 처음 인사 소개를 받는 날이었다. 바로 옆에 앉아계신 그룹업라인 사장님께서 나에게 인사를 하였다. 안녕하세요. 사장님 어서 오세요. 오신 것을 환영합니다. 저는 ○○○입니다. 우리와 함께 사업을 할 수 있게 되어 영광입니다. 만나서 반갑습니다. 이렇게 반갑게 맞아 주셨다. 여기서 부르는 호칭은 모두 사장님이다. 모두들 1인기업 사업을 하시는 분들이다. 인사소개 후 사장님은 꿈이 뭐예요? 라고 질문이 그냥 훅 하고 들어왔다.

나는 갑작스러운 질문에 당혹스러워했다. 부끄러움과 수줍음이 많은 나는 바로 얼굴이 홍당무처럼 빨개지면서 진땀이 나고 입술은 바짝바짝 마르고 어쩔 줄을 몰라 하니까 다른 옆에 계셨던 사장님께서 다음으로 넘겨주셨다. 휴~~ 구사일생 위기는 면한 셈이다. 분명 나에게도 꿈이 있었다. 그런데 왜 바로 대답을 못 했을까? 그것은 내가 다른 사람들 앞에서 & 일어서서 하는 발표가 두려워서 대답을 못 한 것이었다. 나는 두려움 때문에 내가 하고 싶은 것들을 못 해본 것이 너무 많았다. 이 머나먼 타국에서도 현재 비즈니스를 하고 있음에도 불구하고 나는 일어서서 하는 발표, 나를 표현하는 발표, 이런 것들을 못하는 것이 유일한 나의 단점이다.

네일 & 훼이셜 비즈니스는 정말 어렵고 힘겨운 일이면서 리더십도 같이 겸한 일이다. 리더십도 같이 하는 일을 하고 있음에도 불구하고 왜 발표하는 것에 두려움을 갖고 있을까? 를 나는 곰곰이 생각해 보았다. 그것은 내가 발표하는 것에 익숙하지 않기 때문인 것을 깨닫게 되었다. 그것을 책에서 터득을 하게 되었다. 지금 네일 & 훼이셜 비즈니스를 하고 있는 분야는 그동안 10년 넘게 배우고, 매일 실행을 하였기에 가능했던 것이다. 나는 두려움을 극복하리라 결심을 했다. 지금까지 어렵고 힘겨운 일을 잘 해 왔다.

나는 나의 단점인 두려움도 이겨 내고 있다. "나는 나를 믿는다." "항상 긍정적인 마인드"로 두려움과 발표력을 키웠고, 사람들을 만나고 그들의 일상과 인생의 성취와 변화를 끌어내도록 도와주는 일을 하고 있다. 그리고 이제 다른 또 하나의 메신저가 되었다. 박현근코치님을 만나 나는 메신저다. 공저 프로그램 3기에 같이 윈윈 으로 메신저의 길을 가고 있다. 멋진 길이다. "나는 100세 시대 웰 에이징 건강 디자이너 메신저다." 지금까지 열심히 살아왔지만 못 해보고 지나간 삶의 두려움을 잊어버렸던 것을 찾을 수 있는 기회가 나에게 주어진 지금 이 순간이다. 메신저의 길 너무 행복하고 즐겁고, 제2의 나의 인생을 꿈꾸면서 함께 여러분들과 같이 더불어 윈윈 하면서, 배워서 남 주자를 가슴에 새겨가며 도움을 줄 수 있는 멋진 메신저로 가고 있다…

내 남편이 최고

울 남편은 항상 긍정적인 마인드와 선의의 힘으로 우리의 가정을 이끌어 간다. 우리 아이들에게 가르치는 말이 있다. 내가 조금 양보하고, 내가 조금 손해 보면서, 살아간다면 우리들은 행복하고, 즐겁고, 재미있게, 지낼 수 있다고 강조한다. 이러한 마음을 갖고 있는 착한 남편 이야기 해 보려 한다. 우리 대한민국 사람이라면 아마도 김치를 모르는 사람이나, 안 먹는 사람은 없을 거라 생각한다. 김치는 발효음식으로 유명하다. 전 세계 사람들이 알 수 있을 정도로 아주 유명한 김치다. 아주 유명한 뉴욕에서도 가까운 몇 개의 주에서도 김치를 모르는 사람이 없을 정도다. 심지어는 각 주에서 김치 박람회도 개최를 한다.

이번 추석에 뉴욕 옆 동네 뉴저지 에서 추석 대잔치를 할 때 김치 담그기 체험을 하면서 '한국 김치'널리 알렸다. 여기 현지의 기사를 알리는 이유는 우리 대한민국 한국인들이 자랑스럽고 내가 한국인이라는 자부심을 같고 살아가는 힘이다. 뉴저지한인회(손 회장님) 주최 '제20회 추석대잔치'가 성황리에 막을 내렸다. 9일 버겐카운티 뉴오버펙 공원에서 열린 이날 행사는 주최 측 추산 연인원 1만5,000여명이 참가한 가운데 김치와 K-Pop 등을 소개하는 '코리안 페스티발'로 꾸며졌다. 특히 아시안 및 타인종 참가자가 40%에 달해 한국의 맛과 문화를 소개하는 최고의 자리가 됐다는 평이다.

기대를 모은 '김치축제'에는 필 머피 뉴저지 주지사를 비롯, 연방 및 지역 정치인들이 대거 참석, 김치 담그기 등 김치를 직접 체험하는 시간을 가졌다. 김치-한국(Kimchi-Korean)'이라는 인식을 세계인들에게 강하게 인식 시킬 수 있는 가장 효과적인 방법은 커뮤니티 페스티벌 형태의 문화축제로 이번 김치축제는 김치홍보의 가장 좋은 마중물이 됐다" 이번 코리안 페스티벌 김치축제를 통한 경제효과는 매년 약 1억 달러 정도로, 한식관련 업계의 매출 확대를 기대 한다"고 밝혔다.

그리고 요즘 자랑스러운 일이 또 하나 있다. 한편 이날 행사는 K-Pop 댄스 및 노래 경연대회와 함께 넷플릭스 시청률 세계 1위를 달리고 있는 오징어게임 체험, 연예인 공연 등으로 꾸며져 한인사회를 넘어, 명실상부 지역을 대표하는 잔치로 치러졌다. 이렇게 우리 대한민국 한인들이 자랑스럽고 감사한 마음이다. 김치를 강조하며 기사난 이야기를 한 이유가 있다. 우리도 일상에서 김치가 없으면 밥을 못 먹을 정도다. 그래서 두 달에 한 번씩 김치를 담그는데 바로 오늘이 김치 담그는 날 이다. 김치 담그는 날이면 울 남편이 담당이다.

배추를 고르는 것부터 배추를 소금에 절구는 것 절구고 나서 깨끗하게 씻는 것, 양념까지 담당을 한다. 그 다음은 나의 담당 이다. 나는 잘 절이어진 배추를 양념을 해서 통에 담는 일을 한다. 이렇게 김치 담그는 것을 마무리 한다. 나는 김치 담그기를 할 때 외치는 말이 있다. 내 남편이 최고 양 ~~~~호호호, 이렇게 아양 아닌 아양을 떨어보기도 한다. 모든 여성분들이여 남편님들과 함께 김치 담그는 것을 추천 합니다.

울 엄마

여기서 잠시 울 엄마 이야기를 하고, 혹시 여러분들은 살면서 후회나 실수를 해본 경험이 있지요? 저도 후회 실수를 해본 경험이 있다. 그런데 그 중에서 가장 많이 후회 실수 한 것이 있다. 그 것은 아이들 교육과 생활습관이다. 결혼하기 전 나의 생각은 이러했다. 나는 결혼을 하면 내 아이들 교육은 엄마처럼 교육하지 않으리라 장담을 한 기억이 있다. 올해 친정엄마 94세 이시다. 완전 옛 시골 분이시다. 옛 어르신들의 생각은 지금 세대와는 정말 많이 다르시다. 어르신들의 옛 풍습 고정관념이 뚜렷하시다. 울 엄마가 그러하신 분 중에 한 분에 속하신다. 엄마 하시는 말씀 공부는 죽을 때까지 해도 배울 것이 많다고 항상 귀가 따갑게 말씀 하셨다.

하지만 옛 어르신 분들의 생각 방식은 옛 풍습 고정관념이 있으셔서 생활습관을 만드는 것에는 불가피 한 상태였다. 그래서 나는 항상 울 엄마에게 외쳤다. 엄마 나는 결혼하면 엄마처럼 살지 않을 거야라고 말한 기억이 있다. 그런 말을 할 때마다 울 엄마 하시는 말씀, 그래 살 아봐라 결혼 생활이 라는 것이 너 가 생각한 것처럼 딱딱 맞춰지지 않는단다. 새 가정을 만들어서 살다보면 삐거덕 거리는 소리를 들으면서 살게 될 때가 종종 있단다. 하시면서 엄마가 살아가는 삶 이야기를 해 주셨다.

그래도 나는 항상 생각을 했다. 결혼하면 우리 아이들의 생활습관을 잘 익히게 하고 예절바른 습관을 잘 만들어 줄 것이다. 라고 다짐을 했었다. 그런데 결혼을 해 보니 현실은 내가 생각 한데로 잘 이루어 지지 않았다. 남편과 같은 마음으로 생활습관을 만들기가 쉽지 않았고 또 경제적 생활의 문제도 있었고 결혼 후 시댁식구들과 복잡 복잡한 한 공간에서 부딪치면서 생활을 하다 보니 결혼 후 생활습관이 엉망진창이 되어 버린 결혼생활 이었다. 이러한 나의 결혼 생활을 보시던 울 엄마 가 한 말씀 하셨다. 한 가정을 꾸미고 살아간다는 것이 좀처럼 쉽지 않아 라는 말씀을 하셨다. 울 엄마 말씀이 틀리지 않았다.

결혼생활이 내가 꿈꾸고 생각 했던 것처럼 생활습관을 아이들한테 완벽하게 적용은 못 했지만 지금은 두 아이들이 잘 자라서 예쁘고 바르게 성장을 해 주었다. 아들 딸, 예쁘게 자라줘서 고마워, 그리고 앞으로 우리 가족이 해야 할 일이 있다. 항상 감사하는 마음과 긍정적인 마인드로 가족의 건강을 생각하며 남을 돕는 일을 하면서 살아보자. 애들아 엄마가 많이많이 사랑한다.

이제는 나를 알리는 시대

두려움 때문에 못 했던 것들 나는 두려움 때문에 내가 하고 싶었던 것들을 못하고 놓친 경우가 많이 있다. 혹시 여러분들은 저처럼 두려움을 겪은 적이 있었나요? 나는 매번 어떠한 일이 주어지면 두려움 때문에 항상 뒤에서 숨어 있었던 시절이 있었다. 무엇이든 자신이 없어서 뒤에 숨어 있었다.

이런 글 들어보셨나요? 꽃이 저마다의 아름다움을 간직하고 있는 것처럼 사람도 고유의 아름다움을 갖고 태어난다고 한다. 모든 존재가 자기 고유의 특성을 드러낼 때 현상계는 풍성해지게 마련이다. 한데 우리 인간은 흥미롭게도 자신의 본모습을 알지 못하고 또 '진정한 자기'가 되기를 거부한다. 사람들이 그토록 타인의 눈을 의식하고 남의 말에 신경을 쓰는 것은 자신을 잘 모르기 때문 인것 같다. 자신의 본모습을 모르고 막연하게 살아가면 타인의 눈을 의식하며 '거짓된 자신'을 만들어 내는 것 같다. (내가 그러했다) 먼저 자신을 알아야 한다. 주어진 상황에서 자신의 약화로서 자기다운 모습을 찾는 것이 중요하다. 그것을 중심으로 관습의 굴레와 타인의 눈에 속박당하지 않으면 우리는 자신의 길을 걸어갈 수 있다. 진정 자기가 길을 찾아 열심히 걸어가는 사람은 존경을 자아낸다.

요즘 코로나로 인하여 세상이 바뀌었다. 이제는 나를 알려서 플랫폼으로 나를 알리는 시대가 되었다. 두렵다고 뒤에서만 숨어 있을 것이 아니라 당당하게 두려움을 떨쳐버리고 나를 알리는 시대에 맞서서 앞으로 전진 하는 사람으로 바뀌어 보면 어떨까? 세상은 불공평하다고 하지만 인간은 본래 평등하다. 똑같은 재산, 똑같은 직업을 가져서가 아니라 각자 자신의 역할과 자기다운 모습이 있기 때문이다. 그러므로 우리는 각자의 역할과 일에 충실할 뿐 아니라 긍지와 자부심을 가져야 한다. 이것이 우리의 자신감과 창조성을 발현하는 방법이라 생각 한다. 자신감이 넘치는 사람은 얼마나 아름다운가! 자기다운 모습이란 어떤 것일까? 그것은 내면의 느낌이나 혼자만 알 수 있는 비밀 같은 것이라 말로 표현하기가 어렵지만, 그래도 누구나 마음속으로 '이것이 가장 나답고 아름다운 모습'이라는 기준을 갖고 살아가는 모습이라 생각한다. 그 기준을 지키려면 어떻게 해야 할까?

이 내용은 책에서 읽은 스토리다 천천히 잘 읽어보자. 마라톤 영웅

선수가 베를린 올림픽(1936)에 참가 했을 때의 일이다. 그 당시 가장 강력한 우수 후보는 이미 올림픽에서 한 차례 우승을 거머쥔 아르헨티나의 후안 카를로스 자발라 선수였다. 관중의 기대감을 한 몸에 받고 있었던 그는 처음부터 무섭게 치고 나갔다. 그런 그를 바짝 뒤쫓으며 또 다른 스포트라이트를 받은 2위 그룹에 손기정 선수가 있었다. 2위 그룹을 의식했는지 상대적으로 마음의 부담이 클 수밖에 없던 자발라는 점점 더 속도를 냈다고 한다. 손기정 선수는 고민스러웠다. 비록 2위 그룹에 있긴 했지만 1등과의 격차가 너무 벌어지는 게 아닌가 싶었기 때문이었다. 그때 2위 그룹에서 함께 뛰던 영국 선수 어니스트 하퍼가 이렇게 충고를 했다. "그는 곧 지칠 겁니다. 천천히, 꾸준히 뛰세요." 이 말을 듣고 손기정 선수는 자신이 평소에 달리던 속도를 유지했다. 무리하게 치고 나간 자발라는 28킬로미터 지점에서 추월당했고 그나마 기력이 다했는지 기권하고 말았다. 결국 영광스런 금메달은 손기정 선수의 목에 걸어졌다.

뭐든지 자기가 하는 일을 꾸준히 자기 페이스를 유지하며 역할에 충실한 사람은 오래도록 살아남는 것이다. 알고 있다시피 반짝 피었다가 지는 꽃보다 오래도록 피어 있는 꽃이 더 아름답고 사랑받는다. 나도 이제는 두려움에서 벗어나서 나만의 콘텐츠를 만들고 자기계발에 충실하며 책을 많이 읽고 재능기부(배워서 남 주자)를 할 것이다. 자기계발을 위하여 우리 같이 함께 힘을 합해 봅시다.

믿음과 신뢰

나를 이끌어 주는 멘토님.

나를 믿고 신뢰 하고 이끌어 주는 박현근코치님과 인연에 대하여 이야기, 코치님과 인연은 이렇게 만나게 되었다. 코로나로 인하여 전 세계가 비대면 시대가 되면서부터 온라인 세상이 되었기에 나도 뒤처지지 않으려고 온라인 공부를 하다가 서관덕대표님(현재: 한국에서 샷시 사업 중)을 만나서 배움과 나눔을 하던 중 대표님의 소개로 온라인에서 코치님을 올 초에 만나게 되었는데 코치님을 만남으로써 나는 땡큐 코로나라고 해야 할까요? 코로나 덕분에 위기가 기회가 되었다.

코치님께서는 배움을 무료로 나누어 주었기에 이렇게 글을 쓸 수 있게 되었다. 학교 다닐 때 이런 말 들었던 기억이 난다. "훌륭한 스승이 있다면 많은 사람들의 앞날이 바뀐다." 이 글이 틀림이 없는 것 같은

데 학교 다닐 때는 왜 이 글이 귀에 안 들어 왔었을까? 요즘에 와서 제가 훌륭한 멘토님을 만나면서 부터 이 글("훌륭한 스승이 있다면 많은 사람들의 앞날이 바뀐다.)이 귀전에서 맴 돌게 되었다. 나는 이렇게 글을 쓸 수 있다는 것에 자부심을 갖게 되었다. 사실 코로나 전 에는 상상도 못했던 일 감히 엄감생심 꿈에도 생각 못했던 일이다. 내가 글을 쓰면서 이런 말을 만들어 봤다. "훌륭한 멘토님들이 많다면, 앞날의 터전이 성공으로 바뀔 것이다." 특히 성공을 하시려는 분들에게 도움이 될 수 있을것이다. 성공을 하시려는 분들이나 글을 쓰시려는 분들 모두들 각자 멘토님들을 만나시거나 아니면 "책"에서라도 멘토님을 만드신다면 성공하는 길을 빠르게 가실 수 있다고 본다. 멘토님을 선정하는 것도 중요하다고 생각한다.

나는 멘토님을 정하고 계속 가르치는 대로 따라 쟁이 가 되었다. 그러면서 이렇게 글을 쓰면서 공저 프로그램3기에 참여하게 되었다. 각자 각 분야에서 성공하시려면 배우시는 멘토님들에게 진지하고 검험하게 배워가야 한다. 때로는 배움을 멈추기도 하시겠지만, 다시 정신을 가다듬고 기본에 충실해야 성공 자가 될 수 있다고 본다. 성공을 하려면 다음과 같은 생각을 해야 한다.

"주변의 모든 환경은 내가 만들어낸다." 그러므로 절대로 주변에 계시는 분들을 탓하지 마시고, 함께 하시는 분들의 성격과격이 다르기 때문에 남을 비방해서도 안 된다. 내가 제대로만 한다면 모든 사람들의 어떤 문제도 다 융화되어 멋진 성공과 번창하는 사업들을 이루실 수 있을 거라 생각한다. 항상 문제의 회오리 안에는 내가 있다는 생각으로 내가 공부하고 발전하려는 노력을 해야 할 것이다.

이렇게 나는 멘토님을 만나 자신감도 생기고 그동안 내가 몰랐던 부분들을 하나씩하나씩 배우고 일깨우며 살아가는 삶을 활기차게, 즐겁게, 건강하게, 해피하게 가족들과 코로나 위기를 기회로 만들어 가고 있다.

이 책을 읽으신 분들에게 글을 마치면서 내가 힘들었을 때 항상 외치는 말이 있다.

"나는 할 수 있다"를 외친다. 지금도

목표를 이루려면 먼저 자신이 원하는 것이 정확히 무엇인지 알아야 한다. 그리고 그것을 구체적으로 이미지화시킨 다음, 수시로 보고, 수시로 상상해야 한다. 그리고 무엇보다 즉시 행동해야 한다. 그리고, 당신으로 하여금 상상을 넘어 즉시 행동하게 될 것이다.

즉시한다. 반드시한다. 될때까지한다.

자기 인생을 스스로 책임져라. 그렇지 않으면 평생 명령만 받고 살 것이다.

— 로보트 기요사키

나는 100세 시대 웰 에이징 건강 디자이너 메신저다.

감사합니다.

많은 돈보다
하나님의 은혜로
살아온 인생

박진옥

박 진 옥

1952년 인천에서 나다
인천 신흥국민학교 졸업
인천 인성여중고 졸업
서울철도 간호학교 졸업
1974년간호사로 미국취업이민홀로리다주 도착
양로원에서간호사로일하다
1976년결혼 캘리포니아에서 살다.
두 아들을 얻다.
1988년 이혼하다.
1988-2003년까지 크리스찬 mission 활동 및 단체생활을 하다
2004년부터 하와이에서 다시 사회생활시작하다
2016 년까지 간호사(RN)를 하다
현재 노인 케어 홈 운영
메신저 글을 쓰다

이메일 jinok5@gmail.com
전화 1-808-358-8240
https://blog.naver.com/rajinok

contents

많은 돈보다 하나님의 은혜로 살아온 인생

나는 박현근 코치님 코치에 따라 공저 3기에 참석하여 글을 쓸 기회를 가졌다 제한된 기간 안에 글을 써야 한다. 나는 제목을 정하고 적극적으로 내 살아온 발자취를 글로 써 내려가기 시작했다. 얼마만큼 써 내려 간 후에 쓴 글을 들여다보니 내 인생의 분기점 마다 일어난 일에 일관성이 있는 것을 보았다

　어려서는 부모 손길에 컸지만, 대학 갈 때, 취직 될 때, 미국에 올 때, 외로울 때, 영적으로 흔들릴 때, 그리고 이 책에서는 공저이기 때문에 페이지 제한으로 다 쓸 수 없는 일들 까지도 나의 소원대로 이루어지게 만들어준 도움이 그때 마다 매번 나타났었다는 것을 알았다. 그리고 전에 내가 만난 사람과 지금 만난 사람이 지금 내 생애에서 어떤 연관성을 가진 것도 보게 되었다. 참으로 놀라운 일이다.

　계속 글을 쓰는 소명을 다 이루어려고 노력 하고 있다. 특별히 글을 쓸 수있는 기회를 주신 박현근 코치님과 최원표 코치님 두 분 코치

님께 먼저 감사드린다. 그리고 공저 팀에 모든 작가님들께 더 많은 감사를 드린다.

나는 쓰고 있는 글의 맥락을 잡기위해 매 순간 명상하게 된다.

앉으나 서나 계속 생각 한다. 설거지를 하는 중에도 해답을 얻는다. 따라서 설겆이 하는 일도 빨라진다. 정말로 매 걸음마다 글쓰기와 동행 하다 보니 글쓰기 생활은 나의 또 하나의 인생의 전환점을 만들 것 같은 생각이 든다.

글을 쓰며 받은 교훈

글쓰기는 나를 성찰 하게 한다

글은 내가 남에게 말하지 않은 숨겨졌던 생각의 동기를 드러낸다. 글 쓰는 일은 과거에 불편 했던 사람과의 관계도 관용을 가진 표현으로 쓰게 한다. 글속에서 내가 무엇이 필요할 때 마다 필요 한 것을 갖다 준 은인이 늘 내 곁에 있었다는 것을 알게 해 주었다

글을 쓰는 일은 나를 정리 해 준다.

글쓰기는 오늘 아침에도 내 인생의 분기점의 핵심을 정의 하게 했다 내 분기점은 세 가지 카테고리로 구분 되는 것을 발견 했다. 첫째 시기: 살아야 할 진로를 찾아 가는 삶의 추구편. 둘째 시기: 요동이 일어나는 영적 해결을 위해 살아온 추구편. 셋째 시기: 생활을 윤택하게 할 수

있는 방법을 찾아 배우며 살아가는 경제 추구편이다.

글쓰기는 나의 생각을 심오하게 발전시킨다.

나의 업적을 찾아내게 한다.

내가 해온 일들을 적다 보니 내가 해 온 일도 많았다. 누가 뭐래도 그건 내 업적이다 업적! 역사책에 왕이나 장군에게만 적용한 단어인 줄 알았다. 내가 성취한 일도 내 업적이다. 정말 그냥 돌덩이를 보석으로 깎아 가고 있는 것같으다.

글쓰기는 내 존재가 귀중함을 알게 해준다.

내가 그렇게 중요한 사람이었는지 새삼 깨닫게 해줬다. 내 서 있던 엄마 자리, 아내, 학생자리, 직장 자리에 있던 내 모든 위치가 얼마나 큰 지축이었는지도 깨닫게 해 주었다. 나도 내 순발력을 발휘하며 이끌어 왔던 내 사업이 있었던 것이다. 누구도 인정 하지 않고 기억조차 해주지 않는 다해도 내가 그때 그 자리에 있던 나는 매우 중요했었다. 나 자신이 스스로 인증 하는 인증자이다.

글쓰기는 자제 하게 한다. 스마트하게 한다

처음 글쓰기를 시작하면서는 무조건 내 스토리를 쓰라고 코치 받았다. 그냥 시시 콜콜 어린 시절 얘기부터 쓰다 보니 내 스토리도 엄청나게 많았다.

그런데 공저 본인 책이라서 내게 주어진 12 페이지 안에 내 전하고 싶은 메시지를 엣지 있게 나타내야 하니까 그동안 써온 글을 많이 잘라내야 했다. 또 다시 한번 순서를 조절도 해야 한다. 다 말하고 싶어 하던 것도 필요한말만 발췌해야 한다. 이런 작업들이 나를 스마트하게 한다.

삶의 추구편

어려워도 대학을 가야 하는 소망 나에게 찾아 온 행운

내가 15세 때 갑자기 아버지가 돌아가신 후에도 나의 엄마가 고용인을 쓰면서 아버지가 남기신 사업체 이발소를 계속 운영 시키셨기 때문에 생활은 지탱해 나갈 수 있었다. 그 후 몇 년 뒤에 대학을 가야 할 졸업반이 되었다. 실제로 엄마에게서 학비를 받을 수 있는 형편은 아니었다.

그래도 나는 대학을 간다고 생각 하고 있었다.

그런데 어느 날 서울 철도 간호학교 (지금 소속 철도 대학교)에서 자기 졸업생들을 섭외하기 위해 우리 본교 출신 두 선배가 학교를 찾아왔다.

3년 간 간호학교 과정을 졸업하면 미국에도 갈 수 있단다. 학비는 철도국에서 3년간 국비로 지원 할 뿐만 아니라 기숙사비. 식비 그리고 학생 실습 유니폼까지 일체 모두 국비 지원해 준다고 했다. 우와! 원서를 내 보고 싶었다. 그래서 나는 원서를 내었고 인천에서 서울 용산에 있는 철도 병원(당시 이름)내에 있는 학교로 시험을 보러갔다. 20명 학생을 뽑는데 105 명이 접수를 했다. 운 좋게도 나는 합격했다. 기숙사에 들어오던 날이 어제였는가. 즐거운 대학 기숙사 생활을 하면서 세상만사 걱정 없이 주는 밥 먹고 마시고 공부만 하면 됐던 시절이었다. 돈 한 푼 없어도 걱정 없던 이렇게 3년 세월이 이제 다 지나갔다. 나는 기숙사 사감님이 서울 사직 동에 자리한 서울 시립 아동 병원에 있는 후배 간호 과장에게 주선하여 취직 시켜 주셨다. 비로소 간호사로 사회에 발을 내 디디게 되었다.

미국에 올 때 -비행기값 1/4 만 내다

시립 아동 병원의 운영 체계는 이름 그대로 서울시에서 보조 받아 운영 하는 병원이었다. 나는 신생아실에서 근무 했다. 지금은 몰르지만 그때는 병동이 부모에게 버려진 아이들로 채워 져 있었다. 태어난 아기가 기형아이라서 버려지고, 부부가 싸움 하다가 홧김에 아기를 버리고, 생활이 어려워서 버리고, 잃어 버려져서 버림받게 되고, 각종 연유 모를 이유 때문에 버려진 많은 아이들이 경찰의 손에 들려져 이 곳으로 옮겨졌다. 이렇게 자식을 버린 부모가 있는가 하면 반대로 아이가 없어서 아이를 입양 시키느라 국내에서도 외국에서도 찾아온다. 신졸업 간호사로 이곳에서 일하면서 참으로 안타까운 실황을 보았지만 거의 매일 같이 일어나는 이런 일들을 보게 되니까" 원망스럽다" "불쌍하다" 하는 감정도 없어졌다. 그냥 재수 없게 불행해진 아이들이 좋은 부모되어 줄 입양 자를 만나기만 바랄 뿐이었다. 이런 입양 절차를 소개하고 수속을 밟아주고 데려다 줄 사람을 찾는 일을 담당하던 기관은 홀트 양자회였다. 그래서 이 홀트 양지회 직원들이 아이들을 입양 자에게 소개시키려고 시립 병원을 매일 드나 들었다. 그리고 서면으로 입양 된 아이들을 미국으로 데려다 줄 사람을 찾았다. 나도 한 직원에게 부　해서 아이를 미국으로 데려올 기회를 얻었다. 그래서 나는 미국 비자가 떨어지는 데로 9개월 된 남자 아이 하나를 데리고 갈 임무를 홀트 양자회로부터 받았다. 비행기 값은 1/4 만 홀트회에 주면 되었다. 그리고 나는 홀트회 직원들이 가이드 하는 대로 공항에 도착해서 미국행 비행기를 타고 아기의 부모가 사는 샌프란시스코를 향해 떠났다. 공항에 도착하니 반갑게도 아기 부모가 나와 있었다. 그들도 9개월 이상의 수속 기간을 마치고 마침내 보고 싶은 아이를 내 손에 받아 안아 보는 것이다. 아기를 품에 안고 기뻐하며 눈물 흘리며 데려다 줘서 고맙다고 몇 번이나 인사하는 백인 부모를 뒤로 하고 나는 시카고로 해서　로리다로 가야 할 비행기를 타려고 게이트를 찾아 나섰다.

미국 살이, 결혼 –사업 망하다

　그 후 1974 년 5월 아동 병원 간호생활 일 년 만에 국제 직업소개
소를 통하여 이곳 양로원에 취업이 돼서 왔다. 그래서 원하던 원하자 않
던 이곳에서 나의 미국 생활은 시작되었다. 그리고 언제나 생계를 위한
나의 미국 생활은 양로원과 연결이 되었다. 어느 날 해는 졌는데 아직
어두움이 오지 않은 으스름한 가을 저녁, 순간 내 마음에 무서움이 엄
습해 왔다. 외로움의 무서움이었다. 나는 그 때 말이 오가던 사람이 있
었다. 나는 조지아에 있었고 그 사람은 캘리포니아에 있었다. 그런 무
서움의 엄습이 있은 후 나는 결혼을 결심 했고 곧 결혼을 해서 신랑 따
라 캘리포니아로 와서 살았다. 부지런하고 신실한 신랑이 열심히 일하
면서 돈을 모아 우리도 집을 하나 사게 됐다. 나중에 시댁 식구들이 한
국에서 다 들어 왔을 때 식구들이 함께 일해 먹고 살자고 신랑이 근근
이 모아 놓은 돈과 시어머니가 시골 집 팔아 가져온 돈을 합치고 집을
담보로 융자 회사로부탸 융자를 받아 한국 마켓을 인계 받아 함께 일했
지만 성공적으로 이끌어 가지 못하게 되어 결국 집도 잃어 버렸다.

영적 추구편

더욱 더 가난해지다 -신앙생활

아이가 생기며 가정이 만들어지니 아이의 영세와 함께 교회에 출석하게 되었다. 신랑도 영세를 받았다. 멀리 한국에 있는 양가 가족들도 좋아 해 주었고 우리도 또래 교인들과 접촉을 하면서 교회 행사에 참여하는 재미도 났다. 그런데 이런 기쁨을 신랑에게 준지 얼마 안 되어 나는 내 종교 소속에 대해 의문을 가지기 시작 했다. 타 교파와 성경 공부를 한다고 열심 내다가 결국 교파를 바꾸었다. 새로이 접하는 말씀과, 건강법 그리고 자녀 교육을 배우면서 몸과 마음과 영혼이 꽂혀 버렸다. 이렇게 되니 먹는 것도 맘대로 못먹고, 보고 싶은 영화도 제대로 못 보고, 라스베가스에 가도 재미가 없고. 이제 가족이 생겨 재미있게 오손 도손 살만 하니까 혼자 거룩한 척 온갖 인생의 재미를 다 걷어가는 그 신앙이 남편은 절대로 싫었다. 이렇게 먹고 마시는 문제에서 부터 시작해서 뭐든 같이 행동 할 수없는 재미없는 처사에 신랑은 불만을 품고 살았어도 그냥 맞추어 보려고 애쓰면서 그런대로 무난히 살아갔다.

이렇게 힘들게 부부가 서로 적응 하면서 살았는데 새 교회에서 7년쯤 접어 들 때 내가 신앙에 열심을 보일수록 내 영혼은 교회 에서나 집에서나 그 첫 열심 때와 같은 기쁨과 감사가 사라지고 없었다. 내 행동이 변했다. 교회에서는 친절하고 웃고 매사에 신실한 천사였어도 나는 가족에게 화를 내고 있었다. 나는 이런 내 이율배반적인 내 자신의 행동에 혐오를 느끼기 시작했다. 그런 이중적인 나의 태도는 내가 봐도 정말 징그러웠다. 교인들의 이중 생활도 보였다. 신앙이 삶이 되지 않은 모습을 드러내고 있었다. 부흥회가 열리고 부흥 목사가 하는 설교도 내 맘을 뚫고 들어오지 못했다. 병이 들어도 단단히 들어 버렸다. 왜 내가 그렇게 됐을까? 그건 그 어떤 것도 탓할 이유가 없는 나만의 문제였다. 정말 신앙을 발로 차버리려 했다. 그리고 돈이나 열심히 벌어야 겠다고 생각했다. 성경의 규율과 교회의 규율을 지키려고 일을 빼먹은 날들이 그 얼마나 많았던가.

내 마음의 밤에 찾아 온 두 사람

전혀 말씀에 감각도 반응도 안보이던 모태의 신앙에 질린 선배가 평상시에 그녀의 입에서 나오는 "아버지" 소리에 감동과 의아심을 품고 나도 그 집회에 가보고 싶었다. 그래서 나는 열흘 집회를 들으려고 미국에서 강원도 원주 시골 산 속에 들어갔다.

집회장소에 거의 도착해서 산마루에 올라서게 되었는데 시야에 들어오는 광경은 그야 말로 놀라웠다. 그 깊은 산속에 몇 백 명 들어갈 양철 슬래브로 지어진 반듯한 집회 장소를 중심으로 엄청난 숫자의 규모로 천막들이 꽉 들어 찬 모습이 한 눈에 들어 왔다. 장관이었다. 흡사 모세 때 광야 사막에 친 성막을 중심으로 이스라엘 백성들의 거처인 천막들이 운집한 모습 같았다. 너무나 거룩해 보였다.

이 곳 집회에 모이는 사람들은 매달이 열흘 집회에 참석을 한단다. 그리고 강사는 매 달 똑같은 말씀을 가지고 열흘 집회를 해왔다. 내가 참석한 집회 는 64 차였다. 그 때가1986년도였다.

그러니 생각해 보라. 그 사람들이 매 달 이 집회에 오려면 그것도 온 식구가 같이 움직이려면 그들이 정상적인 직장 생활을 할 수 있겠는가?

한 달 생활비가 될 만 한 돈을 벌 수 있겠는가?

나도 집회에 와서 듣는 말씀을 받아들이게 되면 나도 이들처럼 살아야 하니 이제부터 돈을 벌어야겠다고 하던 꿈은 물론 지금 까지 살아오던 모든 방법을 포기 하지 않을 수 없게 될것같았다. 나는 이미 세상에 대해 나를 더 가난하게 만드는 길로 들어가고 있었기 때문이다. 이래서 나는 결국 힘들게 오랫동안 참아주며 최선을 다 해주면서 다시 맘 고쳐먹고 돌아오기 바라던 남편의 정성도 아랑 곳 없이 끝내 뜻을 같이 할 수없는 이유로 서로 각자 가는 길을 달리 하게 됐다.

집회

친아빠의 일생-하나님의 마지막 사랑

집회를 하는 기관의 이름은 엘리야 복음 선교원이라고 했다. 설교자는 석선 박명호 선생님이셨다. 이 집회 제목은 마지막 하나님의 사랑 이었다.

이 기별은 흡사 한 인간 개인의 일생과 같은 하나님의 일생 스토리를 전하는 기별이라고 말하고 싶다. 누구나 부모 되어 본 사람의 마음에 믿고 호소하시는 기별이다.

말씀 하시다

'이 세상을 덮고 있는 것은 하나님에 대한 오해의 어두움이다. 사람들은 하나님의 품성에 대한 지식을 잃어버리고 말았다. 하나님의 품성은 오해되고 그릇 해석 되었다.'

"하나님이 우리를 당신 몸으로 친히 낳으시고 친 아빠라 부르게 하시고, 기르시고, 가르치시고, 아프면 감싸주시고, 잘못하면 징계하시면서, 알뜰살뜰 키우셨읍니다. 그 자식이 장성 하면 시집 장가보내시고 [하늘은 여호와의 하늘이라도 땅은 인생에게 주셨대 분가 내 주셨읍니다. 그중에도 아담과 하와에게는 에덴동산을 주셨읍니다."

"사람들은 아담이 하나님이 먹지 말라 한 생명과를 따 먹었기 때문에 당신 말을 불순종한 아담과 하와를 당장 하늘에서 내 으셨다고 합니다.

그러나 하나님은 아담과 하와를 다시 에덴으로 데려 가실 수 있으실 때 까지 구원의 약속을 주시고 잠시 내 보내신 것입니다"

십자가의 피보다 더 진하고 죽음보다 더 강하신 아버지의 사랑.

"하나님 아버지께서 아무런 고통도 없이 자기의 사랑 하시는 아들을 내어 주셨다고 생각 하십니까? 세상 부모들이 세상 영광의 자리에 내 자식을 내놓는 것은 앞을 다투어 차지하고 싶어 할 것입니다. 그러나 남의 생명을 구하기 위해 내 자식을 대신 제물로 내놓으라고 하면 나도 당신도 그렇게 할 수 있겠읍니까? 당신의 아들까지 치셔야하는 하나님 아버지는 우리 인간 부모로써는 상상 못할 고통을 십자가 사건 전에 이미 치루셨습니다."

'구약의 하나님은 칼의 하나님이요 신약의 하나님은 사랑의 하나님이라'

'오늘날 구약의 하나님은 칼의 하나님이요. 신약의 하나님은 사랑의 하나님이라 '고 들 말합니다. 이것이 가장 크게 하나님의 자녀들을 멸망 길로 인도하는 치명적인 사단의 주장입니다.

'…일부러 안식일에 광야에 나가서 나무하는 자… 여호와께서 그 사람을 온 회중 앞에서 쳐 죽이라 하여 즉결 심판을 내리셨읍니다. 그러나 하나님은 그렇게 하지 않으면 온 이스라엘에 안식일을 고의로 더럽히는 범죄행위가 순식간에 퍼지고 이스라엘은 순식간에 멸망 하게 되는 것입니다 그래서 구약의 하나님은 칼의 하나님, 죽이는 하나님으로 누명 받으시면 서도 칼로 쳐 죽이라고 명령 하셨읍니다.

노아의 홍수 때도 사람들은 하나님이 물로 심판해서 자녀들을 죽였다고 합니다. 그러나 사람들은 이미 하나님 영이 떠나 죽은 시체와 다름없는 육 뿐인 당신의 자녀들을 당신 자신의 손으로 수장 시키신 것 뿐이었습니다. 그리고 그분은 마지막 죄악으로 죽어간 자식들 앞에서 보이지 않게 통곡하신 내 친부모 구약의 하나님이셨습니다."

심판석에서 우시는 하나님

"죄의 값은 사망이라' 내 자식이 극악한 죄를 져서 형벌로 불에 타 죽어야 한다면 어떤 부모가 그것을 감당할 수 있겠습니까?

집에서는 내 속으로 낳은 내 자식이지만, 심판석에서는 당신이 재판장이니

당신 손으로 내 자식을 심판하고 언도하고 집행을 해야 하는 것입니다.

나도 당신도 이런 일을 감당 해 낼 수 있겠읍니까? 그래서 우리 하나님도 지금까지 심판을 늦추시고 계시는 것입니다.“

'영생은 유일 하신 참 하나님과 예수그리스도를 아는 것이다'

"나의 친 아빠 하나님의 사랑을 아는 이 지식이 광범한 감화력과 을 가지게 하므로 온 세상에 전파되어야 할 기별입니다.“

– 석선 선생님 말씀 중 대의적인 표현

경제적 추구편

지금은 어떻게 사나

무일푼에서 연봉 7000만원

내가 다시 보통 사람들처럼 돈 벌면서 살려고 단체 생활을 떠나 나왔을 때는 정말 무일푼이었다. 내 간호사 면허도 없었다. 면허증이 있어야 그래도 혼자 먹고 살 수입을 만들 수 있는데 말이다. 미국은 면허 갱신이 4 년 동안 안 되면 면허가 말살 되어 다시 시험을 봐야 한다. 나는 단체 생활하는 동안 면허 갱신을 안했기 때문에 이미 면허가 없어진지 오래였다. 철도 간호학교에 서류를 만들어 달라고 신청 했더니 학생들 일부 성적표가 분실되어 있었다. 그러면 난 시험을 영 볼 수 없게 되어 정말로 수습 할 수없는 난감한 처지가 될 수밖에 없었는데 다행이도 정말 아슬아슬한 우여 곡절 끝에 서류가 준비 되었다. 그래서 57세 늦은 나이에 재차 3 번에 걸쳐 면허시험을 다시 볼 수 있었다. 면허를 따서 간호사 일을 하니 정말 무일푼에서 연봉 한국 돈 7000만원 수입자가 되었다.

3차 시험 합격까지 다행히 지인 재키 언니 댁에서 먹고 잘 수 있었다. 저녁에는 지인 사업장에 가서 설거지도 하고 쿡 보조도 했다. 낮에는 과일과 남의 집 반찬을 와이키키 인터내이셔날 마켓에 나가 팔았다. 재키 언니가 돈을 대 주서서 차이나타운에 부스를 인계 받아 김치를 만들어서 파는 영업도 했다. 내가 간호사를 하게 된 후에는,

간호사 직업 외에 별도로 하고 싶은 일이 있었다. 통역이었다. 나는 미국 초창기 이민 간호사로 현지인들과 일하면서 영어를 터득 할 수 있었다. 한인들의 언어 문제점을 해결 하는 일을 하면 좋겠다는 생각을 늘 해왔다. 병원 통역, 생활 보조비 신청, 정부 의료 혜택 신청, 노인 아파트 신청 등을 보조 하는 일을 시작했다. 보험 면허를 취득 한 후에는 65 세 이상을 상대로 신청 할 수 있는 메디케어 의료 보험 서비스를 곁들여 했다. 생명 보험 가입도 주선했다. (보험명: 인휘니티브 뱅킹 컨셉)

부자들은 어떻게 부자가 됐나

오랜 동안 유무상통 단체 생활을 하면서 같이 벌어서 쓰니까 금전이 내 손에 없었다. 나는 진짜로 땡전 한 푼 주머니에 없어도 "우주의 것은 다 내 것" 하고 다니면서 스스로 부자였다. 그러나 이제 세상에 살면 이제는 내가 벌어야 한다. 다행히 면허를 다시 따서 직장에 나가고는

있지만 너무 다람쥐 쳇바퀴 도는 굴레에서 벗어나고 싶었다. 나도 부자들이 말하는 소위 경제적 자유를 누리고 싶었다. 그리고 지금도 넉넉하고 싶다. 내가 돈이 많으면 필요한 자에게 넉넉히 나누어 줄 수 있다. 내가 돈이 많으면 남에게 기회를 찾아 줄 수 있다. 돈은 나의 존재성을 지켜준다. 이렇게 돈은 내가 하고 싶은 것을 주저 없이 하게 한다.

부자는 어떻게 부자가 됐을까 생각하게 됐다.

내 주위에 부자가 없어서 모르는 일이었다. 무슨 책에서 정보를 얻을 수 없나 해서 도서실에도 갔다.

어느 날 로버트 키요사키 강의 광고가 컴퓨터에 올라왔다. 참석했다.

2시간 후리- 참석- 500불짜리 강의 신청- 참석- 10,000 불짜리 강의신청- 참석 3000불짜리 개인 교수 조카딸 참석- 3000불짜리 커머샬 강의까지 참석 하며 신기한 것들을 배워나가는 재미에 크래딧 카드을 쓰는 일에 겁이 없었다.

부동산으로 만드는 수익

보통 서민들은 일해서 돈도 모아지고 크레디도 좋으면 자기가 거주할 집을 사서 장기간에 걸쳐 몰게지를 지불한다. 세월이 지나면 집값이 올랐을 때 집 값 차이로 돈이 됐다고 얘기한다.

그러나 투자자들은 단시간에 집값을 올릴 수 있는 온갖 방법을 이용 하여 순이익을 얻어 내고 그것을 또 재투자 하여 다음 집을 사서 또 다른 수익을 내어 가는 방법을 쓴다. 이런 식으로 돈을 눈덩이처럼 굴려 크게 한 다음에 기회가 되는 데로 큰 수익이 될 수 있는 큰 덩치로 바꾸어 극대화된 수익을 낸다. 소위 돈이 돈을 번다. 투자자들은 자기 돈이 없이 시작 하는 특별한 스트레지를 쓰기도 한다.

이 로버트 키요사키 강의에서 그 비법이라는 것을 가르치는 것이었다. 이 강의를 통하여 부자들이 부자 된 방법은 부동산 투자였다는 것을 알게 되었다.

스트레티지

-투자자들은 일반 거래처럼 돈이 없어도 집을 살 수 있다는 것을 가르친다.

-헐어져 가는 집을 사서 고쳐가지고 집값을 올려 바로 팔아 수익을 낸다.

-새로 구한 집을 그대로 고치지 않고 사고 팔고 거래를 동시에 같이 해서 수익을 남기는 방법도 있다 도매 세일이라고 한다. 이 수강료가 하루 드는 데 10,000불이었다.

- 커머샬 건물을 사고파는 법

집을 사고파는 거래 자금마련

캐시, 크래딧 카드, 대출. 우선 돈 있는 사람에게는 영빈 대접이다.

많은 사람들의 열광

호텔에 잘 커버 된 테이블에서 식사 받아가며 열정이 넘치는 분위기에서 성공한 사람들의 강의를 듣는 것이다. 그런데 진짜 사람들이 많이 모인다.

난 내 열심에 크레딧 카드를 긁어서라도 이런 강의를 들으려고 쫓아 다녔다 나름대로 집도 보러 다니고 광고도 뿌려 보고 다녀 봤지만 성과는 전혀 내지 못했다. 십여 년 동안 버는 대로 크레딧 빚만 갚았다.

자금 없는 사람도 할 수 있는 비즈니스
네트워커 마케팅 사업자를 위한 교육관

1. 네트워크 마케팅 성과를 내기 위해 쇼셜 메디아를 이용해야 한다고 생각했다. 내 세대에 없었던 언 라인 시스템을 배워야 했다. 나는 SNS에 문맹이니까 배워야 했다. 마음은 급해도 그야 말로 제대로 지치지 않고 꾸준히 하려면 이걸 배워야 한다고 생각했다. 그래서 지난 2년 코비드를 겪고 있는 동안에 나는 배우는 일에 시간을 많이 보냈다. 열심히 페이스 북부터 해서 블로그와 카톡을 배워 나갔다. 책도 많이 샀다. 유튜브 강의도 많이 보았다.

2. 페이스북에서 한 교육체를 찾았다. 네트워크 마캣팅은 미국인도 한국인도 몇 년 버티면 결국은 좌절 하고 만경우가 많다. 실패를 거듭한 그들의 경험에서 성공으로 이끌어낸 성공 비법을 가르친다. 각 나

라에 코치들이 있다. 많은 교육비를 내고 참여 했는데 주로 페이스북 광고 요령을 가르친다.

3. 유튜브에서 네트워크 사업을 성공적으로 이끌어가는 코치님들을 만났다.

기존 네트워크 회사와 같이 일하면서도 시간과 금전을 많이 소모했던 전래적인 네트워크 마케팅 사업의 영업 방법에서 탈피하여 시간과 경비를 절약 하며 사업을 진행 시킬 수 있는 전략적 방법을 가르친다. 신네트 영업 방법이다. 자산 증축법을 가르친다. 경제 경영 지식을 독서와 실행을 통하여 배우면서 일인사업자로 성장 할 수 있도록 코치한다.

내가 성과를 내지 못한 이유가 많다

자금이 없다. 당장 먹고 살 수입이 필요하다. 협조자가 없었다. 여자이기 때문이다. 사회 경험이 없었다. 이것 들은 다 사실 핑계이다.

아직 내가 하고 있는 일과 환경이 편하기 때문이었다. 절박함이 없기 때문이 었다. 그리고 그것이 내가 갈 길이 아니면 아무리 용을 써도 안 되는 일인 것을 인지하고 다음 기회로 미루었다. 그래도 '포기하지 말라' 는 메모를 책상 에 붙여놓고 성과를 보일 길을 꾸준히 찾았다.

나도 메신저 되다

카톡은 메시지만 주고받았을 뿐 비즈니스도 할 수 있다는 소리만 들었지 나는 전혀 문외한이었다. 좀 알고 싶었다. 그때 유튜브를 뒤적이다가 박현근 코치님의 "1대 1 카톡 오픈 채팅으로 돈 버는 법"을 보게 되었다. 늦은 밤에 카톡 오픈 채팅 여는 법을 유튜브에서 배웠다. 그리고 나는 계속 그분의 유튜브 활동을 찾아보았다.

'연봉 일억 메신저 되다'의 제목으로 그가 직접 쓴 책이 있었다.

나는 개인이 가진 경험과 지식으로 수익을 창출 할 수 있다는 책 표지에 매력을 느꼈다. 돈을 벌 수 있다니까. 나도 현재 내 지식과 경험으로 밥벌이를 하고 있지만 그분의 방법은 글쓰기였다. 반가운 소리였다. 나도 글을 쓰고 싶었기 때문이다. 내 살아온 조각조각 인생을 좀 정리하고 싶었었다. 평생회원으로 등록 했다. 박코치님 책을 나성 세종 서점에서 샀다.

배움의 기회를 잃어버리고 고생한 억울함을 디디고 일어나 성공한 분이다.

박현근 작가님의 책을 읽으면 그가 계속 쓰는 말을 알게 된다. 사람들에게 나누어 주고 싶다, 성공하게 하고 싶다, 계속 독서를 해야 한다, 글을 써야 한다. 배워야 한다. 매순간 메모, 매일 읽고. 배운 것 쓰기, 실천하기, 그의 글은 메세지다. 읽는 이로 하여금 작가님의 주고 싶은 마음의 절박함을 느끼게 한다. 그리고 그를 막 쫓아가야 하는 심정을 일으킨다.

　정보로 돈을 버는 시대, 온 라인 컨택으로 사람을 만나는 시대, 온 라인으로 신뢰를 구축 하는 시대, 온 라인으로 사업 하는 시대 등 모든 행사가 온 라인으로 이루어지는 시대에 글쓰기는 다른 기술과 더불어 완벽한 소통의 매개체 역할을 담당 하고 있다. 이때에 나는 메신저로써 남의 부와 성공과 행복을 안겨다 주는 진실만을 전하는 사명을 다 할 기회를 얻었다. 이제 나도 노후 청춘에 발맞춘 메신저 사업을 꾸준히 해 냄으로써 더 많은 돈을 주시는 은혜를 받을 수 있는 길을 가게 됐다.

나는 괜찮다
당신도 괜찮다

배서영

배 서 영

나는 #미대나온뇨자 #특수메이크업 아티스트이다.
특수메이크업 아티스트의 잘못된 반영구 교육을 바로 잡아
월천특수메이크업 아티스트가 되도록 돕는 재교육 전문가이다.
대학원에서는 미술교육을 전공했다.
복식문화전공으로 박사과정을 수료했다.
종합미용학원을 운영하며 미용대학 교수로 겸직했다.
전국미용기능올림픽 및 국제미용대회의 심사위원장을 역임했다.
현재는 특허 받은 눈썹 결로 '부자눈썹 만들기'를 강의한다.
여러 번의 실패에서 강하게 일어난 나의 경험과 지식으로
타인의 삶에 기여하고자 '멘탈짱모티베이터' 메신저로 활동하고 있다.
나는 아마추어 첼리스트이다.
실패의 문턱에서 포기하고 싶은 당신에게
강한 자존감 동기부여로 잔잔한 위로를 전하는 인생연주가 이다.

• 나는 특수메이크업 아티스트다. 블로그 운영
https://m.blog.naver.com/narest0413/222542092447
• 월천특수메이크업연구소 운영
https://band.us/n/a7a963m2fed77 from 미대나온뇨자

〈자격증〉
문신을 위한 전자장치 특허보유
중등교사2급 자격증
미용사종합면허

contents

나에게 쓰는 편지

서영아 울지 마

눈을 뜨면 항상 혼자였지. 아이를 낳았을 때도 공황장애로 많이 아팠을 때도 이혼을 하던 날도 너는 아무에게도 투정부리지 못하고 아버지산소를 찾아가 혼자서 울어야했지. 서영아 얼마나 외로웠니. 늘 술에 취해 삶을 힘들어 하는 아버지를 미워하면서도 아무것도 해드릴 수 없는 자신을 탓하며 어떤 형태로든 사랑을 표현하지 못한 것도 너의 잘못만은 아니란다. 중학교 때 미술학원이 너무도 가고 싶어 철없는 네가 고된 노동으로 입원하셨던 아버지의 병원비에서 오 만원을 훔친 사실을 아셨을 때도 아버지는 아무 말 하지 않으셨지. 그 순간 아버지에 대한 미안함을 너는 평생 가슴에 담아야만 했어. 술을 드시고 집 앞 논두렁에서 트렉터 사고로 돌아가신 아버지의 고통과 외로움을 안아 주지 못한 죄책감으로 너는 또 얼마나 아팠니. 서영아 정말 고생했다. 나는 네가 그런 일들을 겪으면서 늘 불안해하고 누군가 너에게 가까이 다가오는 것을 힘들어한 것도 알아. 넌 너의 마음을 감추려고 사람들 앞에선 늘 밝고 당당한 척 연기하며 살았지. 서영아 이젠 괜찮아. 네가 그런 어려움을 겪었기 때문에 나중에 같은 어려움을 겪은 사람들에게 위기를 극복하여 지혜로운 부자가 될 수 있도록 만들어 주는 최고의 자존감동기부여 메신저가 될 수 있었잖아. 서영아 이제 우리 함께 행복을 누리자. 그리고 이웃들과 함께 나누며 살자, 이건 모두 네가 그 힘든 상황에서도 잘 참아 주었기 때문이야. 서영아 아들 둘을 혼자서 키워야하는 싱글 맘의 고된 삶속에서도 포기하지 않고 잘 살아낸 네가 정말 장하다.

내가 빈번히 실패하는 진짜이유

자신과 마주하는 고독한 시간

나는 누구인가? 인간은 대부분 자신의 가치를 실제보다 높이 평가한다. 이러한 자아도취 성향은 현실직시를 방해한다. 나도 그랬다.

미용을 처음 시작한 32살, 나는 다섯 살, 한살 아이의 엄마였다. 대학원을 졸업하고도 80만원의 급여로 두 아이를 키워야하는 싱글 맘 이었던 나의 목표는 월천매출을 달성하는 것이었다. 아이들이 어렸지만 3년 동안 하루도 쉬지 않고 일했다. 뛰어난 집중력으로 3년 만에 연봉1억을 훌쩍 넘겼고 미용학원을 창업하여 또 3년 안에 연봉3억을 달성하며 미용계의 핫한 아이콘이 되었다. 소위 잘나가는 미용학원의 원장이며 미용대학의 겸임교수로 재직 중이던 나의 자존심은 하늘을 찌르고도 남았다. 여기저기 많은 대학에서 강의를 요청 받아 돌아다녔다. 나는 쉴 줄 몰랐다. 단거리육상선수처럼 전력질주 하였다. 거대한 목표가 코앞이던 어느 날, 나는 거대한 쓰나미 에 휩쓸렸다. 국비학원을 운영하던 중 앙심을 품고 떠난 관리자의 내부고발로 모든 것을 잃었다. 직원들이 떠나갔다. 명의를 바꿔 다시 시작하기를 반복했지만 결과는 같았다. 그렇게 10년의 위대한 성공에 화룡점정을 찍고 추락했다. 추락하는 것은 날개가 없다고 했던가? '200만원 창업성공신화'를 멋지게 썼지만 계속되는 실패로 막대한 빚을 떠않았다.

나는 실패했다. 나는 내가 누군지 몰라서 실패했다. 나는 가정도 잃고 사업도 실패했다. 나는 점점 작아졌다. 낯선 어린이집에 울며 매달리는 아이를 강제로 떼어 두고 뒤도 돌아보지 않고 내달렸던 그 시간들이 하루아침에 아무것도 아닌 것이 되었다. 매번 어려운 일은 겹쳐서 왔다. 나는 실패하는 십년 동안 동업자로부터 사기를 당했다. 사춘기 아들이 도덕성도 잃고 이성도 잃고 자신도 잃고 망가져 가는 모습을 감당해야만 했다. 그리고 갑작스런 폐암 말기 통보를 받고 어머니를 잃었다. 평생 노점에서 리어커에 채소를 팔아 사남매를 대학까지 보내주신 나의 어머니, 성공하여 효도하려했다. 크나큰 효심과는 달리 상속싸움으로 형제자매 까지 나는 모든 것을 잃었다.

나를 용서할 수 없었다. 돈을 벌면 모든 것이 다 해결될 것만 같았던 되돌릴 수없는 그 시간과 두 아들에 대한 미안함, 고생만 하신 부모님께 성공만이 효도 인줄만 알았다. 인정받고 싶었지만 흙 수저로 태어난 것과 싱글 맘으로 살아가는 내게 냉정하기만 했던 엄마를 원망하며 끝없이 투정만 부렸던 나 자신을 용서할 수가 없었다. 가슴이 갈기갈기 찢어지는 고통을 매일 밤 느껴야 했다. 나는 두 아들에게 빚만 남긴 채 죽을 순 없었다. 내가 누군지는 몰라도 나는 엄마였다. 그 누구보다 가족이 중요했고 온전한 가정을 꾸리고 싶었던 나는 엄마다.

나의 어린 시절이 말해주는 것

열에 아홉은 자신을 알지 못 한다

나는 어린 때부터 시각적인 감각이 뛰어났다. 무엇이든 예쁜 것이 좋았다. 어느 날, 어디서 생겨 난지 모르는 금발의 눈을 깜빡이는 기적의 인형이 생겼다. 나는 큰 언니의 멀쩡한 스타킹 밴드부분을 잘라 배운 적도 없는 손바느질로 시스루한 원피스를 만들고 있었다. 알록달록한 천 쪼가리와 색종이, 색연필, 하얀 도화지로도 나의 하루는 충만했다. 고사리 같은 손은 쉴 세 없이 자르고, 오리고, 바느질 하면서 동화속의 예쁜 공주가 되었다. 공주가 살기에 현실은 언제나 구질구질하고 초라했다. 365일 한결같았던 엄마의 우스꽝스럽기 만한 몸빼 바지가 싫었다. 오빠한테 물려받은 커다란 옷도 싫었고 남동생한테 물려 줘야만 하는 남자 운동화와 태권브이가방도 싫었다. 나는 늘 슬펐다.

돌이켜보면 부모님 삶의 목표는 네 명이나 되는 자식들이 당신들처럼 못 먹고 못 입고 교육받지 못해 사회적인 약자로 만들지 않는 것이었다. 어떻게든 꼭 학교는 보내야 했다. 엄마는 언제나 "나는 맞고 자랐어도 자식을 때리지 않았다."고 되 뇌이셨다. 어린 남동생들 학교 갈 때 어깨 너머로 글을 익히고 깨우치신 나의 어머니, 여덟 살 때 어머니가 돌아가시고 계모의 학대가 싫어 집을 나와 떠돌았던 나의 아버지, 정처 없이 객지를 떠돌던 아버지와 홀어머니의 한풀이와 편애를 견뎌야만 했던 어머니는 데릴사위가 필요하셨던 외할머니의 등을 떠밀려 억지로 가정을 이루셨다. 어린 꽃잎 같은 겨우 스무 살의 나이에 그렇게 어이없이 아이를 낳고 어쩌다가 부모가 되어 자식들을 굶기지 않기 위해 새벽부터 밤늦게 까지 일해야만 하셨다.

언니오빠와 나이차이가 있던 나는 늘 혼자였다. 나는 친구도 없었다. 학교에서도 그림자 같은 아이였다. 늘 방치되어 자극이 없어 반응할 줄 모르니 타인의 자극에 큰 스트레스를 받았다. 누군가 다가오는 것이 부담스러웠다. 그때마다 나는 타인과 친해지고 싶은 마음과 혼자 있고 싶은 마음 사이에서 수시로 갈등했다.

연구에 따르면, 공감에 서툰 부모를 둔 아이의 뇌는 공감을 잘하는 부모를 둔 아이보다 거울신경세포가 덜 생성된다고 한다. 거울신경세포는 다른 사람의 심경을 헤아리고 공감하는 능력을 좌우하며 이

세포가 많을수록 공감능력도 뛰어나다. 그렇게 선친에게서 비롯된 부모님의 부족한 거울신경세포와 자기비하는 계속해서 나에게 되 물림 되었다.

순서가 바뀌면 인생이 바뀐다

몇 해 전 고등학교 친구가 찾아왔다. 친구라기 보단 그냥 같이 학교를 다니던 아는 애였다. 남편이 사업을 접으며 형편이 기울어진 친구는 나에게 월천특수메이크업 기술을 배우고자 했다.

수업을 하는 동안 나는 친구를 보며 많은 생각에 빠지게 되었다. 나와 달리 아이들 양육에 전념할 수 있었던 친구의 시간이 부러웠다. 친구는 일찍 사회 나와 나름의 성공을 해본 나의 커리어를 부러워했다. 그녀는 갑자기 어려움에 처한 자신의 상황 속에서도 당황 하지 않았고 동창생이며 심지어 친하지도 않았던 나에게 찾아와 도움을 청하고 상담을 했었다. 그녀는 자신의 어려움을 부끄러워하지 않았고 심지어 돈과도 타협하지 않는 자신만의 일관된 신념이 있었다. 돈이 절실히 필요하지만 닥치는 대로 일을 하지 않았고 아이들의 양육과 교육을 최우선으로 하며 일과 가정사이에 조화를 잘 이루려 애쓰는 모습이 너무 예뻤다. 부끄러웠다. 일밖에 모르고 살았지만 아무것도 남지 않은 것만 같은 내 삶과 내 친구의 삶은 너무도 달라보였다. 그녀는 따뜻하지만 절

제가 있었고 온화하지만 강한 열정과 확신 없는 미래에 대한 근거 없어
보이는 자신감도 있었다.

"엄마의 스승님, 우리엄마 잘 가르쳐 주시고 잘 부탁드려요."

아이들도 사랑을 많이 받아서인지 무척 밝았다. 초등학생 아들 서
준 이는 엄마친구인 내게 자신의 용돈으로 엄마 대신 밥값을 냈다.

나는 친구아들에게 촌지를 받았다. 너무 예뻐 웃음이 났다. 가슴이
뭉클해졌다. 어린 아이에게서 크게 배울 수 있는 순간 이었다.

집으로 오는 차안에서, 왠지 모를 뜨거운 눈물이 흘렀다.

'나는 무엇을 위해 미치도록 달리기만 했을까?'
'일과 가정의 조화를 이루는 평범한 삶이란 무엇인가?'

인생의 모든 문제를 경제적 자유가 해결해 줄 것이라고 믿었던 나
는 이일로 인생에 순서가 있다는 것을 깨닫게 되었다. 돈은 단지 내 삶
의 출발선이어야 했는데 돈이 내 삶의 최종 목적지라고 착각하고 살았
던 것이다. 순서가 바뀌면 인생 전체가 뒤 바뀐다는 깨달음 앞에 뼈가
아팠다.

남들은 다 아는데 나만 모르는 것

일하지 않을 때 나는 누구인가

어느 날, 대학원 선배이며 나보다 어린 부원장이 내게 물었다.

"원장님은 왜 자기생각만 있어요?"

직원들이 못마땅한 나는 마음이 통한다고 느끼던 부원장에게 하소연 중이었다.

"내가??" "내가 그랬어?" "내가 매사에 내 생각만 있다고??"

"네, 항상 그러셨어요!!' '내가 어느 때 그렇다고 느끼는지 자세히 말해봐"

순간 머릿속이 하얘지며, 그녀의 다음이야기는 기억이 나질 않는다.

나는 나의 열등감을 줄이는 방법으로 완벽주의를 선택했다. 미용을 시작한 처음 3년 동안은 하루도 쉬지 않았다. 새벽부터 밤늦게 까지 일하고 또 일했다. 쉴 틈 없이 예약을 잡고 직원들을 다그쳤다. 오녀가 죽도록 일하는데 직원이 쉴 수는 없었다. 내가 그렇게 살았으니 그들도 그렇게 사는 것이 내겐 너무도 당연했다.

'네가 감히 원장인 나를 평가하고 지적 질 해? 내가 누군데'

나는 분노했다. 그러나 머지않아 불안과 절망이 심하게 나를 흔들어 댔다. 아니 나는 이미 오래전부터 흔들리고 있었다. 나의 정체성에 문제가 생겼다는 것을 나만 모르고 직원들은 다 알고 있었던 것이다.

공황장애와 우울증의 차이

미용을 시작하고 하루도 쉬지 못했다. 나는 어느 날 밤 오랜 스트레스로 신경이 극도로 예민해져 가슴에 불 번개 같은 뜨거운 통증을 느끼며 잠자리에서 벌떡 일어나 앉았다. 새벽 두시 심장이 뛰쳐나올 것만 같이 헐떡였다. 죽을 것만 같았다.

정신과 의사선생님이 내게 물었다.

"어떤 것이 두렵고 불안하십니까?"
"사업이 망할까봐 두렵습니다."
"현재 적자이신가요?"
"아니요. 적자인 적은 단 한 번도 없었습니다."
"그런데 왜 불안하십니까?"

"네가 틀렸어. 너는 망할지도 몰라. 곧 실패의 날이 올 거야." 가슴을 움켜쥐고 잠들어야 하는 매일 밤, 내 머릿속에 누군가 속삭였다. 그날 이후 나는 잠을 설치며 먹고 토하고를 반복했다. 한 달에 5킬로가 빠졌다. 손이 떨리고 직원들의 눈을 똑바로 바라보기조차 힘들어졌다. 쉴 줄 모르는 나는 입학상담과 진로상담을 매일 했다. 나는 그렇게 벼랑 끝에 세워졌다. 어린것들을 집에 두고 일만 했던 내가 망할지도 모른다. 죽어야 할지도 모른다는 강박이 매일 밤 엄습했다. 일하지 않을 때, 나는 가슴이 텅 빈 허수아비처럼 허전하게 누워만 있었다. 쉬어 야는 날이 두렵기만 했다. 나는 쉬어서는 안 되는 사람이었다.

내가 아프다

나는 아팠다. 내가 느끼고 알 수 있었던 것 보다 심각하게 아팠다.

성공이라는 맹목적인 목표 앞에 나는 쓰러졌다. 그 누구보다 아이들에게 미안했다. 6개월 때부터 할머니와 낯선 어린이집에 강제로 맡겨져 일주일에 한 번씩 엄마를 만나야만 했던 내 아이들의 울음소리가 귓전에서 떠나질 않았다. 그땐 아무렇지도 않다고 생각했는데, 가슴도 아프지 않았는데, 왜? 이제 와서 아픈 건지 알 수 없었다. 혼자이기에 독하게 살아야 한다고 굳게 믿었기에 내가 아프다는 사실을 누구에게도 알리지 않았다.

'살고 싶다. 아이들 때문에 살아야만 한다.'
'내가 죽으면, 겨우 초등학생인 내 아이들은 누가 키우게 될까?'
'내 아이들은 누굴 믿고 살아가게 될까?'

잠이 오지 않는 새벽, 아이들이 깰까봐 베란다에 나가 엎드려 성경책을 읽었다. 나약한 인간이 매달리는 것이 하나님이라 생각했던 내가 성경책을 펼쳐들고 울면서 외치고 또 외쳤다. "두려워 말라. 내가 너와 함께함이라" 아무리 외쳐 봐도 하나님은 어디에도 강림하지 않으셨다. 불면의 밤은 계속 되었다.

강의를 하며 성공을 이야기하는 낮에는 죽고 싶었다. 그렇게 희망이 사라져가는 밤이 오면 죽을 것만 같았다. 나는 우울증과 공황장애의 경계를 위태롭게 넘나들고 있었다.

"저도 원장님처럼 성공할 수 있겠죠?"

"당연히 할 수 있지." "성공은 그리 어려운 게 아니야."

"그러니깐 내가 하라는 데로만 해!"

언제나 입술은 웃고 있는데 눈은 파르르 떨렸다. 무너지는 몸과 달리 마음속에서는 내가 아프다는 것과 미쳐가고 있다는 사실을 숨겨야한다고 외치고 있었다.

'돈을 많이 벌면 다 끝나는 것 아니었어?'

'성공은 돈의 크기가 아니었나?'

'처음부터 다시 시작해야 한다고?'

성공에 대한 바른 정의 없이 미쳐서 달리기만 하던 내 삶에 붉은 등이 켜졌다.

여기야 바로 여기야!

싱글 맘인 나는 안정적인 수입으로 아이들을 잘 키워보려 둘째를 임신하고 만삭으로 교육대학원을 졸업 했다. 아이 둘을 데리고 임용고시를 볼 수 없는 높은 현실의 벽 앞에 교사의 길을 포기했다. 책 읽고 공부 하는 걸 좋아하던 나는 미술전공을 살려 미술치료 공부를 해보고 싶었지만 결국 중단하고 말았다. 정신과 약을 끊은 어느 날, 수업 도중 마음을 잡지 못한 채 지역광고지를 뒤적이다 최면치료, 공황장애 치료전문 한의원을 발견했다.

내 안의 그림자 아이

내 안에 누가 있나

'아! 심리치료….내가 왜 그 생각을 못했지?'

심리치료를 넘어 최면치료라는 마법 같은 은밀한 주문에 이끌려 수업을 중단하고 옆 건물을 향해 나는 힘껏 내달렸다.

"무엇이 힘드신지요?" 라고 했던가? "왜 오셨나요?" 라고 했던가?

기억조차 나지 않는 첫 질문이 채 끝나기도 전에, 툭! 하고 움츠리고 있던 무릎위에 뜨거운 무언가 떨어졌다. 원피스자락을 움켜진 내 손가락은 어찌할 바를 모르고 오락가락 머뭇거렸다. 한번 터진 눈물은 좀처럼 멈추질 않았다.

"너무 힘이 들거나 스스로 통제하고 싶을 땐 손을 들고 일어나서도 됩니다."

발병초기, 이미 오래전 하나님의 자녀였던 언니 손에 이끌려 개척교회를 다녔었다. 목사님은 교회작은방에 엎드려 심하게 떨고 있는 나를 보며 신이 내렸다고 했다. 방안의 작은 불빛조차 바라보기 힘든 심각한 상황이었다.

"지금부터 내안에 누가 있는지 알아 볼 것입니다."
"내안에 다른 사람이 있나요?"
"사람이 있어요. 남자가 있어요".
"누구지요? 너무 힘들면 말하지 않으셔도 됩니다."

내 입술은 움찔거리며 달싹이기만 했다. 말이 입 밖을 나오지 못하고 맴돌았다.

"아… 아버지, 아버지가 보여요."
"아버지는 어떤 모습인가요?"
"힘없고 초라한 모습으로 나를 바라보고 있어요." …흑! 흑흑!

평소에 울음 끝이 짧아 길게 우는 재주가 없었던 나는 가죽스툴위에 엎어진 채, 가슴을 부여잡고 통곡하기 시작했다. 얼마나 울었을까? 10분? 20분? 창자가 끊어지는 단장의 아픔이 그런 것 이었나? 가슴이 미어지는 고통을 느끼며 오래도록 쌓아왔던 모든 설움과 안타까움이 그렇게 깊고 길게 토해졌다. 더 이상 눈물이 나지 않는 그 순간, 가슴에서 무언가가 쑤욱 빠져나갔다.

"아버지에게 꼭 하고 싶은 말이 있나요?"
"사랑한다고" 그리고… "미안하다고"… "죄송하다고" 나는 더듬더듬 사죄했다.

신께서 인간에게 주신 가장 큰 축복은 눈물이다. 공황장애는 울지 못해 생긴 마음의 병 이었다. 그날 밤 나는 아주 오랜만 에 조금 편하게 잠 들 수 있었다.

넘어지는 게 뭐 잘못 인가요?

자기안의 진실을 모르는 비극

원장님은 왜 항상 화가 나있어요??

"내가 늘 화가나 있다고???" "그냥 화가 나"

"자꾸 묻지 마! 그냥… 내 컨셉??이니깐…

또 부아가 치밀어 올랐다. 문득 몇 해 전 유방암 정기검진 때 일이 생각났다.

"서영님은 다른 사람에 비해 물혹이 아주 많으니 한 달에 한번 꼼꼼히 자가 검진을 하셔야 합니다." 그리곤 꼼꼼히 친절하게 유방모양을 예쁘게 그려 걱정되는 물혹들의 위치를 체크해 주었다. 젊은 의사는 6개월에 한번 꼭 추적관찰을 해야 한다는 신신당부도 잊지 않았다.

"왜 자신을 사랑하지 않으십니까?"

2년 넘어 정기검진을 받으러 간 나에게 젊은 의사는 노기어린 얼굴로 말했다.

"본인이 정기검진을 자주 받아야 하는 걸 다른 사람이 알고 있나요?"
"아니요? 아무도 모릅니다."
"왜? 알리지 않았나요? 자신이 챙길 수 없으면 다른 사람이라도 챙길 수 있도록 알려야죠! 그러다가 손쓸 수없이 커져서 오시면 전 어떻게 해야 합니까?"

세상에 나보다 나를 더 걱정하는 사람도 있었다. 조직검사 결과까지 한 달 동안 나는 피를 말려야만 했다. 그렇게 방치된 내 인생에 경고장을 받아들었다. 그 사건으로 나는 반강제로 나를 사랑하게 되었다.

실패의 미학

최고가 되기 위해 내가 할 수 있는 유일한 무기는 최선을 다하는 것, 죽도록 노력하는 것 이었다. 열정에 들떠 어린 아이 둘을 맡겨두고, 세계 챔피언이 진행하는 마스터클래스를 듣고자 과감히 미국행을 결심하기도 했다. 항상 최고의 스승을 찾아다니며 최고가 되고자 몸과 마음으로 온 정신을 다해 애썼다. 경쟁상대가 뚜렷하게 있고 그 성과가 가시적으로 보여 질 때는 더욱 더 순위에 집착했다. 성과를 내면 낼수록 더욱 가열 차게 달렸다. 최고가 될 수 있다면 영혼도 팔 수 있을 것만 같았다. 나에게 중간은 없었다. 마음먹은 모든 것은 시작하면 빠르게 성장시켜야만 했다. 한번 시작한 죽음의 레이스는 나의 의지로 멈출 수 없었다. 잘 되고 있을 때도 나는 늘 화가 났다.

잘나가던 미용학원의 문을 닫고 나는 깊은 회의와 자책감으로 몇 년을 보냈다.

그러면서도 끊임없이 다시 도전하며 지치지 않는 도전의식으로 실패를 위장했고 그로부터 발생하는 자기 불안을 인정 하지 않았다. 어느 날 나의 불안 조절 능력이 평균치에서 한참을 밑돈다는 사실을 깨달은 나는 현실에 입각해 나의 능력을 하나하나 점검해보기로 마음먹었다.

용기는 '두려움'이 없는 것이 아니라, 그보다 더한 '가치'가 있음을 아는 것 이다.

진실 된 나와 마주 해야 는 것은 두려움을 넘어 고통이었다. 특히 평생에 걸쳐 애써 예쁘게 포장해 놓은 나의 찌질 함을 타인에 눈을 통해 보아야함은 나에게 극한의 공포심을 가져다주었다. 할 수만 있다면 잊고 싶은 수치심, 나만 알고 있는 열등감들은 끝까지 감추면서 살고 싶었다. 하지만 남들에게 비치는 자신을 모른 채 살아가는 건, 인생의 고비마다 크나큰 손실을 가져다주었다. 나는 매번 돈도 잃고 사람도 잃었다. 돈을 잃은 것보다 소통이 부족해서 애써 만들어 놓은 인재를 잃는 것은, 매번 참을 수 없는 수치심과 죄책감을 가져다주었다.

'실패해도 괜찮아! 누구나 실패할 수 있어!'

'잠시 넘어진 것 뿐이야!'

'넘어진 것이 뭐 잘못인가?' '거기서 안 일어나는 것이 더 큰 문제인 거지!'

나는 실패를 인정하되 포기하는 것에 이유를 달아 미화하지는 않기로 했다.

절대로 포기하지 않기로 했다. 결국 '스스로 돕는 자'가 되기로 했다.

자신의 강점을 정확히 안다는 것은

지금 내가 불안하다는 것은 뭔가 피하고 싶은 게 있다는 뜻이었다. 나는 무엇을 피하고 싶어 하는 것인지 찾아내어 그것을 정면으로 바라보기로 했다. '잃어버린 나'를 찾기 위해 '내면을 응시하기'와 '타인에게 피드백 받기'를 선택했다.

"우리 오랜만이지?"

"잘 지내셨어요?" "살이 많이 빠지셨네요!"

"나 글쓰기 시작 했어! 내가 누군지 제대로 알고 싶어서."

"원장님은 왜 그렇게 애쓰며 사세요?"

"그러니까, 내가 왜 애쓰며 사는 지 알아 보고 싶어서 글을 써 보기로 한 거야."

"돈을 벌어도 불안하고, 못 벌 땐 더 불안해."

"무엇이 진짜 문제인지, 이제는 알아봐야겠어."

"이러다간 다시 성공을 할 수도, 한다 해도 다시 실패하게 될 것만 같아."

하늘의 뜻을 안다는 지천명의 나이에도 내가 누군지 모르겠다는 나의 어처구니없는 고백 앞에 그녀는 매몰차게 되물었다.

"왜 성공하고 싶은 거예요? 꼭 성공을 해야만 하나요?"

"원장님은 항상 모든 대화의 끝에 '성공'이라는 단어가 빠지지 않았어요."

'지금도 충분히 괜찮은데 뭘 더하려고 자신을 괴롭히냐는 뜻인가?'

"내가 누군지 꼭 알아야겠으니 지금부터 내가 하는 질문에 문자로 답해 줄래?"

나는 인생의 대부분을 오너로 살았다. 누군가 내 삶을 결정하고 지시하는 것이 싫었다. 진로를 고민 할 때도 배우자를 결정할 때도 사업을 시작할 때도 인생의 가장 중요한 결정을 해야 할 때 마다 나는 혼자서 결정했다. 늘 스스로 벌인 일에 대한 책임감이란 무게에 짓눌렸고 그때 마다 나는 '모두에게 의지가 되는 큰 바위 같은 완벽한 인물'이 되고자 애썼다. 머릿속에 누구도 해내지 못한 완벽한 이데아를 상상하며 그것을 실현하기 위해 언제나 스스로를 다그쳤다.

예전 그녀의 상사였던 나는 문자로 나에 관한 피드백을 요청했다. 어떤 답변에도 상처받지 않겠다고 다짐했지만 나의 손은 떨리고 있었다. 전송을 해야 하는 그 순간에 나는 태어나서 가장 큰 용기를 냈다.

내가 도움이 되는 부분이 있었는가? 왜 그렇게 생각하는가?
내가 도움이 안 되는 부분이 있었는가? 왜 그렇게 생각하는가?
앞으로도 나와 같이 일하고 싶은가?

같은 내용의 문자를 여러 명에게 더 보냈다. 모두에게 회신이 왔지만 다 참고하지는 않기로 했다. 나에게 애정이 있다고 생각하는 사람,

공평하다고 느끼는 사람, 사람을 보는 안목이 높은 사람의 의견을 듣기로 했다. 회신된 문자의 여러 사람의 피드백에는 강점도 약점도 대체적으로 비슷한 양상이 보여 졌다.

타인의 눈에 비친 나

나는 직관력이 있고 열정과 책임감 그리고 의리 있는 사람이었다. 사람을 끄는 강력하고 치명적인 매력도 있었다. 나의 약점은 사람과의 관계를 맺고 유지하는 것에 매우 서투르고 의존성이 강해 항상 불안하다였다.

나는 매사에 넘치는 열정으로 목표에 집중했다. 강한 집중력으로 높은 성취를 이루었지만 결과에 만족하지 못했다. 잘 될 때는 터무니없이 들떴고 어려움에 직면하면 끝없는 절망감에 회피했다. 결정함에 있어서는 독단적이고 매사에 자기중심적 이었다.

'아! 그랬구나. 이게 바로 나였구나!'
'내가 열정적이고 매력이 넘쳤지만 관계에는 매우 서툰 사람이었구나!'

나는 사랑받지 못해 사랑할 줄 몰랐다. 솔직한 자신을 드러내야 할

땐 회피하거나 자신을 억눌렀다. 적절한 때, 적절하게 표현하지 못한 나의 감정은 때때로 '욱' 했으며, 끝까지 억눌렀던 부정적인 감정 들은 어느 날 예상치 못한 대상에게 폭발하듯이 감정의 쓰레기를 토해내기도 했다. 결국 나의 '화'는 타인이 아닌 이상적이지 못한 내 자신과 내 인생에 대한 불만족이었다. 나는 언제나 남들보다 똑똑하고, 재치 있고, 능력 있는 사람이어야만 했다. 그러나 인생에서 정말 중요한 것은 그런 것들이 아니었다.

자신을 안다는 것

두려움을 다루는 최선의 방책

"원장님은 늘 최선을 다하셨어요!"

"나는 실패했어. 번번히"

"늘 다시 일어나셨잖아요."

"실패한다고 누구나 매번 다시 일어나지 않아요!"

앞만 보고 달리는 나를 힘겨워 하며 모두가 떠나갈 때, '희망의 독설'로 언제나 내 곁을 지켜 준 부원장은 심하게 자책하고 있는 나를 따뜻한 미소로 안아주었다. 그녀는 깊은 애정으로 내 인생의 첫 번째이자 최고의 코치가 되어주었다.

자기인식에 흥미가 생겼지만 나는 곧장 한계에 부딪혔다.

'아! 혼자서 고민하지 말랬지!' '리더로서의 내 강점은 무엇인가?' 라는 생각이 불현듯 들기 시작한 나는 정기적으로 코칭 받기로 했다. 코치는 자기인식의 정확도를 높이는 훈련을 도와주는 사람이다. 코치는 '목표달성을 지원해 주는 사람'을 말한다. 올림픽선수 들에게 유능한 코치가 필요 하듯이 나처럼 자신을 잃고 헤 메이는 사람들에게 개개인의 행동이나 성장을 독려하는 코치는 반드시 필요하다. 나는 언제나 그랬듯이 '빠른 실행'으로 두려움을 이겨 내기로 했다.

새로운 자신에 눈을 뜨다

"어린 시절의 자신을 어떤 동물에 비유할 수 있을까요?"
"어른이 된 자신은 어떤 동물에 비유할 수 있을까요?"
"왜? 자신을 경주마라고 느꼈나요?"

글쓰기를 시작하고 전문코치와 이야기를 나누면서 나의 생각은 180도 달라졌다. 생각이 달라지자 글쓰기의 재미에 가속도가 붙기 시작했다. 혼자 고민하던 내 인생이 일반도로였다면 전문코치와 함께 글을 쓰고 상담을 통해 생각을 바꾼 나의 삶은 마치 고속도로를 달리는 기분이 되었다. 새로운 자신에 눈을 뜨는 시간들은 생각보다 괜찮았다.

나는 괜찮다 당신도 괜찮다

자신의 부족함을 채우는 능력

나답게 사는 것이 진짜 이기는 힘을 만든다는 것을 믿기로 한 순간, 기적 같은 일이 일어났다. 누가 볼까 무서웠던 내 글을 보고 톡이 왔다.

싱글 맘이 보내준 가식 없이 써내려간 감사 문자에 가슴이 울컥!! 했다. 홀로 아이를 키운 그녀는 자신의 고마운 마음을 생각에 그치지 않았다. 이 일로 나는 타인 에게 감동을 주는 '표현의 힘'에 대하여 더욱 깊이 생각하게 되었다. 나의 작은 위로가 죽어가는 누군가를 살릴 수도 있다는 귀한 경험을 얻었다. 더하여 평생 나를 괴롭힌 두려움과 허영심까지 과감히 버릴 수 있었다.

내가 잠든 시간에도 글이 남아 일을 한 다는 기적 같은 체험의 순간이었다.

나의강점으로 타인에게 공헌하다

글쓰기는 우선 나를 사랑하는 가장 현명한 방법이었다. 글을 쓰면
서 나는 괜찮아졌다. 나는 두 아들과 첼로를 사랑하며 책읽기와 영화보
기를 즐겨한다. 나의 강점은 '배우기를 즐겨한다' 이다. 모른다고 느끼
면 반드시 책이나 사람을 통해서 배운다. 한번 배워서 깨달은 것은 반
드시 실천하고 깨달음이 생기면 타인과 정보를 공유한다. 타인에게 공
감과 위로의 긍정적인 에너지를 줄 수 있을 때, 나는 삶의 더욱 큰 가치
를 느낀다. 이제 나는 성공보다 '성장'에 집중하기로 했다.

대부분의 싱글 맘 들은 나처럼 갑자기 어려움에 처하지만 준비되
지 않은 채, 사회 속으로 내던져진다. 누구보다 진실하고 여리지만 거
친 사회에서 기술을 통해 자신의 성장과 부를 이루고자 하는 강한 엄마
들이다. 그러나 어린 아이들을 데리고 기술을 배우고, 돈도 벌어 당당한
사회인으로 자리 잡는다는 것은 눈물겹도록 처절하게 어려운 일이다.
그들도 나처럼 혼자 애쓰고 혼자 노력하다 포기하는 경우가 많다. 포기
하지 않는다 하여도 수시로 상처받고 흔들리며 위태롭게 살아간다.

어떤 형태로든 나와 같은 상처를 가진 사람들을 돕고 싶다. 글쓰기

로 나는 특수메이크업 아티스트에서 '멘탈짱모티베이터' 메신저로 거듭났다.

쓰러져도 다시 일어나고 또 일어나며 나는 죽을 때까지 나답게 살기로 했다. 더하여 상처받은 당신에게 너무 애쓰지 않고 살아도 괜찮다고 위로해 주고 싶다. 지금 실패 했다고 느껴 상심에 빠져 있다면 나의 글이 용기가 되길 바란다.

"세상에서 가장 아름다운 날은 성공한 날이 아니다.
실패를 딛고 다시 일어서는 바로 그날이다."

그러므로 우리의 오늘은 언제나 아름답다.

"나는 괜찮다. 당신도 괜찮다."

나의 글을 쓸 수 있도록 용기를 주신
박 현근 코치님과 최 원교 대표님
사랑하는 호정, 호진 두 아들
나의 '깐부' 이은영에게
깊은 감사와 사랑을 전합니다.

행복한 삶을 위한
행복 루틴 만들기

안현숙

안 현 숙
행복루틴코치

행복누리연구소와 행복누리캠퍼스대표로, 강사와 메신저를 양성하는 메신저로 활동하고 있다.
겸임교수를 역임했고 기능장시험 감독과 심사위원을 거치는 등 활발한 활동을 했다.
현재는 관공서와 기업체 소통·공감·인성 강의를 주로 하며
학부모교육과 부모·자녀 상담과 코칭을 하고 있다.
국가공인기능장을 비롯 교원자격증 등을 포함 100여 종류의 자격증을 취득하며
공부하기를 게을리하지 않고 살았다.
2003년 남편이 아이를 데리고 야반도주해버린 사건으로 인해 인생을 포기하다시피 했으나
자식이 엄마가 자살했다는 소리를 듣지 않게 하려고 죽지 못해 살았다.
아들이 자라 대수술을 하게 됐고 그 비용 때문에 엄마를 찾게 되었다.
나이는 60이 되어 있었고 세상을 등지고 있던 차에
변해버린 세상의 모든 흐름 때문에 당황했지만,
엄마이기에 다시 한번 일어나야 한다는 목표 외에는
아무것도 보지도, 듣지도, 생각하지도 않고 앞만 보며 뛰었다.
그 덕분에 다음 해에 억대 연봉을 찍고 아들의 수술비를 해결하고
지방인지라 집까지 살 수 있었다.
그 경험을 살려 코로나 19로 인한 대변혁의 시기에 다른 삶을 준비하며
책에서 답을 얻고 배움에 투자하며 강사와 코치, 작가, 메신저로 일하고 있다.
그리고 내 지식과 경험, 노하우를 통해
강사와 메신저가 되고자 하는 사람들을 돕는 일을 하고 있다.

네이버 카페 : 행복누리캠퍼스(https://cafe.naver.com/gqcampus)
유튜브 : 노후준비전문교육TV
이메일 : ahs01020580001@gmail.com
블로그 : https://blog.naver.com/yeppys1230

《60에 시작한 억대 연봉 강사, 헐머니가 온다》 출간

contents

행복 노래 선샤인 소나타

'행복'이라는 바람이 불어온다. 수풀 사이를 관통하며 온 숲을 깨우고야 말겠다는 듯 절대 구부러지지 않은 직진의 햇살도 들어온다. 눈이 부시게 고운 햇살에 배시시 행복에 겨운 눈을 뜨자. 미라클 모닝을 위해 숭고한 마음으로 눈을 떠보자. 자신을 사랑하는 마음으로 '나는 참 행복하다.' 속삭여 보자. 마음에 여유를 갖고 고운 마음으로 하나씩 읊조리듯 나에게 속삭여 보자. 한 단어마다 참한 미소를 얹어 되뇌듯이 조심스럽게 깨워보자. 지금껏 일으켜 세워주지 않았던 고운 우리말들이 뇌리에 얼마나 많이 누워있는지 정성스럽게 세워보자. 코로나로 갑작스럽게 변해버린 세상의 흐름이 정신까지 뒤흔든다. 이렇게 격변하는 세상에는 가장 순수한 언어들을 생각하며 순수 소녀였던 곱고 예뻤던 시절로 돌아가 본다. 한 박자 쉬어 정신을 가다듬고 가장 듣고 싶은 말들을 살려내 하루를 시작해보자. 나무, 설렘, 따뜻함, 순수, 신선함,

행복, 아기, 예쁨, 웃음소리, 정, 사랑, 선물, 소망, 희망, 바람, 향기, 고향, 친구, 우정, 물소리, 새소리, 단풍잎, 풍경, 햇살, 생명, 돌담, 추억, 공기, 골짜기, 이슬, 새콤달콤, 엄마, 마음, 솜사탕, 풍경소리, 기도, 개울, 순진무구, 이 아침 부지런히 깨워보는 말들이다.

오늘! 가장 소중한 날! '오늘'이래서 참 좋은 날, 내가 쓰는 '오늘'은 숨 쉬며 살아 있는 시간이다. 생명을 주신 이에게 감사하며 참 이쁜 단어를 깨워본 아침이다. 행복 호르몬이 솟을 듯한 단어들을 생각하다 보니 엔도르핀이 절로 솟는다. 하루가 미소 지으며 다가와 행복하게 시작할 것 같다. 단어들로 생각하는 그 순간도, 말로 뱉어내는 순간도 행복하다. 아무런 요식행위를 거치지 않는 말의 기능을 채 이루지 못한 단어만으로 행복하다. 두근두근 설레며 더할 나위 없이 순수해진다. 이왕이면 행복해지는 말만 하며 살아보는 연습을 하자. 이런 날이면 왠지 특별한 악기로 공들여 연주하는 멜로디가 듣고 싶다. 왜 그럴까 추억을 더듬어보자. 내가 들었던 가장 순수한 악기는 소녀 시절에 들었던 톱 연주다.

수풀 속의 나무를 베어 정이 담뿍 들어있을 것 같은 예쁜 통나무집을 지을 수 있는 톱을 소환시켜보자. 톱의 가치는 나무를 베는 것일 테지만 이 고운 아침에는 학창 시절에 들었던 톱 연주가 더 가치가 있을 것 같다. 결국, 끼리끼리 어울려야 한다. 눈을 뜨고 이쁘고 순수한 단어를 소환시키니 자연과 순수가 어울리는 톱 연주가 생각났던 게다. 내 마음이 악하다면 악한 것과 어울리고, 게으르다면 게으른 습성과 그리고 게으른 사람과 어울릴 것이다.

톱은 나무를 베는 가치만 있는 게 아니다. 전혀 연관성이 없을 것 같은 활을 만나면 대단한 관현악 속의 하나로 소환시킬 수가 있다. 하나의 도구나 재료를 어떻게 소환하느냐 하는 것은 나의 의지이다. 그렇듯 나라는 인격체가 어떤 습관을 지니고 어떤 루틴으로 매일 아침을 만드느냐에 따라 내 삶의 결과가 완전히 달라질 것이다. UN이 60대도 청년이라고 명명한 때, 어떤 루틴을 만들어 새로운 인생 이모작을 만들어 볼 수 있을까? 디지털노마드로서, 행복 루틴 메신저로서, 좋은 사람들과 협력하여 시너지를 내고자 한다. 멋들어진 톱 연주를 들으며 선한 영향력을 행사할 수 있는 프로젝트를 만들고 하루를 열어 간다. 열정적이고 에너지 넘치는 메신저가 되어 기분 좋은 설렘으로 행복 루틴 메신저라는 내 브랜드를 연주해 간다. 함께 하는 메신저들과 하모니를 맞추고 요들송과 같은 통통 튀는 경쾌한 리듬을 만들어 간다. 물소리가 화음을 맑게 해주고 새소리가 경쾌함을 더해준다. 바람 소리가 머릿결을 어루만지듯이 스친다. 곱디고운 햇살은 모두를 화사하게 비춘다. 이 경쾌하고 순수한 멜로디에 많은 사람과 함께 갈 수 있도록 어깨동무를 해본다. 반보 앞서거니 뒤서거니 멋진 메신저들이 돼간다. 오늘 하루도 행복 루틴을 만들면서 시작한다.

나는 모든 것이 점점 잘 되고 있다. 하늘이 나를 돕는다. 우주가 나를 돕는다. 오늘도 멋진 하루가 시작된다. 나는 축복의 통로로서 선한 영향력을 끼치는 행복한 메신저다.

너의 엄마를 졸업한다

　아들의 입영 소식에 한편 마음이 가벼워진다. 이제는 할 일을 마무리 지어도 되겠다 싶다. 그래봤자 3주 입소 훈련 후 공익근무를 하겠지만 말이다. 이미 공무원이 되었으니 공익근무도 연장선에서 받지 않을까 싶다. 지난 세월이 파노라마처럼 펼쳐진다. 아들이 사라진 후 반미치광이로 살다가 나중엔 세상살이를 다 접고 스스로 세상을 멀리하며 살았던 세월이었다. 세 개의 가게를 운영하며 대학원 논문까지 마쳐야 하는 해인지라 정신이 없었다. 몸이 너무 안 좋아서 연례행사로 다녀온 건강검진 결과 앉지도 못하고 평생 누워있어야만 한다는 진단이 내려졌다. 해외로 연수하러 나가기 전에 링거라도 맞고 나가려고 들렀는데 청천벽력 같은 진단이 내려진 거다. 지금껏 잘도 살아왔는데, 앉아있지도 못하고 누워있어야 하는 상황이라고 진단이 나오니 어디 말이 되는 소리인가? 믿기지 않아서 다른 큰 병원으로 옮겨 정밀검사를 해도 결과는 마찬가지다. 다른 사람도 아니고 어렸을 때부터 엄마의 병상 생활로 병원 냄새라고 하면 진저리를 치는 나한테 이게 무슨 날벼락이란 말인가? 누워만 있으라니 그 말을 내가 어찌 믿는단 말인가? 평생을 시간을 쪼개가며 바삐 살아온 나인데 말이다. 원장님의 진단이 내려지기가 바쁘게 링거를 놓아달라 청했다. 차라리 핑 한 바퀴 돌다 오고 싶었다. 괜히 병원장에게 화가 섞인 목소리로 오기를 부렸다. "평생 누워있다가 죽을 바엔 한 달만 산 사람처럼 살다 죽겠습니다." 굵고 짧게 살겠다고 했던 강재구소령을 생각했다. 통증이 심할 때마다 생각하는 존경하는 인물이다.

몽고, 러시아, 바이칼호수, 시베리아로 한 바퀴 횡 들러 대자연을 접하고 머리를 식히고 돌아와서 열심히 일에만 집중했다. 철없는 아빠 몫까지 1인 2역 해내겠다고 열심히도 뛰었던 몇 년이었다. 결혼 이후 곧 회사를 그만두고 단 한 번도 집에 월급봉투를 준 적도 없고, 사업을 해서 돈을 가져와 본 적도 없는 결혼생활이었다. 매일 팽이 아저씨들과 마흔여덟 장 동양화를 거실에서 쳐대던 철없는 신랑이었다. 철없는 사람들이 신랑 말고도 그렇게도 많다는 게 이해가 안 됐다. 사업한답시고 세 번이나 사업자금을 타다가 자본금만 홀라당 까먹어 버리던 이해가 안 되는 사람이었다. 매번 병원에서 진통 주사 맞아가며 생활비를 벌고 있는 아내를 보면서도, 아이 아버지가 돼서 도통 철이라고는 안 드는 사람이었다. 그사이 난 아빠 몫까지 다해주겠다고 기능장이 되고 교수로 위촉까지 받았다. 참 바쁘게도 살던 날이었다. '60에 시작한 억대 연봉 강사, 헐? 머니가 온다.'라는 책에 이 기막힌 사연과 억대 연봉을 벌 수 있었던 방법은 자세하게 기록되어 있다. 나보다 더 열심히 사는 사람이 있을까 싶은 생활이었다. 저녁 무렵 아이 아빠에게 전화가 왔다. 아이랑 이사했다는 것이다. 며칠 전 나를 죽이겠다고 아이 앞에서 부엌칼을 들이밀더니 아직도 화를 못 풀고 농담하나보다 생각했다. 직원들은 말도 안 되는 소리라고 사장님이 거짓말을 하는 정도로만 여겼다. 밤늦게까지 원장실에 앉아 논문을 쓰다가 퇴근해서 보니 아이 방은 텅 비어 있었고 정말로 이사를 가버렸다. 아이 겨울방학 첫날이었고 전학도 시키지 않아서 찾을 수도 없었다. 아이를 내가 키우겠다고 하니 본인이 키우겠다고 했다. 아이가 없으면 본인은 힘들다고 아이를 양보하라고 했다. 남편이 그렇게 아이를 데리고 야반도주했고 아이와 나는 이별을 당했다. 그 이후 아이가 아프면 언제나 병원비는 내가 계산했다. 아이는 초등학교 중학교 고등학교 대학교 때마다 이상하게 수술했었다. 그렇게 여러 차례나 수술했던 아들이 병원비가 많이 들어가는 대수술을 해야 한다고 했다. 아이 상황을 보니 하지 않을 수 없었다. 성장이 최고조를 달리는 사춘기 무렵부터 양악이 지나치게 비대칭이 되었다. 아예 아이의 얼굴을 찾아볼 수가 없었다. 아이 아빠가 아이를 데리고 야반도주 후 나 역시 삶의 의욕을 잃고 세상과 단절하게 되었다. 오직 그전부터 해왔던 학부모, 학생들 상담만 해주고 다녔다. 산사에서 장기간 머무는 일이 많아졌다. 건강을 되찾으려고 노력했지만, 공기가 좋은데도 몸은 점점 더 안 좋아지기만 했다. 그런 와중에 아이러니한 일이 생겼다. 정말 힘든 부모와 아이를 만나 상담하다 보니 정신이 번쩍 들었다. 나도 그들도 울면서 서로를 치유해갔다. 세상은 나만 힘든 줄 알았는데 힘든 사람이 참 많았다. 나는 통증만 아니면 그래도 살만했었다. 그렇게 살면서 세상을 끊고 있었는데 아이가 세상으로 불러낸 것이다. 아이 수술비 계산을 해보니 당장 수입이 있어야 하는 상황이었다. 물불 안 가리고 수술비를 마련해야 했기에 강사 세계에 뛰어들었다. 40에 평생 누워있어야만 한다는 진단을 받았던 터라 몸은 이미 일을 할 수가 없고 할 수 있는 게 강의뿐이었다. 60이라는 나이에 다시 시작하려니 겁이 났지만 아이 병원비를 해내려고 옆도 뒤도 돌아보지 않고 뛰었다. 목표는 오직 아들 수술비였다. 덕분에 2년 만에 억대 연봉을 달성했다. 엄마였기에 해낼 수 있었다. 의료보험이 적용 안 되는 수술이어서 큰 비용이 장기간에 걸쳐 들어갔다. 아이는 정말 힘든 과정인데도 잘 버텨냈다. 교정과 수술, 그리고 다시 교정이 반복되는 과정에 울지도 않고 의연하게 잘 견뎠다. 눈물은 지켜보는 나의 몫이었다. 정말 고맙게 자라준 아이인데 대수술로 참 많이도 고생했다. 덕분에 무사히 수술을 마쳤다. 수술 후 마취가 깨면서는 인강비를 부탁했다. 공무원이 되겠다고 온라인으로 공부한다는 거였다. 이런 부탁을 또 하는 아이가 얼마나 힘들까 싶어 바로 계좌이체를 해줬다. 아들은 졸업도 전에 공무원 시험에 합격하여 근무하다가 이제 군대에 갔다. 서툴고 부족한 부모를 만나 고생한 아들만 보면 눈물이 났는데 입대하니 부모로서 할 일은 끝난 것 같이 마음이 흡족했다. 이만큼이라도 잘 자라줘서 장하고 고맙다. 이제는 나도 백세시대의 신중년이 되어 가니 스스로 서야 하는 때가 됐다. 아들이 있기에 목숨 부지하고 살았는데, 이제 아들에게 미안하지 않도록 엄마로서는 졸업하고 나의 미래도 준비해야겠다. 엄마로서 행복하게 잘 살아야 아들도 행복할 것이므로 더 행복하도록 준비해야 할 때다. 기왕이면 멋지게 행복하게 잘해야 한다. 모든 신경을 집중시켜 행복한 나를 위해 행복 루틴을 만들고, 예전처럼 나를 찾는 사람들에게 행복 루틴 메신저로서 도움이 되어줘야겠다. 아들 때문에 시작한 일이다. 아들아! 고맙다. 사랑해.

행복 루틴,
인생 이 막과 삼 막으로의 여행

    아들로 인해 환갑을 코앞에 두고 강사직업에 들어서서 발버둥 쳐 억대 연봉을 벌었던 경험을 '헐?머니가 온다.'라는 책에 공유했다. 병원 비로 적잖은 돈이 필요했기에 '슬슬 돈이나 벌어 볼까?'라는 생각으로는 답이 안 나오는 상황이었다. 어떤 일을 하건 열정적이고 집중하는 성격 인지라 시작하기 전에 강사양성 하는 곳에 물어보니 강의가 많고, 연결 해 줄 곳도 많다고 했다. 그런데 강사 양성하는 곳과 자격증을 주는 곳 은 강사 세계에 대해 썩 잘 알지도 못했고 연결해 주지도 않았다. 설령 연결을 해줘도 밥 먹고 살 수 없을 정도였다. 강사 세계가 그들도 제대 로 알 수 없을 정도로 광범위해서 그리 말했을 거라 생각되었다.

    백세시대를 맞아 장수하는 사람들이 많아지자 UN에서는 세계 인 류의 체질과 평균 수명에 대한 측정을 한 결과 연령 분류 표준에 대한 새로운 규정을 발표했다. UN 발표 자료에 따르면 사람의 연령 단계를 5단계로 나누었다. 0세에서 17세는 미성년자, 18세에서 65세는 청년, 66세에서 79세는 중년, 80세에서 99세는 노년, 100세 이상은 장수 노인으로 나누고 있다. 환갑도 지낸 내가 65세까지 '청년' 단계라고 하니 없던 힘도 만들어내야 할 시기다. 뭔가 근거가 있기에 청년이라고 했을 것이다. 그러니 듣기만 해도 그냥 힘이 절로 나고 마음조차 청년이 된 듯 젊어지려고 노력해 본다. 마음먹기에 따라 인생은 달라진다. 우리는 인생 이모작, 삼모작을 이뤄야 하는 새로운 세대란 것을 알게 됐다.

장수국가인 일본에서는 75세 이후를 신 청년대학의 입학 자격이라고까지 한다. 이제야말로 '나이는 숫자에 불과하다.'라는 말을 할 때가 돼버렸다. 청년에 불과한 나로서는 인생 이모작, 삼모작에 앞장서서 걸어야만 한다. '나이'라는 창살도 없는 감옥에 자신을 가둔 사람은 특별한 이유도 없이 갑자기 불안이 극도로 심해졌다. 숨이 막히고 심장이 두근거려 죽을 것 같이 극심한 공포 증상이 밀려오기도 했다. 이를 공황장애라고 하는데 죽음의 공포까지 겪는 환자들이 최근 들어 급속도로 늘어나고 있다는 언론 보도가 있다. 보통은 소외감, 불안감 등에 따른 스트레스가 공황장애 환자가 증가하는 원인이 되기도 한다는데 코로나로 인한 이 창살 없는 감옥은 다행스럽게도 새로운 세계로 나를 안내해 줬다. 갑자기 닫혀버린 강의 세계 덕분에 어느 날 어떻게 들어가게 되었는지도 모르게 박현근 코치의 카톡 오픈채팅방으로 입장하게 되었다. 재수가 좋은 사람은 뒹굴어도 황금밭에 뒹구는 모양이다. 1인

지식기업가가 되고자 열심히 뛰는 방이었다. 사회가 전반적으로 우울할 때 이런 방들은 힘과 열정과 소망이 철철 넘쳤다. 일명 메신저들의 방이라고 했다. 이미 메신저로서 사명을 감당 중이거나 메신저가 되고자 노력하는 사람들의 방이었다. 무엇을 전해준다는 걸까? 꼭 필요한 정보를 전달해주어 상대를 일으켜 세워주기도 하고 꿈을 전달해서 꿈의 씨앗을 키우게도 하고 다양하게 일을 하는 사람들이었다. 즉 정보를 주고받으며 자기 계발을 통해 성장과 성공을 향해 나아가고 이 경험과 노하우를 서로 나눠주는 사람들이 모여 있었다. 혼자가 아닌 함께 해야만 성공하는 개념이었다. 무형의 지식과 정보, 그리고 노하우를 전하며 그들의 성공을 이끌어 주려고 애를 쓰고 있었다. 흔히 말하는 디지털노마드의 삶으로 대표되는 1인 지식기업가들, N잡러들이다. 하늘은 아들의 힘든 문제를 해결하고 나니 다시 집중할 사명을 던져주었다. 박현근 메신저를 통해 많은 메신저를 보며 어떻게 하면 성과를 낼 수 있을까 집중하며 탐색하게 되었다. 코로나19로 제4차산업혁명, AI 등장으로 디지털 문명 안으로 문명의 축이 바뀌고 있었다. 석기시대에는 석기를 썼지만, 청동기시대는 청동기라는 도구를 썼다. 인류 역사는 시대가 바뀌면 도구를 바꿔쓰며 빠른 변화를 요구해 왔다. AI, IoT, 빅 데이터, 가상현실(VR), 자율주행차 등이 ICT(정보통신 기술)와의 융합으로 생산성이 급격히 향상되고 제품과 서비스가 지능화되었다. 경제를 비롯한 사회 전반이 인류역사상 가장 빠른 변화의 속도로 4차 산업혁명으로 내달리는 중이었다. 덕분에 현실은 지능적이지 못한 불편한 것들이 모두 연결되고 있으며, 공상이라 생각했던 것들은 눈앞에 현실이 되고 디지털 트랜스포메이션이 일어나고 있다. 바야흐로 디지털을 도구로 사용하며 변화 정도가 아닌 혁신이 일어나고 가속화되고 있다. 디지털을 이용한 지식, 정보, 노하우들이 상품이다. 시대가 변해 물질 자본주의에서 공감 자본주의가 시작되고 있다. 이때는 '홀로'가 아닌 '서로', '윈윈', '상생'을 필요로 하는 세상이다. 디지털 플랫폼을 기반으로 생활하고 일하는 대중들인 소비자가 권력자가 되어버린 세상이다. 고로 누구든 권력자가 될 수 있는 세상이다. 그러나 AI가 대두된 만큼 건조한 세상이기에 공감력이 클수록 새로운 자산과 자본을 끌어다 쓸 수 있는 시대이다. 디지털을 도구로 하는 시대이지만 변혁을 추진하고 있는 동력은 사람에게서 나온다. 하여 사람에게 초점을 맞추는 인간중심의 경영이 정답이다. 그러니 고객이 내 기업의 사활을 결정하게 되고 고객의 필요를 채워주는 게 나의 사업이 되는 시대다. 이 혁명의 추동력이 사람에게서 나온다면 우리 같은 시니어 X세대가 액티브 시니어로서, 변혁을 주도해 갈 수도 있다. 인간중심이기에 공감에 기반을 둔 결속과 연대, '협력과 상생'이 답인 세상이다. 이런 것들은 우리 세대에서 가장 잘할 수 있는 요소이므로 제2, 제3모작을 원하는 분들이라면 연륜이 주는 느긋함으로 충분히 승산이 있는 행복 멘토가 될 수 있는 세상이 됐다. 중요한 키워드는 윈윈, 상생이라는 협력 열차를 공감하며 타야 한다. 당분간 이 열차를 운행하며 무척이나 바빠질 것이다. 1인 지식기업가, 디지털노마드, 행복 루틴 메신저가 되어 축복의 통로가 되어주고 싶다. 아니 분명히 해낼 거라고 믿는다. 이미 이뤄가고 있고 나를 복제한 메신저들이 활동하고 있다. 모르는 것은 배우고, 배운 것은 나누며, 모두 선한 영향력을 끼치면서 메신저로 뛰고 있기 때문이다.

유니버스에서 메타버스까지 가는
행복 루틴 메신저

지구촌을 휩쓸고 있는 전대미문의 코로나19 팬데믹, 즉 감염병 대유행이 발생한 지도 1년 9개월이나 지났다. 코로나19는 우리에게 많은 생활의 변화를 가져다주었다. 전 세계적으로 현재까지 2억5천만 정도의 확진자가 나왔고 500만 명에 가까운 사망자가 나왔다. 감염병 전문가 스노든 교수는 '감염병은 인간 사회를 비추는 거울'이라고 했다. 한마디로 인간들이 잘못 살아왔다는 얘기다. 단기간에 팬데믹에 도달한 코로나19는 '대전환'이라는 수식어가 따라붙을 만큼 BC 코로나와 AC 코로나로 감염 발생 이전과 이후의 세계를 확연하게 구분하였다. 이는 질병의 문제를 넘어 사회·경제·정치·문화·일상생활 전반에 걸쳐 막대한 영향을 끼치고 있다. 1300년대에 발생했던 중세 유럽의 페스트는 사망자가 약 1,800만, 1918년의 스페인독감으로 인한 사망자는 5천만

~1억 정도였다고 한다. 이때마다 대 전환이 있게 되었는데 인간은 큰 위기를 넘기면서는 언제나 르네상스와 인문학이 함께했다. 생명이 담보된 어려움 속에서는 인간성 회복을 원했다는 것이다. 이번의 코로나 사태도 과학기술의 발달로 금방 끝날 것 같았지만 쉽게 끝나지 못했다. 그 결과 꺾이지 않은 코로나19의 기세로 인해 비대면 기술이 요구되었고 디지털에 대한 사회적 요구도 계속되고 있다. 그나마 현재가 다른 때보다 다행인 건 디지털 기술이 발전되어 있었다는 것이다.

첫 번째 버스인 인터넷에서 생활하다가 두 번째 버스인 스마트폰이 세계를 주도하는 버스에서 제대로 놀고 있는 시대다. 감염을 염려한 정부의 국민에 대한 셧다운 상태에서 인간의 여가 활동은 디지털 콘텐츠를 소비하게 되었고 취미는 유튜브로 동영상을 보면서 힘든 상황을 그나마 이겨낼 수 있었다. 한마디로 스마트폰 안에서 디지털 콘텐츠를 소비하며 지냈다. 이에 따라 짧은 기간 안에 사람들의 생각이 많이 달라졌다. 너무도 당연하게 여겼던 것들에 대한 인식의 전환, 행동과 가치관의 변화 등이 '포스트 코로나'라는 새로운 시대로 이끌고 있다. 현재 우리의 삶은 자의든 타의든 선택의 연속이 계속되고 있다. 이렇게 급변하고 있는데도 눈치채지 못하는 지금의 디지털 문명 시대는 지금까지 해왔던 것처럼 죽도록 일만 하는 사람들은 절대 모르는 스마트한 성공 사례들이 많은 세상이다. 내가 아는 지식이 다가 아니며 모든 상황에서 대변혁이 일어나는 시기가 지금의 디지털 문명의 시대다. 도구가 디지털이니만큼 빠르다. 방향성은 너무도 다양하다. 코로나를 기점으로 초연결, 초지능, 초실재감(超實在感)이 구현되는 4차 산업혁명은 모든 정보통신 기술의 융합이 일어나고 있다. 인공지능(AI), 사물인터넷(IoT), 로봇, 자율주행차, 드론, 3D프린터 등이 주도하는 디지털 산업혁명이다. 거기에 정신 및 감성 영역에 휴머니즘이 강화되는 뉴 르네상스 시대가 될 거라고 한다. 비대면인데도 실재감이 강화된 언택트 프레즌스, 모든 비즈니스의 블랙홀 같은 스마트 플랫폼, 첨단 기술과 감성으로 개인 맞춤하는 AI 퍼스널이 모든 영역에 적용된다. 이때 변화를 거부하거나 주춤거리면 구한말에 있었던 흥선대원군처럼 통상수교 거부정책을 펴고 있는 것과 같다. 대변혁 때는 먼저 알고 대처해야 한다. 예로부터 책 속에 길이 있다고 했다. 이런 상황에서 책을 읽거나 글을 필사하다 보면 들어보지 못했던 단어가 태반이다. 하여 새로운 삶을 개척하고자 책을 읽어가면서 용어가 새로워 포기하고 싶어지는 분들이나 나와 같은 어려움을 겪을 법도 한 신중년들을 위해 따로 용어집을 전자책으로 만들고 있다. 다들 잘하고 있는데 오지랖이라고 할 분도 있을 수도 있다. 누구라도 도움이 되는 분들이 있다면 도움 주고 싶은 것이다. 그분들이 도움받을 수 있다고 한다면 그런 수고쯤은 기쁜 맘으로 할 일이다. 디지털과 마케팅에서 빌어다 쓰는 용어가 대부분이어서인지 외국어를 전공했던 나도 때려치우고 싶을 만큼 이질감이 있었다. 국어도 버거운데 외래어는 정신을 혼미하게 했다. 그들에게 외래어를 쓰지 말라고 할 수도 없고 찾아가면서 읽느라 애를 먹었기 때문이다. 코로나와 맞물려 많이 읽힌 책 「언콘택트」에서는 언택트를 '단절과 고립이 아니라 초연결 시대, 더 많은 연결을 위한 새로운 시대 진화 코드로 이해해야 한다.'라고 했다. 더 안전하고 편리한 콘택트를 위해 언택트를 받아들이는 것일 뿐, 사람과 사람의 연결이 불필요하다는 것은 아니라는 것이다. 전문가들은 "우리는 코로나19 이전으로 돌아갈 수 없다." 라고들 말했다. 그러니 다들 준비해야 한다.

언택트란 접촉을 뜻하는 콘택트(contact)에 부정? 반대를 뜻하는 언(un)을 붙인 신조어로 비대면을 하겠다는 말이다. 이전에도 그런 삶을 살고 있었는데 연결을 못 하고 있을 뿐이었다. 코로나 이전에도 키오스크를 통한 서비스가 활발해지고, 금융사의 간편결제 앱 이용자가 늘어나서 우리 일상에 스며들고 있었다. 여기에 '코로나19' 사태가 터지니 언택트 산업과 서비스는 더욱더 가속화되고 있을 뿐이었다. 사무공간에서 모여서 함께 일하다가 감염 예방을 위해 준비도 없이 시행하게 된 재택근무가 초기에는 혼란스럽기도 했지만 이제 재택근무는 '포스트 코로나 시대의 뉴노멀'로 자리 잡아가고 있다. '코로나19' 사태 이전에는 집이란 건 종일 나가서 일하다가 저녁에 들어와 지친 몸을 쉬게 하는 곳이었다. 하지만 포스트 코로나 시대에 있어서 집은 일터, 학습공간, 경제활동 공간, 힐링 공간, 문화생활 공간이 되어 의미가 확장됐다. 우리의 터전인 집까지도 의미를 바꿔버리는 대변혁이 빠르게 진행되고 있다.

외부 강의가 코로나 이전보다는 많이 줄어든 상황이다. 그러나 누구보다도 줌을 일찍 시작했기에 줌을 통해 비대면 외부 강의도 많이 한다. 전국을 돌아다니며 강의하던 시절보다 남은 시간은 코로나로 인해 집에 새로이 들여온 책과 함께하며 새로운 일을 시도 중이다. 디지털 노마드, 1인 지식기업가들과 함께하는 메신저 사업이다. 메신저란 내가 아는 지식, 경험, 노하우를 전해주며 그들을 돕고 나의 수익을 내는 사업이다. 이런 메신저 사업을 처음 알려준 박현근 코치와 함께 새로운 문화, 새로운 경제활동을 시작하여 불과 10개월 동안에 많은 메신저를 돕고 수익을 올리고 있으니 얼마나 멋진 일인가? 남은 시간은 짬짬이 또 다른 세 번째 버스, 메타버스 세계로의 진입을 위해 노력하고 있다. 이미 메타버스 플랫폼 제페토에서 구찌나 프라다 등 명품 메이커를 단 아이템들이 실제로 거래되고 있는 깜짝 놀랄 세상이다. 국립중앙박물관은 최근 제페토에 가상박물관을 구축하고 월드맵 '힐링 동산'이라는 새로운 유형의 가상박물관 구축을 시도했다. 교육환경도 메타버스에 기반한 수업은 가상현실 등을 활용한 기술로 몰입도를 높여 학습 효과를 극대화할 수 있다는 이유로 변화하고 있다. 삼성 문화재단이 운영하는 리움미술관도 메타버스관 개관을 추진하고 있고, 공연시장도 예외는 아니다. 미국의 인기 힙합 가수인 트래비스 스콧의 경우 메타버스 게임 플랫폼 '포트나이트'에서 3일간 다섯 차례 콘서트를 열었고 이 공연으로 2,000만 달러(약 230억 원)의 수입을 올렸다고 한다. 메타버스 세계까지 진입하게 되는 시기는 수익구조도 메타급이다. 이것을 준비하는 중이다. 스콧은 정작 그 시간에 집에서 힐링하고 있었을지도 모른다. SM엔터테인먼트의 'SM컬처유니버스(SMCU)'도 메타버스 플랫폼이다. 팬들은 가상 세계를 돌아다니며 가수와 만나 이야기하고, 굿즈를 걸치고 공연장에 입장해 야광봉을 흔들며 즐긴다. 삼성이나 현대 등의 대기업들도 잇따라 메타버스로 진입하고 있다. 미래의 세계가 메타버스로 확장되기 때문이다. 메타버스 진입이 쉬워지는 환경이 계속되고 있다. 문화체육관광부가 주최하고 한국콘텐츠진흥원이 주관한 '2021 스타트업콘'은 콘텐츠 창업 생태계를 위해 매년 열리고 있다. 새로운 것들을 받아들이면 코로나로 인해 힘든 게 아니라 성장을 하니 새로움을 받아들이는 노력이 절실한 때다. 나 역시 먼저 뛰었던 메신저들의 도움을 받으며 노력 중이다. 혼자는 어려워도 함께라면 힘을 얻으면서 조금 더 쉽고 재미있게 할 수 있다. 정말 빠르게 변화가 진행 중이므로 정신 차려야 한다. 위기는 기회이다.

행복의 조건, 행복 루틴

인간의 욕망은 평범하게 살아가면서도 한편으로는 성공을 꿈꾼다. 삶이 그저 흘러가는 게 아닌 피와 땀으로 이루어진다는 것을 알면서도 그렇다. 빈손으로 와서 잘 채워가야 하는 게 삶이다. 무엇을 어떻게 채워가야 하는 걸까 묻고 답해야 한다. 그러기 위해서 먼저는 배우고 성장하고 나누며 살아갈 때 가장 이상적인 행복감에 도달할 수 있지 않을까 생각한다. 인간은 본능적으로 행복해지고 싶어 한다. 나 역시 그렇다. 미국의 조지 베일런트 교수는 하버드대 출신 268명의 삶을 72년간 추적 조사한 결과, 행복의 조건을 7가지로 요약했다. 고난에 대처하는 정신자세, 교육, 안정된 결혼생활, 금연, 금주, 규칙적인 운동, 적당한 체중인데 행복한 삶으로 이끄는 가장 중요한 요소가 삶의 고통을 수용하고 극복하는 성숙한 삶의 자세다. 이를 뒷받침하는 것은 47세 무렵까지 형성된 인간관계라고 했다. 그런데 왜 불행하다는 사람과 행복하다는 사람으로 나뉘게 될까? 신은 누군가에게는 애초에 고통스러운 시련만을 줬을까? 누군가에게는 행복할 조건만을 주었을까? 그런 시련이 행복을 앗아 갔을까? 베일런트 교수는 거기에 초점을 맞추지 않았다. 남부럽지 않은 조건을 갖추고 있어도 불행한 사람이 있었고 그렇지 못한 조건을 갖추고 있어도 행복한 사람이 있었다.

고통이란 게 사람들이 보는 관점에 따라 다르게 인식하고 있었기에 고통 자체를 대하는 자세가 중요하다고 했다. 고통에 대한 대처 능력을 본 것이다. 예로부터 천석꾼은 천 가지 걱정, 만석꾼은 만 가지 걱정이라고 했다. 그렇다고 한다면 돈이 많은 사람이 더 고통스럽다는 논리가 나오는 것이다. 누구도 그런 얘기가 아니라는 것쯤은 안다. 근심 걱정이 없는 사람은 아예 없을 것이다. 그것을 대처하는 능력에 따라 행복 지수가 달라진다는 거다. 의식적으로 행복해지려고 하는 정신이 그런 행동을 만들고, 행동은 좋은 습관을 만들고, 결국 행복한 삶을 살 수 있는 것은 당연한 일이지 않을까?

내 정신이 내 말을 만들고, 말이 행동을 만들며, 행동은 습관을 만들고, 습관은 운명을 만들며, 운명이 내 인생을 바꾸기 때문이다. 내 안에 있던 정신세계가 밖으로 표현될 때는 말과 글과 행동으로 표현된다. 이 말과 글과 행동이 내 운명을 좌우하는 것이다. 그렇다면 나의 말과 글, 행동을 의식적으로 행복해질 수밖에 없도록 루틴을 만들어서 습관화시킨다면 행복이 나를 따라온다는 말이 지금까지의 정설이다. 내 안의 것이 그대로 표출된다면 먼저 나를 알고 바로 세우는 것이 중요하다. 나를 안다는 것은 나를 다스릴 수 있다는 것이고 나와 상대, 그리고 나와 사회, 나와 만물과의 조화를 이룰 수 있다는 것이다. 조화를 이룬다는 것은 상대와 세상과 사회를 바꾸려고 하는 것보다 자신을 잘 알고 다스려서 스스로 변화하여 조화롭게 적응해 갈 수 있다는 것이다. 프랑스의 대표적인 사상가 몽테뉴는 수상록에서 나의 환경, 조건, 성격, 삶의 방식, 신체조건, 건강, 열정, 꿈 등에 따라 자신에게 맞는 적절한 행복을 찾아야 한다고 했다.

고로 '나를 안다.'라는 것은 '나 자신이 행복해질 조건들을 올바르게 정립했을 때 올바른 행복을 기대할 수 있다.'라는 것을 아는 것이다. 이런 조건들은 먼저는 나의 내부의 조건 즉 심상과 정신세계의 정립이 필요한 것이다. 다음은 자신에 대해, 그리고 나와 타인. 나와 사회 속 관계들 속에서 내가 행하는 말, 글, 행동, 태도 등의 조건들에서 어떤 행함을 하고 있느냐가 외부의 조건들이다. 두 조건이 올바르게 정립된다면 행복은 자연스럽게 따라온다. 자신의 성격과 기질에 따라서 자신만의 습관과 개성을 가지고 있다. 사회생활을 하려면 변화해야 하는 걸 알면서 행하지 못하는 게 사람이다. 꾸준히 행하기가 어렵다는 것이다. 인간은 어울려서 사회를 만들어 그 속에서 어울렁더울렁 하모니를 이루며 살아간다. 사회생활 속에서 부족한 것은 배워가면서 고쳐나간다. 그래서 평생 배움에 소홀히 하는 사람은 자신의 인생에 예의가 없는 사람이라고 한다. 한마디로 자신이 모름을 알기 위하여 배워야 한다고 하니 인간은 겸손해야 하는 것이 기본이라는 것이다. 함께 어우러져 서로 배우고, 성장하고, 나누며 돕고 살라고 시스템을 만들어 점검하며 보완해 간다. 완벽하진 않지만 성장해가는 것이다. 행복할 수밖에 없는 루틴들을 의식적으로 만들어 습관을 만들고 행복해질 운명을 불러오는 것이다. 행복 루틴을 장착해보자.

정답 말고 나만의 해답

인간관계에서 조금 더 행복해질 수 있는 효과적인 방법은 무엇이 있을까. 젊었을 때는 남들이 내게 대하여 어떻게 생각하는지 신경이 쓰여 더 힘들었다. 내가 완벽할 수도 없고 나 역시 모든 사람을 다 좋아하지도 않으면서 왜 남들의 생각에 신경이 쓰였는지 말도 안 되는 오류를 범하고 있었다. 지금은 굳이 좋은 사람이란 소리를 반드시 들으려고 하지도 않고, 완벽해지려고도 않고, 내가 실수를 좀 하면 그럴 수도 있지, 타인이 실수를 좀 해도 무슨 피치 못 할 일이 있었겠지, 하면 그뿐이다. 그렇게 마음을 평온히 쓰고 있다는 것에 기분이 좋아지기까지 한다. 이제는 별의별 경험을 하며 육십갑자를 돌고 나니 '그나저나 한 인생이구나'를 터득한 것 같다. 어지간한 일에는 화낼 일도 없는 날들이다. 덕분에 나이 먹음에 대해 행복하기까지 하다. 아니 익어가면서 발효된 것처럼 전혀 다른 성분이 되어 약효까지 더해진 느낌이다. 나를 이렇게까

278

지 좋아해 주는구나 싶게 찐 팬들이 생겼다. 이게 무슨 조화인지 모르겠다. 표준어만 구사했던 깍쟁이 같은 젊은 시절에 비해 그저 사투리에서 느껴지는 정겨움에 묻혀 사는 시골 아낙임에도 말이다. 강의하러 가도 어이없을 정도로 환대해 주실 때도 많다. 물론 싫어하는 분들도 있을 줄 안다. 그 또한 개의치 않는다. '어떤 스승과 제자의 대화'라는 우화 속에서 이런 얘기가 있다. "스승님, 진실과 거짓의 거리는 얼마나 돼요?" "한 뼘 정도란다" "아니 어떻게 한 뼘이죠?" "네가 들은 말은 말 중에 거짓이 있고 네가 본 것 중에서 진실이 있기 때문이란다. 들은 것은 귀였고 본 것은 눈이었으니 눈과 귀 사이가 한 뼘의 거리가 아니냐?" 했다고 한다. 그 말에 또 드는 의문 하나는 내가 본 게 다 진실은 아니라는 것이다. 얼마든지 착각하게 만들어 버리는 일들이 세상에는 너무 많이 존재하고 있다. 그저 조용히 내가 정한 기준 내에서 자족하며 살아가면 그뿐이라는 거다. 똥 묻은 개가 겨 묻은 개 나무라는 식의 일에 부화뇌동할 일은 아니다. 나만의 해답도 필요하다.

인간관계 속에서 자신이 정한 법도 내에서 루틴을 정해 행동해 가다 보면 자신만의 습관이 생긴다. 어떻게 하느냐에 따라 행복 호르몬이 폴폴 풍겨 나오는 사람이 되어 있을 수도 있다. 다른 사람에게 관대해지는 것이 뇌에서 행복을 느끼는 신경세포 간의 연결성이 변하는 것을 실제로 관찰할 수 있게 되었다고 한다. 내가 화가 나거나 손해를 봤다고 생각하는 것과 비교했을 때 내가 다른 사람을 관대하게 대하기로 마음먹은 순간이 신경세포들의 연결이 변화되고 행복해졌다고 한다. 행복이란 관계 속에서의 마음먹기에서 나온다는 이론이 뒷받침되는 것이다. 행복하게 사는 게 유전이라기보다 노력이 더 중요하더라는 것이 학자들의 견해다. 유전이라고 믿는 사람들은 행복하게 사는 것은 유전이니까 노력도 해보지 않게 된다고 했다. 게다가 행복하게 사는 사람을 보고도 유전적인 특성일 뿐이라고 하면서 대수롭지 않게 여기더라는 것이다. 그런데 관계 속에서 행복해지려는 습관을 갖고자 노력하고 감사하는 마음을 가지고 감사일기를 쓰거나 타인에게 우호적이거나, 친절, 사랑, 좋은 사람 만나기 등의 실천을 통해 삶의 질이 달라지고 행복해진다고 했다.

관계가 더 중요하다는 연구를 하버드대 정신과 월딩어 교수가 1938년부터 75년간 남성 724명의 인생을 추적했는데 행복이나 삶의 질은 관계가 가장 중요했다고 했다. 무작위로 하버드생부터 가난한 사람들까지 수만 장에 이르는 조사 결과를 남길 정도로 추적했는데 결국 좋은 인간관계가 답이었다고 한다. 특히 50대 이후에는 관계가 긴밀할수록 행복하고 건강하고 장수하며 뇌 기능까지 훨씬 더 좋았고, 갈등과 스트레스, 우울감이 뇌 기능도 나빠지고 건강을 악화시켰다고 한다. 반면에 좋은 관계를 맺어 힘들 때 의지가 된다고 믿는 사람들은 뇌도 보호가 돼 기억력도 선명하고 오래가더라고 했다. 이솝우화에 '개미와 비둘기' 이야기는 서로 의지하고 도와서 목숨을 건지게 되었다. 홍수가 나서 강물에 휩쓸려 가는 개미에게 비둘기가 나뭇잎을 떨어뜨려 주어 살게 되었고, 어느 날은 사냥꾼이 나타나서 비둘기를 향해 총을 겨누고 있었는데 개미가 사냥꾼을 물어서 비둘기도 목숨을 건졌다. 이렇게 미물들까지 의지하면서 살고 사람도 서로 도우며 살아가게 되어 있다. 인간관계가 중요한 까닭은 여기에 있다고 생각한다. 그래서 사람'人' 자는 서로를 기대 의지하고 살라고 글자를 만들어 놓았는지도 모르겠다. 이러한 좋은 관계는 결국은 실행에서 오는 것이다. 좋은 관계로 들어가기까지 '나'를 만들어 가는 것은 생각으로만 되지는 않는다. 나를 완성해 가는 것은 다양한 루틴들이며 이에 따라 습관이 만들어지고 내 삶에 영향을 끼치게 되는 것이다. 물론 이렇게 노력해도 완전한 행복이란 존재하지 않겠지만 삶에 대한 만족도가 커질 것이고 행복 지수가 올라갈 것이라고 믿는다.

긍정의 마음으로 행복 루틴 완성

영국의 한 일간지에 '삶의 만족도를 높이고 행복 지수를 올리는 삶'을 위해 10가지 행동 지침을 제시한 적이 있었다. 그 내용은 '내가 가진 것 중 물질이나 재능으로 나눔과 봉사활동을 한다, 좋은 사람들과 교류하며 인간관계를 중시한다, 건강을 위한 운동을 한다, 매사에 감사한다, 원하는 삶에 도전한다, 목표 달성을 위해 노력한다, 회복 탄력성을 갖춘다, 긍정적인 생각과 행복했던 기억에 초점을 맞춘다, 자신을 믿는다, 삶의 가치와 의미를 찾는 모임에 적극적으로 참여한다.' 등이다. 이렇게 했을 때 삶의 만족도와 행복 지수가 가장 높더라고 했다. 유치환님의 시 '사랑하는 것은 사랑받느니보다 행복 하느니라.'라고 했던 것처럼 우리 자신도 이미 알고 있는 얘기다. 누군가를 위해서 아무런 대가도 바라지 않고 무언가를 해줄 때가 가장 자존감도 높아지고 행복하더라는 것은 인간만 갖는 이타심이다. 그러려면 나부터 행복감을 느껴야 하기에 10가지 행동 지침을 제시했을 것이다. 이것이 곧 행복할 수 있는 습관이며, 이 습관들이 만들어질 때까지는 의식적으로 행복 루틴을 만들어 가야 한다. 사회생활을 하며 살아가다 보면 혼자서만은 행복해질 수가 없다. 관계 속에서 서로 도움이 되어주고 협력해가면서 자존감이 높아질 수 있다. 지금 생활에 만족함이 있든 조금 덜 만족스럽든 간에 더 행복해지길 원하면서 매일 똑같은 생활을 계속하고 있다면 어떻게 하면 될까? 일어나면 샤워하고, 밥 먹고, 일하고, TV나 보고, 자고 이런 생활을 반복한다면 지금과 똑같은 날들이 될 것이다. 그런데 같은 생활 습관으로 살면서 변화되기를 원한다. 행한 습관이 같은데 다른 결과를 기대한다. 믹서에 배를 갈아 놓고 사과주스가 나올 거라고 기대하는 것이다. 습관적으로 이러고 있지는 않은지 점검해 볼 일이다. 살아가는 날들이 똑같은 생활로 변화도 없고 성장도 없이 단조롭다면 얼마나 지루한 일상이 될 것인가. 마음으로는 단조로움을 벗고 자존감을 높여 보고 싶은 욕구들이 가슴 밑바닥에서부터 올라올 것이다. 지금까지의 습관들을 바꿔볼 무언가가 필요하다는 것을 알 것이다. 이래서는 안 되겠다는 생각도 들 것이다. 고정되어버린 일상의 루틴들을 바꿔야 할 시기가 왔다는 것이다. 변해야 하는 것을 알면서도 변명이 더 앞서는 것은 두려움일 것이다. 이럴 때는 나만의 배수진을 쳐보면 어떨까? 누구에게는 자녀가 될 수도 있고 나 같은 경우는 아들과 나의 멘토 박현근 메신저다. 고졸도 안 된 학력, 직업은 배달부, 그런데도 부단히 노력하여 현재와 같은 위치에서 고액 연봉은 기본이고 메신저들을 이끄는 메신저로서 진정한 프리덤을 외쳐가는 삶! 존경스럽지 않은가. '그럴 수도 있지 뭐.'라고 말할 수도 있다. 본인이 그런 상황이라고 가정해보자. 얼마나 힘들었을까? 그런데 해냈잖아. 그도 했는데 나는 뭐냐고? 하다가 주저앉고 싶을 때가 왜 없었겠는가. 내가 그럴 때는 그 이름만 생각해도 회초리가 되어준다. 세상을 살면서 혼자서는 참 힘들다. 박현근 메신저와 같은 삶을 원하기에 박현근 메신저 곁에서 맴돈다. 따라쟁이 하려면 옆에서 알짱거리며 자주 봐야 한다. 좋아하려고 애를 써야 한다. 좋아해야 같은 행동을 하고 결과도 비슷해질 수 있다. 박현근 메신저가 나의 기준이기에 그를 봄으로써 많은 도움을 받고 내가 원하는 삶에도 다가가고 있다. 함께이기에 더 힘이 나고 방향을 잃지 않고 나아갈 수가 있다. 기러기가 먼 거리를 이동할 때는 무리를 지어 리더를 따라간다. 리더가 지치면 다음 리더가 앞장서서 대열을 이끌고 리더는 잠시 쉬게 한다. 미물들을 통해서도 우리는 삶의 이치를 깨달아 간다. 이 깨달음을 실행에 옮겨야 하는 것이 인간사이고 사회생활이다.

그런 삶을 원하면 그렇게 될 수 있는 행동이 기준이 되고 생활이 되어야 한다. 생활 속에서 행해야 할 것들을 의식적인 루틴으로 만들어야 한다. 그 루틴들은 습관화가 될 것이고 습관들이 모여 나의 운명을 결정해주고 내 인생이 펼쳐질 것이다. 성공을 위한 습관, 행복을 위한 습관들이 나를 만들어 갈 것이므로 의식적으로라도 루틴을 만들어 실행에 옮기고 노력해야 한다.

새벽 기상, 책 읽기, 글쓰기, 감다행다(감사 다이어리, 행복 다이어리 5

줄), 긍정의 말하기, 운동하기 등을 점점 더 늘려가며 실행해 가고 있다. 행복 루틴 메신저가 되도록 루틴을 만들어 습관화하는 것이다. 행복하게 살고자 하는 것이 인간의 본능이며 신이 인간에게 주신 과제임을 알기 때문이다. 한 달에 하나씩 함께 행복 루틴을 만들어 가면 어떨까? 혼자서는 쉽게 포기할 수도 있지만 함께라면 서로 힘이 돼줄 수 있다. 좋은 루틴들이 습관이 되면 인생이 달라진다.

'부의 추월차선'을
타게 된 비밀

이강민

이 강 민
1인 지식사업가 프로필

온라인 수익 파이프라인을 만들어주는 나 홀로 비즈니스 메신저로 활동하고 있다.
하고 싶은 게 있으면 일단 시작한다. 일정 시간을 갖고 실천한다. 새로운 걸 또 배운다. 나는 하고 싶은 게 많다.
배우고 싶은 것도 많고, 가고 싶은 곳도 많고, 되고 싶은 것도 많다.
2016년부터 책을 읽으면서 어떤 것이든 관심이 생기면 닥치는 대로 배우기 시작했다.
강의 중독 병에 걸린 것처럼 계속해서 새로운 강의를 찾아다녔다.
내가 배운 것을 돈으로 환산한다면 5천만 원이 넘는다.
그 배움으로 지금은 온라인 쇼핑몰 강의를 시작으로 수익 파이프라인 12개를 만들어
1인 지식사업을 할 수 있게 도움을 주고 있다.
나만의 무기를 만들려면 배운 것을 습득하여
나만의 것으로 재탄생시켜야 한다.
1인 지식사업을 하면서 뒤처지지 않으려고 지속적으로
나에게 아낌없이 투자하고 나를 브랜딩 시켜야 한다.
그러기 위해 나는 오늘도 끊임없이 달린다.

네이버 블로그 : blog.naver.com/ekangmini
네이버 카페 : cafe.naver.com/resafam5
인스타그램 : instaram.com/ekangmini
유튜브 : youtube.com/c/abbachangup
1대1 문의 : open.kakao.com/o/s3nOq7y
이메일 : ekangmini@naver.com

1대1채팅   네이버블로그   네이버카페   유튜브   인스타그램

contents

내 인생을 송두리째 바꿔버린
한 권의 책

우연한 계기로 본 책이 내 인생을 바꿔 놓았다.

마흔이 넘어 책을 읽기 시작했다. 그전까진 책을 왜 읽어야 하는지 이유를 몰랐다. 아니 읽어도 무슨 소리인지 알 수가 없었다. 책을 사서 읽는다는 것은 사치라고 느꼈고 시간이 아깝다고 생각했다. 나는 여러 가지 다양한 사업을 많이 했다. 그리고 망했다. 또한 직장도 수시로 옮겨 다니면서 일을 했다. 그렇게 갈피를 잡지 못하고 아무 생각 없이 시간을 보내고 있었다.

회사를 그만두고 집에는 그만뒀다는 말을 할 수 없었다. 어쩔 수 없이 아침마다 나와야 했고 갈 때가 없어 집 근처 도서관으로 출근을 했다. 동네에서는 공공기관으로 운영하는 도서관은 무료로 운영하고 있었기 때문이다.

시간을 때우기 위해 다른 회사라도 알아보기 위해 도서관으로 다녔던 것이다. 도서관이란 곳이 생소했지만 나는 책은 보지 않았고 늘 하던 대로 컴퓨터로 일을 하고 유튜브를 보면서 시간을 낭비하고 있었다. 그렇게 무의미한 시간을 보내던 중 눈에 들어오는 책이 있었다.

그 책의 제목은《부의 추월차선》이란 책이다. 말 그대로 고속도로에 보면 차선이 있고 추월할 수 있는 1차선 도로가 있다. 그것을 '부'로 표현한 것이다.

'부의 추월차선' 도대체 뭐지? 인터넷으로 직장을 알아보고 앞으로 '무엇을 하며 살아야 하나'를 검색하다 알게 된 책이다.

도서관에서 바로 책을 찾았고, 그날 바로 읽었다. 책을 읽어봤지만 한 번도 책을 완독한 적이 없었다. 재미가 없었기 때문이다. 읽어야 할 이유도 목적도 없었다. 하지만《부의 추월차선》을 읽으면서 나에게 정확한 목표가 생겼다. 나도 부의 추월차선을 타고 싶었기 때문이다. 그 당시 나는 인도를 걷고 있다. 아니 인도보다 못한 질퍽한 진흙탕 길을 힘겹게 걸어가고 있었다.

빨리 인도를 벗어나 차도에서 빠르게 달리고 싶었고 나중에는 추월차선을 타고 싶은 욕망이 가슴 한편에서 심장이 마구 뛰었다.

다 읽고 나서 느낀 점은 '와 이런 세상이 있구나! 이 사람은 이렇게 돈을 어마어마하게 벌었구나. 나도 할 수 있겠는걸.' 하는 생각이 들었다. 그렇게 부의 추월차선 탈 수 있는 방법을 알아보게 되었다. 그리고 관련된 책을 찾아 계속 읽게 되었다. 그렇게 도서관에서 처음 완독을 하게 된 책 한 권으로 내 인생이 완전히 바뀌게 되었다.

15년 넘게 웹디자이너로 활동을 했고 온라인 사업도 여러 가지 했었기에 컴퓨터로 하는 일로 부의 추월차선을 타기로 마음먹었다. 과연 온라인으로 성공할 수 있는 사업은 어떤 것들이 있을까?

하루 15시간 이상 일한
하드워커, 결국…

　책을 만나기 전 나의 30대는 수많은 사업을 진행했지만 모두 망했었다. 온라인 쇼핑몰을 시작으로 마지막에 푸드 트럭까지 거의 안 해본 사업이 없다. 중간 중간 직장 다닌 거와 아르바이트까지 합하면 정말 수십 가지의 직업을 경험했다. 이렇게 많은 일을 하면서 느낀 점이 있다. 나는 직장을 그만두고 나만의 사업으로 돈을 많이 벌고 싶었다. 정말 남부럽지 않을 만큼 큰돈은 아니어도 500만원 버는 것이 소원이었다. 내 사업이니 만큼 몸이 부서져라 움직이고 거의 쉬는 날 없이 쉬는 시간 없이 일을 했다.

　하는 만큼 돈을 벌 거라는 생각으로 하루 15시간 이상씩 일을 했고 잠을 하루 4시간만 자고 일한 적도 많았다. 무슨 일이든 혼자서 일을 해야 하기 때문에 할 일이 끊이질 않았다.

소핑몰을 할 때 상품을 소싱 해야 하고 촬영을 하고 편집을 하고 판매까지 했다. 푸드 트럭을 운영하는 시간은 보통 오후에 시작해서 밤에 끝나 영업시간은 10시간 정도이다. 하지만 하루 일하는 시간은 오전에 나와 오픈 준비를 하고 자리를 잡고 마감까지 하고 나면 15시간 이상이 된다. 이 일이 제일 힘들었다. 하루 종일 밖에서 일해야 했고 쪼그리고 앉아서 일하기 때문에 다리가 너무 아파 집에 오면 누워있어야 했다. 그렇게 해서 내가 한 달 동안 번 수익은 300만원이 채 되지 않았다.

돈은 조금씩 벌리기 시작했지만 내 몸은 이미 망가졌다. 더 이상 일을 할 수 없을 정도가 되었다. '고생 끝에 낙이 온다.'라는 말이 있다. 그러나 나는 고생 끝에 골병만 들었다. 하루 15시간 이상 일을 해야만 돈을 벌 수 있었고 내가 골병들어 누워 있으니 한 푼도 벌 수 없었다. 내가 움직이지 않으면 수익은 제로였다. 이대로 가만히 있을 수 없었다.

책을 읽기 시작했고 이때부터 나는 눈에 불을 켜며 내가 일하지 않아도 돈을 벌 수 있는 것을 찾아다녔다. 온라인으로 돈을 벌 수 있는 방법들이 다양하게 많이 있었다. 일을 다니면서 정보를 알아보았다. 하지만 그 시간은 점점 길어져만 갔고 다니던 직장을 그만 둘 때까지 찾지 못했다. 생각만큼 부의 추월차선을 타는 방법을 찾는 것은 쉽지 않았다.

이 일이 맞는 건지 저 일이 맞는 건지 확신이 서지 않았다. 그렇게 이런저런 생각만 하다 시간은 더 흘러갔고 생활비를 벌어야 했기에 마흔이 넘은 나이에 막노동을 하기 시작했다. 죽을 만큼 힘들었다. 몸이 힘들다기보다 내가 이 나이에 이 일을 다시 할 거라는 생각이, 나를 더 비참하게 만들었다.

어쩔 수 없이 매일 나가서 일당을 받아왔고, 그렇게 6개월이 흘렸고 막노동을 하는 것에 점점 익숙해져만 갔다. 하다 보니 내 몸이 적응되어 새벽에 자동으로 일어났고 일 자체도 그리 힘들지 않고 할 만 했다. 처음에는 힘들어서 집에 오자마다 뻗어 부의 추월차선 타는 일을 찾아보지도 않았고 그냥 쓰러지기 일쑤였다.

매일 반복된 일상을 보냈고 나는 그 생활에 안주하게 되면서 아무 의미 없이 하루하루를 보냈다. 하루는 같이 일하시는 60대 어르신이 이야기를 듣고 내가 지금 여기서 이렇게 계속 일하면 안 되겠단 생각이 들었다. 하나같이 "왕년엔 말이야. 나 잘 나갔었다." 이런 말만 되풀이할 뿐 지금 그 모습이 앞으로 내 모습이 될 수도 있겠다는 생각에 그때부터 하루 4시간 자고 다시 부의 추월차선 타는 일을 알아보게 되었다.

그렇게 몇 달을 좀 더 찾아본 후 드디어 부의 추월차선 타는 일을 찾았다. 그 일은 한 달에 1천만 원씩 버는 일이었다.

내가 원하는 그 일을 찾고 나는 가슴이 뛰기 시작했다.

월 천만 원을 벌게 해 준다던 강의

이제는 컴퓨터만 있으면 얼마든지 돈을 많이 벌 수 있는 세상이다. 네이버 카페에는 내가 생각지도 못한 많은 정보들이 가득 차 있다. 나는 한 달에 500만 원만 벌었으면 하는 게 소원이었다.

온라인에서는 한 달에 천만 원을 버는 일이 많이 있었다. 심지어 하루에 천만 원 버는 사람들도 있었다. '세상에! 어떻게 하루에 천만 원을 벌 수 있는 거지?' 말도 안 된다고 생각했다. 충격이었다. 이 사람들은 도대체 어떻게 연예인도 아니고 정치인도 아닌데 어떻게 이렇게 많은 돈을 벌 수 있는 거지? 모니터에서 눈을 뗄 수가 없었다.

그 사람들은 모두 평범한 사람들이었다. '그럼 나도 벌 수 있지 않을까?'라는 생각으로 정보를 계속 알아보았다. 한 달 1천만 원씩 버는 사람들은 나와 다르지 않았다. 똑똑하거나 가방끈이 긴 사람들이 아니었다. 고등학교도 나오지 않고 전문직으로 일하는 사람도 아니고 주부, 학생들까지 다양한 사람들이 많았다. 그 한 사람, 한 사람을 보고 나와 비교를 해 보았다.

나도 이 사람들처럼 돈을 벌고 싶었다. 나름대로 분석을 하고 자료를 찾아 정리하고 공부했다. 혼자서 공부하는 것은 한계가 있었다. 그렇게 혼자서 몇 달을 끙끙거리다 제휴마케팅 수강생을 모집한다는 공고를 우연히 보게 되었다. 이 기회가 나에게 특별한 기회라고 생각했고, 수강생 모집에 지원하게 되었다.

드디어 기다리던 전화가 왔다.

"축하합니다. 이번 수강생 모집에 합격했습니다." 합격했다는 전화 통보를 받고 나는 뛸 듯이 좋았다. 무슨 대학 시험도 아니고 이때 기분이 너무 날아갈 거 같이 좋았다. "정말 감사합니다. 그럼 앞으로 어떻게 하면 될까요?" 하지만 기쁨도 잠시, 이 수업은 무료가 아니었다.

수강생을 모집 할 때에는 수강비에 대한 언급이 없었기에 나는 무료로 알려주는 거라 생각했지만 8주나 알려주는데 공짜는 아닐 거란 생각도 있었다. 그때에 나는 마케팅에 '마'자로도 모르는 완전 왕초보였다. 수강비용이 있다는 소리를 듣고 '그래 공짜가 어디 있겠어? 정말 비싸면 100만 원 정도 하겠지?'라고 생각을 했다.

"400만 원입니다. 부가세 포함해서 440만 원입니다."

"네! 400이요?" 나는 정말 헉 소리가 날정도 깜짝 놀랐다.

무슨 수강비용이 4백만 원이나 한단 말인가? 4만 원짜리 강의도 결제해서 들어본 적이 없었다.

"네! 400만 원이고요. 이번 기수에 참석하시려면 지금 결정하셔야 합니다. 귀하께서 못하시면 다음 분에게 바로 연락을 드려야 해서요." 생각해보면 마케팅에 내가 제대로 당한 거 같다.

나는 생각했다. '어떡하지, 이걸 해야 하나 말아야 하나? 합격하는 것도 쉬운 게 아닌데, 그렇다고 돈이 있는 것도 아니고'

"죄송한데 한 30분 후 생각 좀 하고 전화를 하면 안 될까요?"

그리고 전화를 끊고 심각하게 다시 생각을 했다.

30분 동안 별의별 생각이 스쳐 지나갔다. 이게 나에게 생전 3번 오는 기회인 거 같은 생각이 들었다.

'이 기회를 놓친다면 난 평생 아마 이렇게 힘들게 살 거야. 진흙탕 길을 벗어날 수 있는 길은 이것밖에 없어. 3개월만 일하면 충분히 400만 원을 뽑을 수 있을 거야.' 잘하면 한 달이면 뽑을 수 있는 금액이었다. 혼자서 잘 될 거라는 긍정적인 생각을 하고 바로 전화를 하고 카드로 12개월 결제를 했다.

전화를 끊고 나서 나는 상상에 나래를 펼쳤다.

'나도 이제 부의 추월차선을 드디어 타게 되겠구나.'

'나도 드디어 내 집을 살 수 있겠구나.'

'이제 와이프한테 떵떵거리며 큰소리칠 수 있겠구나.'

그 날은 잠을 오지 않았다. 나의 미래는 '이제 시작'이다 생각했다.

새벽까지 일하고 하루 4시간만 자고 일하는 날이 많았다. 그렇게 3개월이 지났고, 많은 것들을 배웠다. 온라인으로 다양하게 돈을 벌 수 있다는 것이 신기했고 놀라웠다. 페이스북, 밴드, 카페, 애드센스, 애드워즈, 블로그, 제휴마케팅, 광고 비법 등 다양한 마케팅을 배웠다. 아마 이때 많은 것을 배웠기에 지금도 잘 활용하고 있는 거 같다.

배운 것들을 다 소화할 수 없었다. 할 것들이 너무 많았다. 한 가지도 제대로 잘 못하는데, 이걸 어떻게 다 하나. 한 개도 잘 하는 것이 딱히 없었고 수익도 나지 않았다. 광고를 하느라 광고비만 지출될 뿐 점점 나락으로 떨어지고 있었다. 그렇게 6개월이 흘렀고 나와 함께 한 팀원들은 하나둘씩 떠나게 되었고, 나 또한 결국 그만 둘 수밖에 없었다.

나의 소중한 반년이라는 시간은 나에게 슬픔만 안겨놓고 흘러가버렸다.

하지만 절대 포기하지 않고 다시 인터넷으로 일을 찾아다녔다. 될 거라는 확신이 있었고 나를 믿었다. 6개월 동안 배운 것을 잊지 않기 위해 틈틈이 공부를 했고. 그 일을 지속적으로 계속했기에 지금 이 자리에까지 오게 된 것이다.

사람은 꾸준하게 지속적으로 일을 하지 못한다. 하다 보면 귀찮고 일에 진전이 없으면 포기하게 되고 다시 일상으로 돌아간다. 나도 그랬다. 내가 가르치고 있는 수강생들을 보면 처음엔 의욕이 가득하다.

우리는 첫 시간에 자신의 포부에 대해 말을 하는데 모두 의미심장한 말을 한다. '나는 이것을 배워서 부자가 될 거예요.', '인생을 바꿀 거예요.', '불안한 내 미래를 바꿀 거예요.' 등 꼭 해낼 거란 말들을 하곤 한다. 하지만 이것도 잠시뿐 빠르면 2주 보통 한두 달 안에 처음에 들었던 마음은 없어지고 다시 해이해져 가는 자신을 발견하게 된다.

무슨 일이든 마찬가지다. 처음부터 바로 잘되는 일은 없다. 그러고 보면 나도 지금 이 자리에 오기까지 벌써 5년이란 시간이 걸렸다. 400만 원을 주고 처음 제휴마케팅을 배우는 것을 시작으로 많은 것을 습득했다. 생각해 보면 그 세월이 헛된 시간은 아닌 것 같다. 무슨 일이든 꾸준하게 계속 노력을 해야만 성공할 수 있고 계속 배우고 발전해야 한다.

파이프라인의 시작

내가 어떤 것으로 파이프라인을 만들었는지 하나씩 소개하겠다. 처음 시작한 일은 앞에서 소개한 제휴마케팅이었다. 이 일은 요즘에도 많이들 하고 있는 일 중 하나이다.

쿠팡은 다 알고 있을 것이다. 온라인 쇼핑몰 중에 하나이고 지금은 엄청난 속도로 커지고 있는 플랫폼이다. 소비자들은 물건을 사기 위해 컴퓨터나 핸드폰을 접속한다. 제품이 정해지면 보통 네이버에서 검색을 통해 구입을 하게 되는데 요즘은 당일 배송의 장점으로 쿠팡으로 바로 구입하는 경우가 늘어나고 있다.

그때 제휴마케팅이라는 것을 통해 수익을 창출할 수 있다. 제휴마케팅이란 내가 물건을 가지고 있지 않은 상태에서 남의 물건을 대신 판매해 주고 거기에 대한 수수료를 받는 것이라 생각하면 된다. 수익으로 따지면 그렇게 많은 것 같진 않지만 글 몇 개 쓰고 버는 수익이라면 그리 나쁘진 않다. 처음 내가 접한 제휴마케팅은 '부의 추월차선'을 탈 수 있는 초석이 되었다. 온라인으로 돈을 버는 방법을 알아내지 못했다면 나는 아직도 내 몸을 활용하여 힘들게 일하고 있을 것이다.

지금은 제휴사이트가 많이 있지만 6년 전만해도 그리 많지 않았다. 제휴마케팅 사이트란 광고주가 사이트에 자기광고 내용을 올려놓으면 마케터들이 대신해서 광고를 해주고 거기에 맞는 수수료를 받아 간다. 광고주가 올리는 상품, 즉 우리가 판매할 제품은 여러 가지가 있다. 그 상품들을 나만의 방법으로 소개를 하고 노출이 되어 전환이 되면 수익이 발생한다. 나는 현재도 제휴를 통해 수익을 발생시키고 있으며 제휴마케팅 사이트를 이용하지 않고 직접 광고주들과 일을 하고 거기에 대한 수수료를 받아가는 형태로 일을 진행하고 있다.

보통 10%에서 50% 정도의 수익을 받고 있으며 한 건당 적게는 1만 원에서 100만 원 이상도 수수료도 받아 간다. 고가의 상품을 대신해서 홍보해 주고 사람을 몰아주면 내 할 일을 끝나는 일이다. 나중에 일어날 CS부분은 내가 아닌 광고주가 다 알아서 해 주기 때문에 홍보만 잘하면 내 수익은 점점 늘어난다. 지금은 혼자서 홍보하는 것보다 협업을 통해서 일을 추진한다면 더 많은 사람들을 모을 수 있다.

계속 말하겠지만 사람만 모을 수 있다면 파이프라인은 계속해서 만들 수 있다.

뭣도 모르고 다시 시작한
온라인쇼핑몰

내가 하고 있는 온라인 쇼핑몰에 대해 소개하겠다. 많은 사람들이 이미 다 알고 있는 사업 중에 하나라고 할 수 있다. 코로나로 인해 비대면 으로 바뀌면서 모든 것이 온라인으로 진행되고 있다. 그래서 어쩔 수 없이 온라인이 더 많이 활성화 되고 있다. 내가 이 책을 쓸 수 있는 계기도 온라인 쇼핑몰을 했었기 때문에 가능한 것이다.

디자인과를 졸업하고 웹디자이너로 15년 넘게 직장을 다니면서 이미 어느 정도 온라인 쇼핑몰에 많은 것을 알 고 있었고 생각했다. 30대가 되면서 자연스럽게 온라인 쇼핑몰 사업을 진행했고 처절하게 망해도 보았다. 앞으로는 온라인으로 무형의 상품이든 유형의 상품이든 판매만 할 수 있다면 더 많은 돈을 벌 수 있을 것이다.

나는 직장 생활을 하면서 기본기가 있어서 자신이 있었다. 하지만 내가 알고 있는 것은 고작 50%도 안 되는 수준이었다. 상품을 선택해서 도매로 구입을 해서 그 상품을 찍고 이미지 편집하고 쇼핑몰 사이트를 만들어서 올리면 될 줄 알았다. 그것은 누구나 다하는 행동이었다. 상품을 찍어 인터넷에 올리면 그냥 팔린다고 생각했던 것이다.

그 상품을 판매하려면 상품에 대한 지식이 풍부해야 하며 잘 포장해서 판매해야 한다. 포장이란 것은 그 상품을 어디에 쓸 것인지 누가 사면 좋은지 이걸 사면 앞으로 어떻게 될 것인지 왜 사야 하는 이유를 정확하게 알려줘야 한다. 상품에 대한 포인트와 특징 및 차별성까지 갖춰서 보기 좋게 포장해서 글을 써야 하는 것이다.

그 중 제일 중요한 포인트는 상품에 대한 이름을 잘 만들어줘야 한다. 그래야 노출이 늘어나기 때문이다. 검색을 통해 노출이 많이 되어야 사람들이 볼 수 있고 더 많은 사람들에게 어필이 되고 판매까지 가능하게 되는 것이다. 처음 온라인 쇼핑몰을 할 때는 노출에 대한 개념이 전혀 없었다. 키워드를 어떻게 활용해야 하는지도 알지 못했기 때문에 판매가 되지 않았고 결국 망하게 된 것이다. 체계적으로 기획을 하고 철저한 정보 수집과 기능에 대해 알고 마케팅을 해도 모자랄 판에 무작정 올린다고 능사가 아니다.

10여 년간의 시행착오를 겪게 되었고 마케팅과 키워드 활용에 대해 알게 된 지금은 지속적으로 상품을 판매를 하고 있고 알고 있는 지식을 많은 분들께 전달하는 강사로도 활동하고 있다. 주로 강의하는 내용은 온라인 쇼핑몰 구매대행이다. 나는 여러 가지 사업을 하면서 다 망했기 때문에 돈이 없었다. 그렇지만 배움은 포기하지 않았다.

일을 하면서도 책을 읽고 배움을 이어갔다. 지금도 배움에 대한 투자는 계속되고 있다. 비대면으로 인해 온라인 강의를 계속 구입하게 되고 그것을 내 것으로 만들기 위해 매일 공부를 하고 있다. 강사 활동을 하면서 뒤처지면 안 되는 것을 알고 있기 때문이다.

나는 돈이 없었기에 돈이 들어가지 않는 사업을 찾고 있었다. 무자본으로 할 수 있는 사업. 어떤 것이 있을까?

예전에는 온라인 쇼핑몰을 진행하면서 초기 자금이 많았다. 기본적으로 상품을 사야 하는 것은 물론 카메라 장비까지 사느라 500만원의 돈이 투자됐다. 많은 시간이 들어갔고 재고까지 가지고 있어야 하기 때문에 사무실도 필요했다. 하지만 지금은 아무것도 필요하지 않는다. 돈이 하나도 없어도 온라인으로 사업할 수 있는 것들은 '수두룩 빽빽'이다. 너무 많다는 것이다.

그중에 하나가 온라인 쇼핑몰 사업이고 그중에서도 구매대행을 통해 돈이 없어도 사업을 진행할 수 있다. 그렇다고 돈을 적게 버는 것도 아니다 부업으로 진행하면 몇 십만 원에서 몇 백만 원까지 충분히 벌 수 있고 본업으로 하면 몇 백만 원에서 많게는 몇 천만 원까지 벌 수 있다.

무자본 쇼핑몰을 이용해 돈을 벌 수 있는 구매대행은 어떤 일인가? 무자본이란 돈이 없어도 사업이 가능하다는 것이다. 그래서 누구나 쉽게 창업이 가능하다. 구매대행은 무자본 뿐 아니라 무재고, 무점포로도 가능한 일이라 누구나 쉽게 창업이 가능하다. 내가 하는 구매대행 사업은 중국 쇼핑몰에서 상품을 소싱해서 스마트스토어에 등록하고 그 상품이 판매가 되면 그때 중국쇼핑몰에서 상품을 구매 후 고객에서 전달만 하면 되는 간단한 일이다. 나는 그렇게 구매대행사업을 시작했다.

구매대행으로 시작된 새로운 커리어

구매대행에 대해 조금 더 자세히 알아보겠다. 나는 4년 전에 우연히 구매대행을 시작하게 되었다. 그전에 일본아마존 판매자로 활동을 했었고 스마트스토어를 이용해 중국에서 상품까지 수입했었다. 온라인 쇼핑몰을 본격적으로 시작하면서 돈을 들여 닥치는 대로 배우기 시작했다. 결과는 모두 잘되지 않았고 이후 중국 구매대행을 시작해 지금까지 일을 하고 있다.

중국에 거대한 온라인 쇼핑몰 타오바오에서 상품을 선택한 후 스마트스토어에 상품을 등록하면 되는 일이다. 구매대행의 사업구조는 간단하다. 말 그대로 상품을 대신 구매해 주고 그에 대한 수수료를 받는 것이라고 생각하면 된다. 만약 중국에 상품을 만 원에 구매를 했다면 나는 2만 원에 판매를 하고 만 원이 남는 구조다. 여기에 배송비와 약간의 수수료를 빼면 순수익이 생긴다.

그럼 시작하려면 어떻게 해야 할까? 먼저 3가지만 가입하고 나면 누구나 사업을 할 수 있다. 소비자에게 판매를 할 수 있는 쇼핑몰 스마트스토어에 가입하고 상품을 소싱할 수 있는 중국 타오바오 사이트에 가입을 한다. 마지막으로 상품을 받을 수 있는 중국 배송대행지를 가입하면 된다. 그 이후 상품을 스마트스토어에 등록하면 상품이 노출되고 판매가 되기 시작한다.

만약 판매가 되면 그때 타오바오에서 상품을 구매 후 인터넷을 통해 소비자에게 보내면 내가 할 일은 끝난 것이다. 이렇게 나는 컴퓨터 하나만 있으면 언제 어디서든 충분히 일을 할 수 있다. 구매대행을 배운 후 한 달 만에 100만 원의 수익을 낸 후 점점 많아지게 되었다. 상품을 한번 등록하고 나면 계속해서 제품은 쌓이게 되는 구조이기 때문에 시간이 지나면 지날수록 제품은 많아지게 되고 수익은 점점 늘어나게 된다. 상품이 하나둘씩 판매가 되니까 더 열심히 하게 되었고 그때 이후부터 목표를 갖기 시작했다.

수익이 늘어나면서 나는 예전에 했던 제휴마케팅을 다시 하기로 마음먹었다. 제휴마케팅 관련 카페를 알아본 후 카페 주인장과 미팅을 갖게 되면서 또 다른 파이프라인이 생기게 되었다. 그것은 바로 예전부터 하고 싶었지만 용기가 나지 않아 하지 못했던 '강사'다.

나는 참 우유부단한 성격이었다. 그래서 일도 하는 둥 마는 둥 하면하고 말면 말고 흐지부지였다. 또한 나의 자존감이 많이 약했기에 내가 강사를 한다는 건 말도 안 되는 일이었다. 앞에 나서는 것조차 힘들어했고 누구 앞에서 말하는 것을 극도로 싫어했다. 그런 내가 지금은 몇 백 명 앞에서도 말을 하는 남을 가르치는 강사가 되었다.

무궁무진하게 온라인으로 수익화를 할 수 있는 방법을 알게 되었다. 꾸준하게 수익이 늘어나면서 더 많은 수익을 내기 위해 제휴마케팅을 같이 하려고 했고 수익은 점점 더 많아지게 되었다. 광고를 통해 자동화 수익을 창출하려고 만났던 자리에서 강사 제안을 받게 된 것이다.

"대표님 제휴마케팅으로 수익 내는 것도 좋지만 우리 카페에서 구매대행 강의를 한 번해 주실 수 있나요?"

"아, 그런데 저 강사라는 것을 한 번도 해본 적이 없어서요. 할 수 있으려나 모르겠어요. 제가 강사를 할 수 있는 자격이 될까요?"

"그럼요. 이렇게 훌륭하신데 수익도 많이 내고 계시고 이런 부분은 꼭 다른 분들께 나누어 주세요."

"그럼 한번 해 보겠습니다." 이렇게 내 첫 강의가 시작되었다.

나는 바로 스피치를 개인교습을 받고 약 한 달 후에 처음으로 강의장에 섰다.

그때가 벌써 3년이 넘게 흘렀다. 강의 시간은 저녁 6시, 일일특강으로 모인 인원은 약 30여 명쯤 되었다. 친구와 함께 강의 장소에 12시에 왔고, 리허설도 2번이나 해 보았다. 처음 하는 강의라 너무 떨리고 어떻게 해야 할지 감이 전혀 잡히질 않았다. 결과는 나쁘지 않았다. 1시간 반 동안 강의를 하고 30분동안 질문을 받았다. 그렇게 한 달 동안 하루도 빠지지 않고 2시간 동안 매일 연습을 한 결과이다.

강의안도 처음 만들어 보았고 사람들 앞에서 말하는 것도 처음이었던 나는 이렇게 강의를 시작하게 되었다. 이렇게 또 다른 파이프라인은 만들어졌다.

드디어 월 천만원 수익!

드디어 나도 한 달 월 천 버는데 성공했다.

'월 5백만 원만 벌면 소원이 없겠다.' 직장 다니면서 생각했던 내 순수익이었다. 30대에 사업을 했지만 5백만 원의 수익은 얻지 못했다. 오히려 몸만 축나고 일하는 만큼보다 수익이 얻지 못했다. 구매대행 사업을 하면서 자연스럽게 5백만 원은 넘었지만 내가 꿈꾸던 천만 원을 넘기기가 쉽지 않았다.

강의를 시작하면서 6개월 만에 수익은 1천만 원을 넘어 8개월 만에 3천만 원의 순수익이 발생하게 되었다. 2018년도 5월에 처음으로 강의를 시작하게 되었다. 나만의 방법으로 구매대행 수익 나는 비법을 공유해 주면 수익이 날거란 생각만 들었지 확신이 서지 않았다. 돈을 받고 가르치는 것이 나에겐 부담이었다. 그래서 협력업체 대표님 카페 회원들을 상대로 15명을 선별해 4주 동안 일주일에 한 번씩 무료 강의를 진행했다. 가르치는 것이 서툴렀지만 열심히 공부 하면서 내 강의 스킬도 점점 더 나아지게 되었다.

강의가 무료라고 절대 대충 알려주지 않았다. 내가 알고 있는 노하우를 다 전수해 주었고 모르는 부분은 따로 공부를 해서라도 하나라도 더 알려주려고 노력했다. 그러면서 내 쇼핑몰 수익은 점점 더 오르는 효과가 일어났다. 남을 알려주려고 했던 강의가 오히려 나에게 더 많은 수익을 안겨주었다.

내가 알려준 수강생은 나보다 훨씬 빠르게 수익을 달성했다. 시작한 지 무려 3개월 만에 800만 원의 순수익이 났고 4개월 만에 구매대행으로만 월 천만 원을 넘길 수 있었다. 운이 좋은 탓도 있었지만 구매대행으로만 이렇게 수익이 나는 건 흔치 않은 일이다. 수강생들의 수익이 많아지면서 나에게 수강신청을 하는 사람들이 늘어나기 시작했다. 1기 수강생들은 네이버 카페로 플랫폼에서 관리를 했고 지금은 카페 회원이 5800명이 넘었다. 2기부터는 유료로 바로 진행하고 수강생 모집을 하자마자 얼마 되지 않아 바로 마감이 되었다. 수강생 모집은 한 기수 한 기수가 늘어나면서 수강비용은 점점 더 올라갔다. 수강생들의 수익이 증명하고 있기 때문이다.

5기 모집이 되면서 강의로만 월 순 수익 천만 원을 달성하고 이때부터 온라인 줌을 활용해 온라인과 오프라인으로 수강생들은 모아 강의를 진행하게 되는 수익은 그 배가 되기 시작했다. 서울에서만 오프라인으로 강의를 진행을 하니 지방에 계신 분들은 참석하기가 힘들어 온라인 과정을 열었더니 더 많은 신청이 가능해졌다. 그때는 코로나 전이었지만 온라인 강의가 활성화가 되기 시작할 때이다. 무엇을 하든 시대를 먼저 앞서면 돈을 저절로 따라 오는 거 같다. 그렇다고 또 너무 빨리 앞서는 것도 좋지 않다. 줌(zoom)으로 강의하는 것은 시대에 맞게 잘 선택한 방법이었다.

수익화가 잘 되고 있으니 나태해지고 교만해 지기 시작했다. 그러면서 나에게도 '안티'가 생기고 사업 확장으로 여러 가지 어려움이 오게 되었다. 그때 생각하면 참 '내가 왜 그랬을까?'라는 생각에 후회가 된다. 사람은 잘 될수록 더 겸손해야 한다. 절대 교만하고 잘난 척 하면 안 되는 걸 깨닫게 되었다. 힘든 시기를 겪고 지금은 다시 일어서고 있다. 그런 경험이 없었다면 내가 이렇게 글을 쓰지 못했을 것이다. 매사에 적극적이고 긍정적으로 살기로 마음먹고 이때부터 배우는 데에 더 아끼지 않고 투자를 했다. 인맥을 넓히기 위해 사람들도 많이 만났다. 나를 위해 더 투자를 하기로 결심한 것이다.

SNS 홍보채널과 플랫폼 만들기

제일 확실한 투자는 무엇일까? 주식도 좋고 부동산 투자도 좋지만 바로 자기 자신에게 투자를 하는 것이다. 나에게 투자를 하면 어떤 것도 다 잘 할 수 있는 자신감이 생긴다. 처음 배울 때는 속도가 많이 늦고 따라가는 것이 어렵고 이해도도 많이 부족했다. 하지만 하면 할수록 머리 회전이 잘 되고 점점 똑똑해지는 것이 느껴진다. 그러면서 더 많은 것들을 습득하게 된다.

요즘은 나만의 플랫폼을 구축해야 살아남는다. 특히, 1인 지식사업을 하는 분들에게는 더 필요한 부분이다. 나는 네이버 카페를 만들고 블로그를 했다. 이로 인해 나를 알리게 되었고 콘텐츠를 쌓아갔다. 시작은 바로 할 수 있었지만 지속하는 것이 절대적으로 어렵다. 콘텐츠를 주기적으로 올려야 하고 글도 잘 써야 했기에 시간이 부족했다. 글을 쓰면서 내 글 솜씨가 형편없는 걸 새삼 더 느낄 수 있었다. 글쓰기 수업을 듣고 끊임없이 노력을 했다.

플랫폼과 SNS 종류는 어떤 것들이 있을까? 내가 지금 운영하고 있는 것만 해도 6가지가 넘는다. 블로그, 카페, 인스타그램, 페이스북, 유튜브, 카카오톡 단톡방을 운영하고 있다. 그 외에 밴드, 핀터레스트, 틱톡, 트위터, 카카오스토리, 라인, 링크드인 등 여러 가지가 있다. 이것들을 다 하긴 힘들지만 지금 같은 온택트 시대에는 필수로 나만의 SNS를 운영해야 한다.

1인 지식사업을 한다면 꼭 해야 하는 SNS 플랫폼이 있다. 블로그, 인스타그램, 유튜브, 카카오톡 단독방을 운영해야 한다. 기본은 네이버 블로그가 필수다. 나는 블로그로 인해 문의를 많이 받는다. 나를 알리는 발판이 된 것이다.

플랫폼의 위력은 대단하다. 블로그를 잘 키우면 블로그 강사가 될수 있다. 유튜브 구독자가 많으면 유튜브 강사가 될 수 있다. 인스타그램을 잘 한다면 인스타그램으로 강의를 할 수 있다. 나를 알리고 상품까지 판매가 가능하다. 지금 시대는 개인 방송은 물론 나를 알릴 수 있는 방법들이 많고 연예인처럼 살 수도 있다. 그렇게 되면 돈을 저절로 따라온다. 귀찮고 할 시간이 없겠지만 꼭 나만의 플랫폼 하나는 꼭 하길 추천한다. 꾸준히 한다면 늦어도 3년 후에는 엄청난 위력을 발휘 할수 있을 것이다.

더 빠른 성장을 위한 소통과 제휴

　배움을 갈망하면서 많은 사업가들과 선생님 그리고 작가님들을 만났다. 일부러라도 인맥을 만들기 위해 배우는 것들도 많다. 그중에 정말 대단하신 분들도 있었고 쓸데없이 돈 낭비만 한 부분도 분명히 있었다. 하지만 이로써 많은 것을 얻을 수 있었다. 옳고 그른 것을 판단하게 되었고, 강의 수준은 어느 정도 하면 좋을지, 강의 비용은 얼마 정도를 받으면 좋을지 느낄 수 있었고 내 강의에도 필요 부분을 넣을 수 있었다.

　나랑 생각과 비전이 맞는 사람들과 지속적인 대화와 미팅으로 지금은 사업까지 같이 하는 경우까지 많아졌다. 나도 영향력이 높아지면서 나를 찾는 사람들도 생기기 시작했다.

　유명하신 유튜버가 있었다. 보면서 느낀 점도 많이 있었지만 이분과 인연을 갖고 싶은 충동이 생겼다. '어떻게 하면 만날 수 있을까?' 생각을 했다. 유튜브에 댓글을 남기고 운영하는 카페와 블로그를 찾아 들어가 활동을 했다. 또한 강의가 열리면 강의도 모두 수강했다. 이렇게 하면서 자연스럽게 인연이 되었고 지금은 좋은 관계로 지내고 있다.

예전엔 책을 봐도 무슨 이야기인지 몰랐다. 왜 읽어야 하는지 이유도 몰랐고 다 읽어도 무슨 내용인지 이해를 못 했다. 6년 동안 책을 읽으면서 이제는 작가가 의도하는 것이 무엇인지 이 책이 주는 교훈은 무엇인지 내가 이 책을 읽고 행동해야 할 것이 무슨 인지 알게 되고 서평을 쓰고 요약을 할 수 있게 되었다. 또한 작가의 정보를 알아내어 연락을 취하고 직접적으로 만날 수 있었다. 이런 식으로 나는 내가 원하는 사람이 있다고 하면 어떻게 해서라도 인연을 만들려고 하고 있다.

이렇게 해서 교류하고 있는 대표님들과 사업가들이 지금은 20명이 넘는다. 나는 이분들과 함께 할 것이고 계속해서 나에겐 특별한 인맥들이 생길 것이다. 예전 친구들에겐 미안하지만 그 친구들은 잘 만나질 않는다. 나와 현재 같은 생각을 가지고 있고 미래지향적인 분들과 함께 하니 내 미래도 똑같이 변화고 있다.

지금 자주 만나고 있는 5명을 떠올려 보자. 그분들의 평균이 곧 내가 된다.

자고 있어도 돈 벌어주는
수익 파이프라인

내 인생 중 40년 동안 어렵고 힘들게 살아왔다. 5년 동안 나는 여러 가지 파이프라인을 만들어 계속해서 수익을 늘리고 있다. 이제야 부의 추월차선에 막 들어온 느낌이다. 아직 멀었지만 나는 더 많은 수익 파이프라인을 만들 것이며 홈페이지를 통해 자동화를 만들고 있다.

구매대행 온라인 쇼핑몰을 처음 시작해서 지금은 많은 일들을 하고 있다. 온라인 쇼핑몰을 만들어 상품을 판매하고 그것을 통해 강의를 하고 있다. 누구 앞에 서보지도 못하고 말도 제대로 못했던 내가 강의를 하게 되었고 나의 자존감을 높아졌다. 작은 성공으로 인해 무엇이든 할 수 있을 거라는 욕구가 샘솟았다.

내가 배운 것을 나만의 것으로 재탄생 시켰고 그것들을 모두 돈으로 만든다. 현재 수익화 하는 부분은 구매대행 상품과 위탁 상품을 같이 판매를 하고 있다. 쇼핑몰을 더 활성화시키기 위해 강의의 질을 더 높이기 위해 라이브 커머스도 함께 하고 있다. 상품을 직접적으로 해외에서 소싱하여 상품을 등록 후 판매까지 하고 있다. 쇼핑몰에서 판매할 수 있는 부분을 무궁무진하게 많다. 지금은 이 부분에 조금 더 힘을 쓰고 있다.

온라인으로 강의를 제작하여 나만의 홈페이지, 블로그와 카페에서 판매하고 있으며 지속적으로 수강생을 모집해 강의를 진행하고 있다. 전자책을 만들어 판매를 하고 제휴를 통해 수익을 나누고 남의 물건을 판매해 주고 수수료를 받는다. 더 많은 수익 창출을 위해 재능기부 사이트에 나만의 특별한 상품을 등록하고 더 많은 수익을 위해 타 플랫폼에 내 온라인 강의를 등록하려고 진행하고 있다.

강의를 해 보니 이제는 한 가지의 강의뿐만 아니라 여러 가지 강의를 진행할 수 있는 방법을 알게 되었다. 제일 처음에 한 강의는 온라인 쇼핑몰 구매대행 강의였다. 지금은 초보자들에게 SNS를 가르치고 있다. 가르칠 수 있는 부분은 다양하다. 블로그, 유튜브, 인스타그램, 글쓰기, 마인드 세팅, 퍼스널 브랜딩, 라이브 커머스, 상품 소싱 등 무궁무진하다. 또한 다른 사람들의 제품을 자동화해서 홍보해 주고 판매할 수 있는 방법도 있다.

그 외도 많은 것들이 있다. 부동산, 주식, 에어비앤비, 홈페이지 제작, 웹 소설, 상세페이지 제작, 쇼피파이, 유통, 브랜딩, 애드센스 등 요즘 시대에 할 수 있는 사업은 널리고 널렸다. 이 중에 하나만 제대로 해도 성공할 수 있는 시대가 되었다. 지금부터라도 준비하면 된다. 늦은 시간이란 없다.

주식 최고 전문가 워렌 버핏(Warren Buffett)은 이런 말을 했다. "잠자는 동안 돈이 들어오는 방법을 찾아내지 못한다면 당신은 죽을 때까지 일을 해야만 할 것이다." 나 또한 자면서도 돈 벌 수 있는 12개의 파이프라인을 설계하고 수익화 할 수 있는 자동화를 계속해서 만들고 있다.

나를 만든 3가지 키워드

1인 지식사업을 하기 위해 5년 동안 많은 실패와 좌절 그리고 성공이 있었다. 그중에 3가지 키워드를 뽑자면 독서, 배움, 실천이다.

나는 6년전 까지만 해도 독서를 하지 않았다. 책을 왜 읽어야 하는 이유를 몰랐기 때문이다. 하지만 우연한 계기로 책을 읽게 되었다. 내 인생도 완전히 바뀌게 되었다. 그 책이 아니었다면 나는 아무런 미래도 비전도 없이 질퍽한 진흙탕 길을 계속 걷고 있을 것이다. 독서를 통해 생각이 바뀌고 마음가짐부터 바뀌게 되면서 배우기 시작했다. 아마 학창 시절에 이렇게 했으면 전교 10등 안에는 들었을 것이다. 하루도 쉬지 않고 배우고 나에게 투자를 했다. 배운 것으로 끝내는 것이 아니고 실천을 하고 그것을 성과를 만들어 냈다.

여태까지 인풋(in-put)만 너무 많이 했다. 이젠 더 이상 인풋은 그만 아웃풋(out-put)을 하려고 한다. 습득만 한다고 그 지식이 다 내 것이 되지 않는다. 바깥으로 배운 지식을 펴트려야 한다. 블로그에 글을 쓰고 내가 배운 것을 나누면 좋다. 제일 성장하는 사람은 남을 가르칠 때 제일 많이 성장할 수 있다. 하지만 배움의 끝은 없다. 나에게 필요한 것이 있으면 바로 결제를 하고 배운다. 새로운 것을 알게 되는 것은 신기하면서 재밌다. 내가 발전하고 있는 것을 온전히 느낄 수 있다.

독서를 통해 생각이 바뀌고 생각이 바뀌면서 배움이 시작되었고 배우고 실천하면서 많은 인맥이 형성되었다. 지금은 그분들과 함께 협업하여 사업을 진행하고 있고 앞으로는 무궁무진하게 발전될 것에 벌써부터 마음이 설렌다.

나는 결국 부자가 되려고 결심했다. 목표는 점점 커지고 있다. 월 500만 원만 벌었으면 좋겠다는 마음이 지금은 월 1억을 벌 수 있는 계획을 세우고 매일 쓰고 외치고 있다. 목표를 세워 꾸준히 노력하고 있다.

부자가 되려면 마인드부터 바꿔야 한다. 부자들은 돈을 좇아가면서 일하지 않는다. 돈보다는 시간을 더 중요하게 생각하고 있다. 돈은 마음만 먹으면 벌 수 있다 하지만 시간은 지나고 나면 돌아오지 않는다. 그리고 돈이 나를 위해 일하게끔 만들어야 한다.

나라고 못 할 것은 없다. 예전에는 혼자서 1억을 번다는 것은 상상조차 할 수 없지만 지금 시대에는 충분히 가능한 일이며 더 많은 수익 창출까지 가능하다. 예전에는 앞이 깜깜했다. 앞길이 전혀 보이지 않았다. 이 길로 가면 될지 저 길로 가면 될지, 통 알 수가 없고 답답했다. 하지만 지금은 그 길에 완전하게 보이진 않아도 목적지가 보이고 그 길이 쭉 펼쳐져 있다. 시간이 얼마가 걸려 도착할지 모르지만 목적지가 보이고 함께 하는 사람들이 길을 안내하고 있으니 빠른 시일 안에 도착할 것이다.

이 글을 보고 있는 독자도 하루 빨리 '부의 추월차선'을 타길 응원한다. 지극히 평범한 나도 이 자리까지 올라왔다. 당신도 충분히 할 수 있다.

나행복 ING,
브랜딩 GO

이승희

이 승 희
나행복 성공 브랜딩 코치

나 행복 브랜딩 연구소, 부부 1호 행복 성공 메신저로 활동하고 있다.
25여 년 교육사업과 프리랜서로 활동하며 성공을 도운 경험으로 가족과 사람들을 브랜딩 한다.
입시와 사업 등 진로에 대한 고민을 나누며 자연스럽게 '비전 진로 코치'의 길을 가고 있다.
"우리의 미래는 책 속에 있다"라고 외치며 누구나 자신만의 독서법 무기를 가질 수 있도록
'1080CR독서법'스킬 지도를 하고 있다.
성공을 돕는 나행복 브랜딩 메신저 이승희.

네이버 블로그 : blog.naver.com/vscantata
네이버 카페 : cafe.naver.com/musicbomul
인스타 : instaram.com/happy_happy_hee
유튜브 : 다행쌤나행복의 모든것
이메일 : vscantata@naver.com

부부1호 행복성공메신저
K컬쳐아트교육협회 대표
나행복브랜딩 연구소 소장
세계문화예술신문 편집국장
서평단 다서모 단장
가족브랜딩 독서진로코치
1080CR 독서법 전문 스킬코치
블로그, 온라인 마케팅, SNS교육강사

contents

다행쌤, 메신저 나행복 브랜딩

"인생을 바꿀 수 있다는 말을 쉽게 할 수 있을까?"

인생을 바꾼 경험을 하고 있는 사람들이 주변에 많다. 우리는 스스로 알고 있다. 성공자라고 일컫는 사람들은 자신의 인생을 스스로 바꾼 사람들이라는 것을 말이다.

"당신의 인생을 바꿀 수 있는 건 누구입니까?"라는 질문을 스스로에게 던져보자. 분명 마음속에서 '나요 나'라는 힘 있는 대답이 솟아 나오는 것을 느낄 수 있을 것이다. 독서를 하는 사람이라면 더욱 그럴 것이다. 무엇에 대한 답을 책에서 찾고 있다면 충분히 찾게 될 것이다. 불혹이 넘어 책과 진정한 소통을 하게 된 나는 '내 인생은 내 것', 나의 인생의 주인은 나'를 깨닫고 더욱 가치 있는 삶을 살고 있다. 내 인생의 주인인 '나'를 브랜딩 한다는 행복함도 '백만장자 메신저'를 독서하고 나를 연구하면서 알게 되었다.

'내가 메신저라고? 메신저를 한다고?'
마음속으로 질문을 하면서 메신저라는 의미를 나 자신에게 적용시켜본다.

2020년 11월. '메신저를 돕는 메신저' 박현근 코치와의 인연으로 1:1코칭을 받았다.

"왜, 다른 사람들이 이승희 선생님께 와서 인생 코칭을 받아야 하는 거죠?"
1시간 남짓의 만남에서 나눈 대화 속, 이 질문은 잠자고 있던 나의 열정을 다시 깨우는 인생 질문이 되었다.

'그러게, 훌륭한 사람들이 많이 있는데 왜? 꼭 '나'이여야 할까?'
코칭을 마치고 나와서 계속 되뇌었다. "왜 나여야 하지?" 생각하면 할수록 '이거야'하고 명확하게 답을 내어놓기가 쉽지 않았다. 찾고 싶었다. 그 답을 찾기 위해 '나'를 공부하기 시작했다. 교육현장에서 전공한 음악으로 다양한 일을 했다. 정서 개발 프로그램을 기획하고 만들고 음악교육사업에 접목하는 일을 했다. 어려서부터 혼자 하는 일보다는 함께 하는 것을 좋아했다. 사람들과 어울려서 살아와서 일까 싶다. 친가도 외가도 한동네에 친척들이 모여 살았다. 외갓집, 외삼촌들, 이모들이 결혼을 해서 부산 한동네에 마을을 이루고 살았다. 해 질 무렵이면 늘 누구 집 마당에 모여 즐겁게 밥과 간식을 먹었다. 피아노 대회를 참가해서 상을 타오면 잔치가 벌어졌다. 지금 생각해 보면 참으로 감사한 어린 시절을 보낸 '나'라고 여겨진다. 지금도 자주 왕래하지는 못해도 집안에 큰일이 있어 모이면 그때 그 시절 이야기로 꽃을 피운다.

20살, 대학교 1학년부터 시작한 피아노 레슨은 학원, 학교, 출판사, 전국 강사 교육까지 25여 년 가르치는 일에 관한 직업을 갖게 했다.

정서의 중요성을 강조하며 '우리 미래의 희망인 아이들에게 무엇을 가르칠 것인가?'에 대한 고민을 했다. 그 고민은 자연스럽게 프로그램 개발로 이어졌다. 학교 방과 후 교육 프로그램에서 바우처교육 정서 개발 프로그램 안에 고스란히 녹여내는 것이 목적이었다. 아이들의 꿈과 재능을 키워주는 정서 개발 프로그램은 아이들이 가장 영향을 받는 부모교육, 강사 교육에 초점을 맞췄다. 처음에는 음악학원을 운영하면서 나의 자녀에게 도움이 될 프로그램을 만들었고, 출판사 교육부에서 일을 할 때는 동화책과 음악 프로그램을 결합시키며 미래에 만날 나의 손주들을 위해 만들었다. 즐겁게 일을 했다. 연구위원들과 함께 하기에 밤새 고민하고 하나씩 결과물이 나오면 너무나 행복했다.

아이들을 가르치는 강사들을 교육하기 위해 전국 강의장을 누비며 다녔다. 출판사 기획부, 교육부에 소속된 직장인으로 출장을 다니다가 프리랜서로 활동을 했다.

20대 초반에 결혼을 했고 아이 둘의 엄마가 되어서도 활동을 이어 나갔다. 아이들이 자라면서 어느 순간 커가는 모습이 눈에 들어왔다. 이미 사회생활로 바쁜 엄마의 부재로 인한 부작용이 아이들에게 영향을 미치고 있다는 것이 눈에 보였다. 어느새 아이들이 부쩍 자라 초등학교 6학년, 4학년. 일이 우선이 되어버린 나의 열정 속에서 가족들이 행복해하지 않는다는 것을 알게 되었다. 결심을 해야 했다. 해오던 일을 접고 전업주부를 택했다. 지금 생각해 보아도 그때의 결정은 참 잘했다 싶다. 엄마에게 가장 소중한 것은 나의 자녀가 아닐까? 자녀가 20대가 되고 다시 일을 시작하면서 느낀다.

'그래 잘했던 결정이었어!'

인생질문이 생겼고 그 답을 찾아가면서 난 조금씩 확신을 가질 수 있었다. 그래, '나'는 열정이 있는 사람이야. '나'여야만 되는 이유는 계속 찾고 있다.

"메신저는 누구나 될 수 있어요. 나도 했어요. 당연히 누구나 가능해요. 인생경험을 나눠주세요. 그리고 수익을 내세요." 메신저를 돕는 메신저 박현근 코치의 말이다.

'그래 나도 할 수 있어. 이제부터 다 함께 행복하자를 외치는 다행 쌤으로 다시 살아나자!' 다른 사람들도 '나 행복'이 인생의 목표가 되도록 돕는 브랜딩 코치로 배우고 연구하고 나누며 살아보자.

'된다, 된다, 될 때까지 할 테니까! 파이팅!!'
'찾으면 찾게 된다. 두드리면 열린다.'
'다 함께 행복하자!'

이유가 있는 나행복 브랜딩

'책을 쓰라고?', '무엇을 써야 하지?'

학교 다닐 때도 숙제로 내야 했던 독후감 원고지 작성이 힘들었다. 일기 쓰기 힘들었다. 사실 귀찮았다. 방학숙제도 미루어놓고 전국을 누비며 친척 집에서 열심히 놀았던 나였지만 성실하고 꼼꼼했던 친구가 부러웠던 기억이 있다. 기록의 중요성을 알게 되었다. 동물은 죽으면 가죽을 남기고 사람은 죽으면 이름이 남도록 글을 쓰자, 저자가 되자는 생각은 하고 있었다. '더 늦기 전에 해야 해'라는 울림이 들렸다. '그래 용기를 내어보자' 누구에게든 경험이 있다. 자신의 판단에 좋았든, 나빴든 시간의 흐름 속에서 살아오며 겪은 경험들 말이다.

글을 쓰면서 알게 되었다. 그 경험 속에는 모두 이유가 있었다. 아팠던 경험을 했던 그 시간 속에서의 나의 판단은 그 순간이 최선이었다. 사람에게 받은 상처, 내 뜻과 다른 결과 속에서 작아진 자아를 돌아볼 수 있는 글쓰기의 큰 장점들을 알게 된 시간이 소중하다.

나는 1남 4녀의 첫째 딸이다. 대학교 1학년 때 엄마를 도와 동생들을 돌봐야 하는 가장이 되었다. 엄마는 아빠가 교통사고로 돌아가시고 44세에 혼자가 되었다. 부산에서 남편의 공부 뒷바라지를 해서 공무원이 되게 하고 아들을 낳을 욕심은 딸 4명을 출산하고 채워졌다. 공무원 아내였지만 엄마는 아빠가 요구한 체면 따위 생각지 않고 무엇이든 쾌활한 모습으로 해냈다.

시장에서 구멍 송송 뚫린 채에 우뭇가사리를 통과시켜 만든 담백한 콩국과 단술(식혜)로 노점상을 했을 때도, 찌그러진 양은 냄비에 뜨끈한 국물과 탱탱한 가락국수 면발 위에 쑥갓 한 잎이 노오란 고명과 함께 어우러져 김이 모락모락 했던 냄비 국수가 지금도 생각나는 포장마차를 했을 때도, 구수한 보리밥 숭늉과 제철 나물 비빔밥에 단골이 많았던 보리밥 집을 했을 때에도 엄마는 항상 밝은 모습이었다.

아쉽게도 부모님이 함께 행복해했던 모습을 어린 시절 사진으로 본 것 외에는 기억이 별로 없지만 우리 엄마는 긍정적이었다. 자녀 5명을 키우기 위해 아빠의 반대를 무릅쓰고 했던 그 일로, 넉넉한 유년 시절을 보낸 나는 '공무원이 돼라'는 아빠의 권유를 뿌리치고 음악 공부를 택했다.

　대학교 1학년때 교통사고로 갑자기 하늘나라로 떠난 아빠의 장례는 시골에서 3일장을 치렀다. 첫째인 나는 할아버지 댁 마당 한편에서 '아이고 아이고' 곡소리를 매일 내야 했다. 내 소리가 작으면 할아버지는 큰소리로 나무라셨다. 지금 생각해 보면 아들을 가슴에 묻고 당신이 외치고 싶었던 곡소리였는데 싶다.

　시골집 8남매 둘째 아들이 부산에서 공무원이 되었다는 소식은 마을의 경사였다. 그런 아들이 사고로 먼저 갑작스레 하늘나라를 갔으니 얼마나 애통하셨을까 싶지만 대학교 1학년이었던 나는 그 시간에 곡소리가 크게 나오지 않았다.

　커가면서 아빠와 엄마의 잦은 부부 싸움을 보게 되었고 그 원인이 모두 아빠에게 있다는 생각에 존경심은 어디론가 사라지고 미움만 가슴에 남아 있었다. 지금은 두 분의 그 시절, 그 이유를 이해하지만 어린 나와 동생에겐 너무나 공포스러운 시간이었다. 늦은 밤 계단을 오르는 발자국 소리가 들려오고 조금 있으면 2층에서 큰 소리가 들린다. 나와 동생은 2층 집 다락방에서 꼭 껴안고 못 들은 척 잠을 자보려 하지만 결국은 동생들의 울음소리에 방에서 나와 외갓집으로 한숨에 달려가 SOS를 보낸다. 이런 일들의 반복 속 기억은 어른이 되어서도 꺼내어 놓기 싫었지만 그 경험도 교육 프로그램에 녹여 학부모 교육을 하게 되었다.

바우처 센터 정서 개발 교육 프로그램에서는 수업 후, 부모상담으로 피드백을 한다. 아이와 엄마, 아빠 중 한 사람이 함께 센터를 방문하기에 가능했다.

부모상담을 진행하면 원인은 모두 부모가 자라온 환경에서 비롯되어 그 영향이 자녀들에게까지 미치게 됨을 알 수 있었다. 무엇보다 중요한 것은 '부모의 중심'이다.

하고 싶었던 것 많았던 한 아이가 자라 부모가 되었다. 자신의 꿈은 가슴에 묻었다. 아니 잊어버렸다. 최우선으로 아이 양육에 자신을 희생한다 하며 자신의 방식대로 자녀를 키운다. 하지만 아이는 부모의 뜻대로 커주지 않는다. 아이를 다그친다. 아이는 작아진다. 여러 상황 속을 들여다보면 결국원인은 다 자라지 못한 부모 자신의 내면에서 나왔다고 판단이 되었다. 부모상담을 개별로 하다 부부 상담을 하게 된다.

목표는 '다 함께 행복하자'이다. 먼저 '나 행복'이다. 내가 행복해야 주변이 행복하다. 내가 행복해야 부부가 행복하다. 행복한 부부는 행복한 자녀를 만들고 그 자녀는 주위를 밝히는 빛이 된다. 방법은 엄마학교, 아버지학교, 부부학교를 통해 찾게 되었다. 앞으로도 '훌륭한 다행 부모 독서모임'을 통해 전국적으로 많은 사람들과 함께 하고 싶다.

'나 행복 연구소'를 운영하고 있다. 내가 행복할 방법을 찾아가도록 코칭을 한다. 나 행복연구소는 내가 행복할 방법을 스스로 찾아가도록 코칭 한다.

다행쌤 코칭의 중심은 '나 행복'이다.

"무엇을 해보고 싶었나요? 무엇이 안됐었나요?"

여러 가지 이유가 있겠지만 다 상관없다. 지금부터 되는 방법을 찾아나가면 된다. '나 행복'을 찾자.

나 행복은 가족과 내가 빛으로 밝힐 세상을 위해 꼭 찾아야 한다. 찾아가는 여정이 행복하고 즐겁게 이유를 만들며 나아가보자. 찾아보자.

당신은 하고 싶은 일이 있었고 해야 할 일이 있다. 당신은 소중하고 당신 인생의 주인공이기 때문이다. 자신이 브랜드가 되어보자. 누구나 이유가 있다. 그래서 충분히 가능하다. 당신의 브랜드는 당신이 아니면 안 되기 때문이다. 이유가 있으니 브랜딩 하자. '나 행복'을 찾아서…

부자가 되는 브랜딩

'돈이란 힘이고 자유이며, 모든 악의 근원이기도 한 동시에, 한편으로는 최대의 행복이 되기도 한다.' 칼 샌드버그의 명언이다. 우리가 잘 아는 탈무드에는 돈에 대한 이런 격언도 있다. '두툼한 지갑이 무조건 좋다고 말할 수는 없다. 그러나 텅 빈 지갑은 확실히 나쁘다.'

누구든 부자가 되고 싶어 한다. 부자의 기준은 다르겠지만 경제적 자유를 누리고 싶어 한다. 수입이 있는 직장인이든, 사업을 하든, 전업주부이든, 학생이든 모두 돈으로 고민을 한다. 돈에 대한 공부는 필요하다. 부자들은 돈에 관심이 많다. 돈 이야기를 스스럼없이 한다. "돈은 무자비한 주인이지만, 유익한 종이 되기도 한다." 유태 격언에 있는 말이다.

브랜딩 코칭을 할 때 사람들을 만나보면 '돈을 벌어야 한다.'라는 강박관념을 가지고 있다는 것을 알게 되었다. 물론 나 또한 그랬다. 브랜딩을 몰랐을 때는 무조건 돈이 나오는 곳에 가서 일을 해야 한다고 생각했다. 그곳이 직장이었다. 자영업을 하면서 매달 들어오는 불규칙한 수입과 고정적으로 나가는 지출이 항상 불안하다는 느낌을 가지고 있었다. 남편이 악기 종합매장을 운영할 때도 그랬고, 학원을 3개 운영했던 나의 경험에서도 그랬다.

살면서 돈은 꼭 필요하다. 돈을 어떻게 바라보느냐에 대한 관점은 매우 중요하다. '돈은 우리 가족이 먹고사는 것 외에 많은 사람들을 도울 수 있다.'는 것에 초점을 맞췄다. 여러 단체에 후원하는 금액을 더 늘릴 수 있고, 가족이 각자의 재능으로 함께 운영할 '정서 힐링 꿈 개발 센터'도 만들 수 있다. 실용음악 전공 아빠, 클래식 전공 엄마, 뮤지컬전공 딸, 축구선수, 생활체육전공하는 아들이 뭉쳐 정서 힐링 꿈 개발 센터를 운영한다는 계획을 가지게 되었다.

우리 집의 가훈은 '쓸모 있는 사람이 되자. 어디에서든 있는 자리에서 쓸모 있는 존재가 되자'이다. 사람을 세우는 일. 가르치는 일을 하는 것이 쓸모있는 사람이 되는 것이다. 후학을 양성하고 세상의 희망과 비전인 세대를 키우는 일이다.

'뭉치면 살고 흩어지면 죽는다.'라는 말의 의미를 '다 함께 행복하자'는 말로 바꿔보았다. '혼자 가면 빨리 가지만 함께 가면 멀리 간다'는 아프리카 속담도 "혼자가면 성공의 기쁨이 하나지만, 함께 가면 성공의 기쁨이 흘러넘쳐 다른 사람들에게도 나눠줄 수 있다." 라고 말하고 싶다.

자신의 브랜드가 브랜딩 되면서 서로가 연결되고 서로의 영향력이 뭉쳐져서 더 큰 시너지가 나타나면 돈이 된다. 이것이 브랜딩이다.

남편과 나는 서로 다른 사업을 했다. 둘이 함께 하며 겪을 의견 충돌로 인한 갈등이 싫었다. 각자 자신의 일을 하자고 했다. 각자 돈을 벌면서 서로를 존중해 주자 약속했다. 하지만 목표점이 달랐다. 서로 다른 목표로 향하는 열정은 잦은 의견 대립을 만들었고 갈등 속에 생기는 검은 그림자는 서로를 힘들게 했다. 지금은 뭉쳤다. 부부 1호 행복 성공 메신저로 함께 한다. 남편을 브랜딩 하는 아내 다행쌤으로 남편이 소개를 한다. "그동안 수고했어! 지금의 나를 만든 사람이 당신이야." 라는 말에 예전 갈등 속에서 잠재되어 있던 검은 그림자는 밝은 빛에 없어졌다. 목표점이 일치가 되었다.

"어떻게 살고 싶지?"에 대한 질문을 서로에게 자주 한다. 서로의 목표점을 확인한다.

이제는 흩어졌던 '돈'이 뭉쳐진다. 부부 1호 행복 성공 메신저로 함께 활동을 하면서 남편을 '1080CR독서법 김교수'로 브랜딩하고 자연스럽게 옆에 있는 다행쌤도 브랜딩이 된다. '가장 의미 있는 일이다'라고 생각한다. 부부는 잘 아는 것 같지만 서로를 잘 모르는 부분이 많다. 서로 말을 잘 안 한다. '나는 말야', '내 생각은 말이지'말도 안 하고 귀를 기울이려 하지 않는다. 같이 사는데 따로 사는 것 같다. 생각이 흩어지면 돈도 흩어진다. 생각을 모으자. 함께 모으자. 많은 부부들이 함께 했으면 좋겠다. 남편과 아내가 서로를 브랜딩 해주며 수입을 창출할 수 있다면 흩어진 돈이 뭉쳐진다.

부부가 함께 공부하자. 함께 독서하자. 대화를 많이 하게 된다. 남편은 항상 책을 보면서 말을 한다. 식사 준비를 하는 아내에게 식탁에 책을 펴고 앉아 이야기한다. 식사를 기다리며 독서를 한다. "이 작가는 이렇게 말을 하네~"하면서 말이다. 남편이 말하는 누구나 쉽게 할 수 있는 독서법 중 하나의 스킬이다. "말하며 읽어보세요!" 식사 준비하는 아내도 간접 독서를 하게 된다.

독서를 함께 하면서 바라보는 방향과 목표가 같아진다. 뭉치게 된다. 함께 하니 할 수 있는 일이 많다. 갈등이 생기면 독서로 갈등해결에 초점을 맞춘다. 의견 충돌도 갈등의 골이 깊지 않다. 우리 부부는 독서를 하며 서로를 알아가고 서로를 키워주고 지지한다.

어느 가족이든 가능하다. 가족 중에 한 사람이 먼저 시작하면 된다. 먼저 시작한 씨앗이 싹을 틔우고 열매 맺는다. 풍성한 수확이 기다린다. 쉽지 않을 수 있다. 하지만 '나 행복'을 찾는다면 이유가 생길 것이고 자신의 브랜드 만들기에 초점을 맞추고 변화가 되면 가족을 브랜딩 하는 것은 결코 어렵지 않다.

우리 가족이 부자가 되는 브랜딩을 시작하자. 당신이 먼저 '시작' 하면 된다.

온라인 마케팅 브랜딩

"부자가 되고 싶다면서요?"

"행복하고 싶다면서요?"

"네..."

"그런데 왜 가만히 있나요? 하면 되는데..."

그렇다. 하면 된다. 방법을 모르면 배우면 된다. 누구나 할 수 있다. 하지만 모두가 성공하지는 못한다. 이유는 시작을 하지 않거나, 하다가 멈추기 때문이다. 잘 된다. 안된다. 혼자 판단하지 말고 해야한다. 일단 하고 있으면 더 좋은 방법을 찾을 수 있다. 하지만 멈추면 그대로 포기를 하기가 쉽다. 하다가 안되는 일이 있을 수 있다. 하지만 금광을 발견한 사람은 금광이 나올 때까지 파고 또 팠던 사람들이다. 온라인 마케팅 시장은 기회의 장이다. 방법을 배우면 누구나 기회를 얻을 수 있다.

남편의 본캐는 국가공인 자격증을 가진 피아노 조율사다. 30여 년 동안 그 일을 꾸준히 해왔다. 기술이 있으면 평생 밥을 먹고 산다며 음악을 좋아하는 자신에게 딱 맞는 일이라 한다. 남편은 그 분야에서 프로필을 잘 쌓아왔다. 마흔 살에 시작한 대학교 공부와 석사 졸업으로 피아노 조율 논문도 썼다. 꾸준함으로 대학교, KBS 아트홀, 교회 등의 전속 조율사로 활발한 활동을 하고 있다. 전속 조율사이니 일 년, 한 달, 일주일, 하루 일정 정리가 필요하다. 시즌이 되면 여기저기로 다니는 스케줄을 정리하는 게 일과 중 중요한 시간이다. 2020년 12월 성탄절을 앞두고 바쁘게 활동을 해야 할 시기에 코로나19 바이러스는 사람들의 활동을 멈추게 했다.

오프라인에서 연주회도 하나 둘 취소가 되고, 해야 했던 스케줄이 모두 스톱이 되었다. 금방 종식이 될 거라는 기대로 하루, 삼일, 한 달을 쉬면서 그동안 열심히 살아온 자신에게 쉼의 선물을 하자했다. 그러나 한 달, 두 달 이 지나도 멈춤을 갖는 시간이 풀어질 기미가 보이지 않자 조금씩 불안해지기 시작했다. 2020년은 코로나19시대로 본격화되어 한 달, 두 달 비축해 놓은 생활비가 줄어가고 있었다. 돌파구를 찾아야 했다. 많은 사람들이 모이는 연주장, 학교, 교회의 시장은 잠시 접어두고 1:1마케팅을 해야겠다는 생각이었다. '어떻게 알려야 하지?'의 고민은 남편의 브랜드를 '온라인에서 알리자'로 결정했다.

온라인 시장을 공부 했다. 예전부터 해왔던 블로그가 있었지만 본격적인 블로그 공부를 해야했다. 간절함으로 이미지 편집, 동영상 편집 등 기술에 대한 기능을 전문적으로 배웠다. 크리에이터 '창조자'라는 단어에 주목이 되었다.

"창조를 해야 한다구?"
이 말이 처음에는 어렵게 느껴졌지만 개념을 이해하고 나서는 쉽게 다가왔다.

온라인에서 말하는 크리에이터는 무에서 유를 말하는 것이기보다는 유에서 유를 말한다. 2차적 저작물을 말하는 것이다. 기존의 원저작물을 토대로 하되 원저작물과는 별도로 새로운 창작성이 가해져 있으면 되는 것이다. 이 개념이 확실해 지니 이미지 편집과 동영상 편집 그리고 블로그 포스팅에 자신감이 생겼다. 동시에 온라인 마케팅 공부도 함께 했다. 하나씩 배워나가며 실행에 옮겼다. 예전 직장 생활에서 홈페이지를 기획하고 관리했던 경험이 도움이 되었다. 일단 코로나19로 하던 일이 스톱이 된 남편을 온라인에서 띄우자. 알리자는 목적이 생겼다. 한 사람의 전화번호로 3개의 블로그를 만들 수 있다. 우리는 각자 블로그를 3개씩 만들고 나의 메인 블로그 하나는 남겨놓고 5개의 블로그로 남편을 브랜딩 하기 시작했다.

　'석사 피아노 조율사', 'KBS 아트홀 전속 조율사', '꿈의 교회 전속 조율사', '교회 전문 전속 조율사', '관공서 전문 전속 조율사'등 5개의 아바타로 블로그에 탑재했다. 각각의 블로그에 그동안의 피아노 조율로 활동한 경험을 녹여 글을 작성다. 서로이웃 신청도 매일 해나가며 키워드를 잡아 포스팅을 했다. 글쓰기도 공부하며 포스팅한 글은 우리가 계획했던 키워드로 검색하면 상위 페이지에 5개의 블로그가 1위에서 5위를 차지했다. 이것이 바로 상위 노출이었다. 네이버 카테고리에서 이미지, 동영상에도 우리 블로그가 보였다.

　블로그에 포스팅을 보고 연락이 오는 사람들이 많아지자 수입이 늘어났다. 큰 연주홀과 학교, 교회들의 조율이 멈추면서 힘들었던 우리 집 가정경제는 조금씩 회복이 되어가고 블로그로 인해 연주자 및 전공생들의 고객층도 두터워졌다. 포스팅한 블로그는 시간이 지나도 미래를 기대할 수 있게 한다.

　전 세계를 긴장시키는 코로나19는 끝날 기미가 보이지 않는다. 수도권 지역의 사회적 거리 두기 단계가 격상하면서 다시 멈춤의 시간이 주어졌다.

2021년에는 30여 년 활동을 정리해 놓은 남편의 기록으로 기회를 잡았다. 기회가 될 때마다 찍어놓은 사진을 클라우드에 연동을 시켜놓았다. 자료가 쌓였다. 30여 년 동안의 피아노 조율사로 일해 온 남편의 경력을 정리하고 증거자료를 첨부해서 '대한민국 대한 명인'에 도전을 했다. 여러 가지 절차를 밟아 서류가 통과되고 며칠 후 긴 시간 인터뷰를 했다. 30여 년 최선을 다해 살아온 경력을 인정받게 되면서 대한민국 피아노 조율수리 부분 대한 명인으로 선정이 된 것이다. 또 하나의 브랜드가 생겼다. '대한민국 대한 명인 피아노 조율사'는 대한민국에 유일하게 존재하는 브랜드가 된 것이다.

하나의 브랜드를 만들기까지 시간은 천차만별일 수 있다. 그래도 이것만은 꼭 기억하자. 브랜드는 진화된다. 브랜드를 고민하는 사람은 브랜드가 보인다. 브랜드를 만들고 브랜딩을 해나가면 된다. 해나가다 보면 더 발전된다. 다행쌤은 남편을 브랜딩 하면서 브랜딩 가치를 확실히 느낄 수 있었다. 남편을 브랜딩하고 여러 사람들을 브랜딩하고 있다. 브랜딩의 가치는 새로운 삶을 만들어낸다. 개인이나 기업에게 큰 가치를 안겨주는 것이 브랜딩이다. 온라인에서 브랜딩을 시작하자. 당신의 차례다.

훌륭한 메신저 브랜딩

비대면 시대인 요즘 자신의 발전을 위해 공부에 투자를 하는 사람들이 많다. 마음만 먹으면 어디에서나 공부를 할 수 있는 시대에 살아가다 보니 힘들 때는 더욱 공부를 하게 된다.

'왜 힘들지? 지금, 나를 힘들 게 하는 게 뭘까?'

원인을 찾고 싶어서 공부를 한다. 비대면으로 PC 화면을 통해 처음 공부를 시작했을 때를 돌이켜보면 나보다 먼저 시작해서 열심히 활동하는 사람들이 많아 보였다. 나만 뒤처지는 느낌에 마음이 조여왔다. 자신의 콘텐츠를 가지고 강의를 하는 사람들을 볼 때 부러웠다.

'나도 저렇게 될 수 있을까?'

답답한 마음은 SNS 플랫폼에서 유명한 사람들의 소식을 접하면서 자꾸 작아지는 나 자신을 보고 커져갔다. '힘들다'라는 생각을 하게 되었다. 이 마음을 두고 생각을 해보니 다른 사람이 원인이 아닌 내 미래에 대한 불안감에서 오는 것이었다. 벗어나고 싶어 방법을 찾았다. 책을 보기도 하고 강의를 듣기도 하고 사람을 찾아가 만나기도 했다. 물론 얻은 것이 있었다. 도움을 받았다. 그러나 채워지지 않는 허전함은 여전했다.

어느 날 생각을 하게 되었다. '내가 원하는 답이 뭘까? 조언을 받았지만 머리로만 이해를 하는 이유는 뭘까? 내가 행복하게 변하지 않는 이유는 뭘까?'공부를 하며 질문에 대한 답을 얻고자 했다. 세상에서 살며 이 질문의 답을 세상에 묻는다. 세상에 답이 있을 거라 믿었기 때문이다. 찾을수록 공허함이 커져갔다. 조금 더 명확하게 찾고 싶었다. '뭐지?'세상에서 찾았던 답을 나 자신 속으로 가져왔다. 제3자의 눈으로 나 자신을 바라보는 공부가 필요하다는 생각에 심리학 책을 본다. 마음 상태를 알 수 있는 심리테스트도 해본다.

'나를 알자.'
나 자신에 대해 공부를 하면 질문의 답을 얻을 것 같았다. 더 이상 갈등으로 혼란에 빠지고 싶지 않고, 받고 싶지 않은 상처도 받지 않고, 흔들리지도 않고, 자책도 하지 않게 될 것이다. 공부의 결론으로 나의 행복에 초점을 맞추었다.

'이기적인 이기주의자'로 살아가자는 마음이었다. 자기 자신의 이익을 먼저 생각하며 살자. 나의 행복을 제일 먼저 생각하자. 타인이 먼저 가 아닌 나의 중심으로 생각하자. 내 마음이 편안하도록 환경을 만들자. 엄마가 행복하면 아이들도 행복하고 남편도 행복해진다. 아이, 남편을 행복하게 만들자고 힘들게 애쓰지 말고 내가 먼저 행복할 것에 대해 초점을 맞추어보자. 긍정적인 말은 나를 위해서 하는 것이다. 아이에게. 남편에게 웃어주는 미소도, 작은 것에도 '잘했어'라고 격려하는 긍정적인 말도 모두 나를 위해서 했다. 철저히 나의 행복을 위해서 긍정적인 말과 태도를 갖추어가도록 마인드를 장착했다.

'나 행복'을 위한 방법으로 '아침 인사하기'를 택했다. 스마트폰 앱을 다운받아 명언으로 이미지를 만들고, 찍은 사진을 활용해서 영상을 만든다. 아침에 '나'자신에게 하는 응원의 말을 담아 카카오톡 단톡방과 지인에게 보내는 일로 하루 일과를 시작했다. 누가 보든 안 보든 상관하지 않기로 했다. 나는 '나'자신에게 보내는 응원의 메시지를 매일 나누는 습관을 만들었다.

하루의 시작 인사 나누기는 내가 행복하다. 처음에는 '어떤 내용을 보내야 할까? 내가 보내는 메시지에 어떻게 생각할까?'이런 생각이 들었다. '일단 하자'는 생각으로 카드뉴스를 만들고 공유했다. 인사를 나누는 것 자체에 기쁨을 실었다.

"좋은 아침입니다. 오늘도 파이팅 해요."

짧은 한마디로 시작했다. 인사를 나누는 것 자체만으로도 나의 브랜딩은 시작이 된다.

"안녕하세요. 다 함께 행복하자 다행쌤입니다."

인사를 하면 사람들이 알아봐 준다.

"어머, 다행쌤이군요. 많이 만난 듯 친근해요. 만나고 싶었어요."

처음 만난 사람들이 알아봐 준다. 이것이 인사의 힘이다. 이것이 브랜딩이다. 해도 해도 어렵다는 '사람공부'는 나의 행복에 초점을 맞추었더니 쉬워졌다.

우리는 인사하는 것에서부터 메신저로서의 브랜딩을 시작할 수 있다. 자신의 이야기만 하기보다는 먼저 인사부터 하자. 인사를 하며 나누어보자. 나를 알리는 가장 쉬운 방법이다. '아침 인사하기' 습관을 만들어보자.

사람은 훌륭하다. 당신이 훌륭하다. 그리고 나도 훌륭하다. 우리의 훌륭한 메신저 브랜딩은 먼저 건네는 행복한 인사로 시작하면 된다.

경험이 돈이 되는 브랜딩 메신저

우리는 매일 스토리를 만들며 살아간다. 살아온 스토리가 극적이면 사람들은 더욱 귀를 기울인다. 책 속에서 브랜드를 언급할 때 극적인 스토리로 스티브 잡스 이야기를 한다. 사과 모양의 '애플' 로고는 모르는 사람이 드물다. 인생에서 암으로 생존 투쟁을 했던 마지막 시기에도 아이패드를 출시했다. 스티브 잡스에게 선택과 집중을 배운다. 그가 남겨준 말 중 좋아하는 말이 다.

"단순함을 얻기란 복잡함을 얻기보다 어렵습니다. 무언가를 단순하게 만들기 위해서는 생각을 깔끔히 정리해야 합니다. 이 과정은 어렵지만 한번 거치면 당신은 무엇이든 할 수 있습니다."

"나는 애플에서 퇴사 당한 것은 내 인생에서 최고의 경험이었습니다. 성공해야겠다는 강박관념이 초심자의 가벼운 마음가짐으로 바뀌었습니다. 이 변화가 저를 더 창조적으로 바꿔주었지요."

그는 말한다. 퇴사 당한 경험이 자신을 만들었다고 한다. 이렇듯 사업 실패의 경험도 퇴사를 당한 경험도 어떠한 경험도 우리를 더 창조적으로 바꿔주는 계기가 될 수 있다. 인생이 안 풀린다. 복잡하다. 생각이 들 때가 있다. 무엇인가 생각이 머릿속에 꽉 차있다. 이럴 때는 말과 글을 통해 꺼내놓아야 한다. 일단 하는 일을 멈추고 눈을 감고 생각을 한다. 장소가 어디든 상관없다. 일단 눈을 감는다. 이때 메모할 노트와 펜 또는 핸드폰을 준비해두면 좋다. 어떠한 생각이라도 꺼내어 노트에 적어두거나 핸드폰에 녹음을 해두면 유용하게 활용할 수 있다.

"독서를 하면 말을 잘하게 되고, 생각을 정리할 수 있어 마음에 평안을 얻을 수 있다."

내가 진로코칭을 할 때 해주는 말이다. 진로코칭을 할 때도 과거의 경험이 많은 도움이 됐다. 경험은 모두 돈이 된다는 사실을 메신저 사업을 해나가면서 느낀다. 겪었던 아픔으로 남을 이해하는 폭이 넓어졌고, 해왔던 크고 작은 성공과 실패의 경험으로 누군가의 사업 진행을 돕는 브랜딩 메신저가 되었다.

프로필 이력서를 정리하면서 고민이 되었다. 소개 몇 줄에 어떤 내용을 써야 할까? 한 장의 이력서를 정리하고 완성하기 위해 사용한 시간은 한 줄의 문구를 만들기 위해 쌓아온 시간에 비하면 짧은 시간이다. 브랜딩 브렌더라는 명칭을 만들면서도 계속 되뇌었다. 엄마 경력 25년, 교육 관련 경력 25여 년 속에서 해온 일에는 브랜딩 브렌더로서의 경력이 녹아있었다. 3개의 학원을 운영할 때는 엄마의 딸로 동생들을 진로코칭 하며 뒷바라지한 경험이, 대학교 정서 개발 센터에서 일을 할 때는 부모, 부부 경력도 활용이 되었다. 어떠한 경험도 내가 돈을 버는 것에 사용한 밑거름이 되었다.

누구에게나 경험이 있다. 경험의 내용은 제3자가 판단할 수 있는 것이 아니다. 어떠한 경험이더라도 자신을 들여다보면 중심이 있다. 그 중심을 바탕으로 브랜딩을 해나가면 된다.

"내가 하는 생각 중, 시간이 지나오면서 변하지 않은 것은 무엇인가?"
"지금까지 해온 일은 나에게 어떠한 의미가 있었는가?"
"무엇보다 중요한 것은 훗날 다른 사람에게 어떻게 기억되고 싶은가?"

나는 다른 사람들이 이렇게 생각해 줬으면 한다. '다행쌤'은 함께 하면 따뜻했던 사람, 힘을 받을 수 있었던 사람, 돌파구를 찾을 수 있게 도움을 주었던 사람, 아이디어를 확장시키는 데 도움을 주었던 사람, 콘텐츠를 찾아 활동할 수 있는 방법을 함께 찾아주었던 사람 그리고 성공을 위해 이름을 지어줬던 사람 등으로 말이다.

나의 생이 마감되어 수목장을 하면 많은 사람들이 나무그늘에서 휴식을 갖고 힐링이 되길 바란다. 멋진 할머니로 기억되고 싶다.

"다행쌤과 함께 해서 행복했어요. 나도 다행쌤처럼 다른 사람들을 긍정의 힘으로 응원하며 세워주는 일을 할거에요."

이런말을 듣게 된다면 나의 인생은 성공이다. 누구든 경험으로 돈을 만드는 것이 가능하다.

책을 많이 본 사람들이 성공한다. 쉴 틈 없이 연구해야 한다. 성공한 사람들을 관찰하고 나에게 적용해 보자. 끝까지 해보자. 독서를 하자. 가장 적은 투자로 성공자의 노하우를 만날 수 있다. 책 속에서 만나자. 방법은 배우면 된다. 자신에게 맞는 독서법을 장착하자. 한 권의 책을 제대로 보고, 여러 권의 책도 참고하자. 책을 재독, 재 재독하며 자신의 것으로 만들어보고 다른 책에서도 그러한 내용을 찾아 확장시켜보자. 늦은 때란 없다. 하지 않으면 아무 일도 일어나지 않는다.

자신의 경험을 돈으로 만드는 일은 방법을 찾고 움직이는 사람에게 일어나는 일이다. '그대 스스로를 고용하라' 구본형 선생님의 책이 나의 인생 책이다. 나를 들여다보며 내 속에서의 외침을 들을 수 있었다.

'다 함께 행복한 세상 만들기를 하고 싶다'

'다행쌤'이라는 네이밍을 만들게 되었다. 이 책을 재독, 재 재독하면서 경험들을 돈으로 만들도록 구체화시켰다.

부부1호 행복 성공 메신저로 1시간에 2~3권 또는 1권의 책을 3~5번 재독하는 1080CR독서법을 알리고 책 속에서 콘텐츠를 찾도록 돕는다. 1인 기업가들의 고민 속에 자신의 생각을 끄집어내도록 돕고 이름에서부터 이미지까지 사업을 원활하게 진행해 나가도록 프로세스를 함께 만들어 나간다. 인생의 무기를 장착시켜주는 독서법 코치로 사람들을 코칭 하는 브랜딩 메신저로 활동하고 있다.

누구나 가능하다.
나 행복 ING, 브랜딩 GO!! 함께 성장과 성공을 이루어 나가자.

당신의 브랜드 가치를 높여 다 함께 행복하게 하는 브랜딩 브랜더 전문가 다행쌤, 이승희입니다.

100세까지 돈 버는
책 쓰기 브랜딩으로
영향력 있는
명강사 되기

최원교

최 원 교
100세 라이프디자이너

이메일: cmass7759@gmail.com ▌블로그: https://blog.naver.com/cmass77
▌인스타: https://www.instagram.com/well_aging_/ ▌유튜브: 최원교TV ▌유튜브: 크다야TV
▌오픈방: 백디와 백친의 100세인생

2021 〈크다야TV〉 개국 ▌《일간닥터김시효》 인터넷신문 발행인 ▌〈큰나〉〈공감〉 출판사 발행인
▌킴스패밀리의원한의원 운영원장 ▌㈜웰에이징 대표 ▌〈백디와 백친의 100세인생〉 방장

2013 '달팽이가 느려도 늦지 않다' 정목스님 저, 전체베스트 2위
2011 경민대학교 독서문화 콘텐츠학과 겸임교수 3년 재직
2010 대한 출판문화협회 홍보 상무이사 역임
2009 외무부 장관상 수상
1999 큰나, 공감 출판사 설립
1997 교보생명, 교보문고 전사 유니폼 제작 납품
1989 킴스패밀리의원한의원 전원 개원
1988 88올림픽 공식 인터콘티넨탈 호텔 외 3개사 오픈 유니폼 제작 납품
1984 남성복 한스 설립
1982 숙명여자대학교 음악대학 성악과 졸업
1981 치매명의 김시효 원장과 결혼

저서
자기계발서 《1시간 만에 배우는 딱따라 책쓰기》, 《쪼가 있는 사람들의 결단》,
어린이 책 《정리형 아이》, 《힘들지만 공부해야 하는 이유》,
그림책 마음 씨앗 《고맙습니다, 사랑합니다》,
시집 《사랑한다는 말보다 더 사랑한다는 말은》,
《미장이의 흙손으로》, 《오래 산다는 것은 빚을 갚음입니다》

contents

경험이 돈이 되는 온라인 세상

　　경험이 돈이 된다는 것은 누구에게나 자신만의 경험이 있다는 것입니다. 자신의 경험이 누구에겐가는 필요한 정보와 자료가 되는 것은 물론 방법에 관한 것도 중요합니다. 예를 들자면 쉽게 요리하는 방법도 요리가 가장 어려운 누구에겐가는 대가를 주고 얻고 싶은 귀한 정보가 된다는 것입니다. 요즘 누구나 잘하고 싶은 '블로그'의 경우에도 초보가 왕초보를 가르치며 대가를 받는 정보 시대가 되었습니다. 멋진 인플루언서의 패션 감각도 생활용품의 정보도 돈이 됩니다.

　　이 현상은 옆집 아저씨 아주머니의 경험이 돈이 되고 사업이 된다는 이야기입니다. 전국적으로 1인기업가의 창업이 일반적인 사회 문화가 되고 있습니다. 옆집에서 달걀을 사고 SNS도 배우게 되었습니다. 누구나 가르치고 배우는 세상이 되었습니다. 온라인 세상의 이야기입니다.

얼마 전, '끼가 있는 사람들의 결단' 아홉 명 작가들과의 공저에 썼습니다. 어려운 위기가 돼서야 자신을 돌아보게 되었습니다. 절박한 상황이 되니 탈 탈 털어 내가 누구인지, 나는 무엇을 해왔는지, 무엇을 좋아하는지, 무엇을 잘하는지를 낱낱이 확인해보는 계기가 되었습니다. 자본이 들지 않아 주목받는 무자본 창업으로 할 수 있는 것이 무엇인지를 간절히 생각해 본 것입니다. 자의든 타의 든 절벽에 서게 되고 벽에 부딪히게 되면, 지푸라기라도 잡고 싶은 마음으로 자신을 돌아보게 됩니다.

이때, 위기 속에 숨어있는 기회를 찾아낸 것입니다!

'나는 누구일까?'
'내가 잘하는 것이 무엇일까?'
'내가 좋아하는 것이 무엇일까?'
'내가 좋아하기도 하고 잘하는 것이 무엇일까?'
'나는 무엇을 하는 사람일까?'

이렇게 해서 1인기업가로 나만의 이야기를 시작했습니다.

위기에서 금광을 캐는 방법

"너는 보석이야!"

얼마 전 스승님께서 해주신 말씀입니다.

"내가 꿈을 꿨는데, 네가 보석이더라!"

"………."

"나는 보석이다. 나는 보석이다. 나는 보석이다. 하루에 세 번씩 너에게 말해!"

"나는 보석입니다."

"나는 보석입니다."

"나는 보석입니다."

눈물이 하염없이 흘렀습니다.

우리는 우리 자신을 알지 못합니다. 내가 누구인지 어떤 사람인지 또 무엇을 좋아하는지조차 알지 못합니다. 더구나 어떤 사람이 되고 싶은지는 더더욱 알지 못한 채 살아갑니다. 세상에 하나밖에 없는 '나 자신'을 사랑해야 합니다. 귀하게 여기고 잘 보살펴야 합니다. 남에게 후하고 나 자신에게 엄해야 한다라고 가르치지만, 나를 극진히 사랑해야 합니다. 조금만 잘했어도 스스로 칭찬하고 상을 줘야 합니다. '그래, 바로 그거야! 잘했어! 참 잘했어!' 고래도 칭찬에 춤을 춘다지요! 남녀노소 모두 칭찬을 좋아합니다. 강아지도 칭찬해야 더 이쁘게 잘하지요.

자신이 보석이라는 생각을 굳혀야 합니다. 절대적으로 스스로 보석임을 잊지 말아야 합니다. 그래야 빛나는 보석으로 살게 되기 때문입니다. 자기 자신이 자신을 인정하고 믿지 못한다면 남이 어떻게 인정하고 믿겠는지요. 나 자신부터 자신을 믿고 인정하고 응원할 때, 빛이 나는 것입니다. 혹시 지금 당신의 얼굴을 거울에 비춰 보겠습니까? 어떤 표정인지요? 웃고 있습니까? 얼굴빛이 환하십니까? 표정이 맘에 드시는지요!

자존감이, 자신 있는 표정이, 밝은 눈빛이 당신의 성공을 약속합니다!

맨 처음 시작한 일이 거울을 보고 웃는 연습이었습니다.

어떻게 절망 속의 위기가
기회가 된다는 것인가!

　어렵다는 것이 얼마만큼 일까요? 견딜 수 없으십니까? 끝까지 최선을 다했음에도 어쩔 수 없는 상황인가요? 올림픽 역도대회 마지막 승부 장면을 떠올려 보시길 바랍니다. 주렁주렁 쇳덩어리를 양쪽에 매달고 죽을힘을 다해 호흡에 맞춰 힘껏 올리고는 얼마간 지탱하느냐의 겨루기지요. 여기에서 우리는 생각해 볼 것이 있습니다. 처음부터 그 무게를 감당했을까요? 답을 우리는 알고 있습니다. 체중에 맞는 적당한 무게부터 시작했을 것입니다. 연습 기간에 조금씩 무게를 늘렸을 것은 누구나 다 아는 사실입니다. 그리고는 버티기입니다.

　우리에게는 절망 앞에서 포기하느냐 아니면 끝까지 버티고 해내느냐의 두 가지 선택방법이 있습니다. 성공한 사람들은 포기하지 않은 사람입니다. 버틴 것이지요. 위기가 우리 앞에 왔을 때는 두렵고 무섭기까지 합니다. 저도 경험했습니다. 죽음밖에 없다고 생각했습니다. 도저히 헤쳐나갈 방법이 없다고 포기했기 때문입니다. 하면 안 되는 생각을 했습니다. 하지만 곧, 그 힘으로 일어났고 죽을 각오로 위기에서 기회를 찾았습니다.

'처음부터 없었잖아!' 지난 시간을 떠올렸습니다.

'지금은 그때와 비교하면 많이 있잖아? 경험한 것들! 가족! 경륜!'

20대 30대 몸이 부서지는지 모르고 뛰어다녔던 기억이 솔솔 올라왔습니다. 닥치는 대로 호텔로 대기업으로 뛰어다니며 유니폼 주문을 받았습니다. 힘들게 주문을 받고 나면, 또 원단 살 돈 걱정을 해야 했습니다. 그래도 어떻게 해서든 마련한 경비로 제작했습니다. 납품한 주문은 눈덩이처럼 큰 금액으로 커졌습니다. 더 큰 주문을 받았습니다. 어떻게 해서든 원단을 사고 제작해서 신용과 매출을 키워나갔습니다.

지난날 가장 잘한 것을 찾았습니다. 행복했는지를 점검해봤습니다. 좋은 것과 잘하는 것의 교집합을 찾았습니다. 기적이 시작되었습니다. 생각만 하면 바로 현실이 되는 기적이었습니다. 옛말에 '고생 끝은 낙이다.'라는 말이 있지요? 지금 고생하고 계시는지요? 목에 차도록 힘드신가요? 그렇다면 성장하고 성공의 길을 가고 있다는 증거입니다. 제가 그랬습니다. 힘들지만 하나씩 만들어져 간다는 것을 알아차렸고 실제로 그랬습니다. '이런 것이 필요한데'라고 생각하면 그것이 곧 나타났습니다. 신기하고 감사했습니다. 고통의 끝에는 기적이 기다리고 있었습니다.

1인기업가가 되기로 결단

바닥을 치기도 했지만, 코로나로 누군가 만나서 어떤 일을 도모한다는 자체가 불가능했습니다. 고맙다고 해야 할까요? 혼자서 할 수밖에 없고 혼자 해야 하는 사회적 변화가 일상이 되었습니다. 혼자 기획하고 혼자 실행하고 홍보해야 하는 '나 홀로 비즈니스'가 자연스럽게 사회적 분위기가 되었습니다. 온라인 시대라 '무자본 창업'이 가능합니다. 신기한 것은 네이버가 제공하는 모든 서비스를 익혀 초보 경험자를 대상으로 교육하는 것이 다반사가 되었습니다. 하다못해 구글에서 제공하는 '신청서 만들기'도 강의주제가 됩니다. 유튜브 또한 큰 몫을 합니다. 동영상 제작방법, 편집방법, 섬네일 만들기까지 모든 것을 강의로 만들어 돈을 벌 수 있는 세상이 되었습니다. 뜻만 있다면 강사가 되고 학생도 됩니다. 서로 가르치고 서로 나누며 경제적 자유를 추구합니다.

63세가 된 저는 경험이 많습니다. 18세부터 아르바이트를 하여 용돈을 받지 않았습니다. 대학은 피아노 학생 40명을 가르쳐 '자비 장학생'으로 마쳤습니다. 결혼 자금도 스스로 해결했습니다. 가르치던 학생의 부모에게 창업 투자를 제안받아 남성 패션 사업과 유니폼 사업에 성공했습니다. 결혼 때, 키 세 개를 못 가져온 며느리를 못마땅해하시는 시아버님께 1988년도 키 세 개의 약속을 지켰습니다. 그리고 하루에 3백 명에서 6백 명까지 진료하는 개인병원으로 성공시켰습니다. 40주년이 되었습니다. 20년 동안 350여 권 출간하고 있는 출판사 발행인기도 합니다. 이것은 모두 제 콘셉트의 재료입니다. 오프라인의 경험을 온라인 세상과 접목하기로 결단했습니다.

직원들에게 입으로만 지시했던 모든 일을 직접 해야 했습니다. 눈도 잘 보이지 않았습니다. 외계어처럼 들리던 온갖 온라인 용어들이 차츰 들리기 시작했습니다. 들릴 때까지 듣고 또 들었습니다. 1년 동안 죽어라 하고 여기저기 온라인 오픈채팅방을 다니며 배우고 또 배웠습니다. 보일 때까지. 1인기업가가 되기 위한 모든 것을 닥치는 대로 배웠습니다. 중요한 것은 나 자신과 약속을 한 것입니다. 더는 물러설 곳이 없어서 기도했지만, 100세까지 건강하게 살아내기로 결단한 것입니다. 잘할 수 있는 병원 경력과 좋아하는 출판경력을 더했습니다.

'100세까지 돈 버는 책 쓰기 브랜딩으로 영향력 있는 명강사 되기'
를 안내하는 100세 라이프 디자이너 최원교입니다.

무엇을 팔 것인가?

주제와 이름부터 정했습니다. '무엇을 팔 것인가'를 정하고 '무엇을 살 사람들'을 모았습니다. '무엇을 팔 것인가'에 대한 궁리는 자면서도 했습니다. 오로지 그 생각뿐이었습니다. '무엇을 팔 것인가!'

여러 오픈채팅방에서 독서 모임이 실행되는 것을 보았습니다. 목적에 필요한 과정의 교과로 책을 함께 읽는 참된 교육이었습니다. 학교에서는 해보지 못한 교육이었습니다. 실행에 직접적인 동기부여 또는 방법으로 서로 배우고 나누는 수업이었습니다. 놀라운 성과였습니다.

'먼저 시작하고 나중에 완벽해져라!' '롭 무어' 멘토의 조언대로 1인기업가로서 반드시 공부해야 하는 과정을 만들었습니다. 독서 실행학습이었습니다. 1인기업가로 성공하게 하는 프로그램이었습니다. 마음을 잘 다스릴 수 있어야 하고 경이로운 꿈을 꾸는 사람이 되어야 하고

'나 홀로 비즈니스 과정'을 익히는 프로그램을 만들었습니다. 약 45년간 이런저런 회사의 경험이 큰 도움이 되었습니다. 책을 읽으며 제 경험으로 스토리텔링하며 함께 성장하고 있습니다.

'내 마음 독서 하우투 클라스'
'꿈꾸는 독서 하우투 클라스'
'나비성 독서 하우투 클라스'

세 과정을 하나씩 만들면서 더 좋은 생각이 저절로 떠올랐습니다. 1인기업가와 온라인 비즈니스! 거기에 개성상인 정신까지! 100세까지의 파이프라인!

100세까지 개성상인 정신으로 e비즈니스 하는 그룹, 백개EG! 상단을 구성했습니다. 기적이었습니다. 1박 2일 동안 빡빡한 세미나가 진행됩니다. 1박 2일 동안 1인기업가로 알아야 할 철학과 실행하는 방법 대한 것을 공부합니다. 블로그, 인스타, 유튜브 그리고 '스마트 스토어'까지 모두 오픈하여 실행합니다. 개인 사업자 등록증을 개설하고 1인기업가로 출발합니다. 세미나를 마치고 나면 매주 일요일 아침 6시 피드백 시간에 참여하여 성장합니다. 매출이 일어나기 시작했고 월 천 매출을 목표로 하나씩 이루어가고 있습니다.

될 때까지 포기하지 않는 한, 실패는 없습니다.

나만이 할 수 있는 것들

'나만 할 수 있는 것이 무엇일까?' 생각했습니다. 턱없이 좁은 세계이겠지만 제가 회원으로 가입해서 공부해 보니 '건강'과 '책 쓰기' 키워드를 볼 수 없었습니다. '100세 시대' 키워드는 어디서도 볼 수 없었습니다. 온라인 세상이니 100세는커녕 70대도 만나지 못했습니다. 온라인은 젊음 그 자체였으니까요! 눈이 번쩍 떠졌습니다! '이거다 이거야' 내 나이에 딱 맞는 비즈니스, 1인기업가 핵심 아이템으로 100세 시대! 돈 버는 책 쓰기 브랜딩! 그리고 영향력 있는 명강사! '치매명의 김시효 원장'과 함께 의기투합하였습니다.

100세 라이프디자이너와 100세 친구 그리고 100세 인생!

멋지고 멋진 명칭에 가슴이 뛰었습니다. 건강하게 책 쓰고 강사 되기! 작가이며 명강사로 100세까지! 이렇게 생각해봐도 좋고 저렇게 생각해봐도 좋았습니다. 소리쳐 외치고 외쳤습니다! "바로 이거다! 이거!"

나만이 할 수 있는 아이템을 찾았습니다. 출판 20년 차에 350여 종 종합출판을 해온 발행인으로서 프로그램을 만들기 시작했습니다. 우선 '글쓰기'를 가르쳐야 했고 책을 펴내야 했습니다. 작가를 탄생시키는 일이 얼마나 보람 있는 일인지 알기에 무조건 시작했습니다.

글쓰기가 어렵다고 생각하는 사람이 많습니다. 아주 쉽고 재밌는 글쓰기 방법이 없을까 하고 고심하였습니다. 글을 잘 쓰려면 독서를 많이 해야 한다고 합니다. 독서력이 많이 쌓이면 글을 잘 쓴다고 하는데 '독서를 하면서 글을 잘 쓰는 방법이 없을까?'라는 생각이 떠올랐습니다. '왜? 독서를 많이 하면 글을 잘 쓰게 되는 거지?' 하다가 '리듬!' 리듬이 생각났습니다. 음악대학을 나와서 그런 생각이 났을까요? 생각나는 대로 해봤습니다. 시를 배울 때 좋아하는 시인의 시를 필사하게 합니다. 수필도 마찬가지 좋아하는 작가의 수필을 베껴 쓰게 가르칩니다.

'딱! 이 책처럼 쓰고 싶다' 하는 책을 골랐습니다. 노트북 왼쪽 옆에 놓고 한 꼭지를 읽었습니다. 그리곤 제가 쓰고자 하는 주제를 거침없이 써 내려갔습니다. 그리곤 다시 '딱! 이 책'을 소리 내어 읽었습니다. 바로 써 놓은 내 글을 읽자 수정할 곳이 걸리며 바로 수정하게 되었습니다. 무릎은 딱 치면서 외쳤습니다. "한 시간 만에 배우는 딱 따라 책 쓰기!" 나만의 책 쓰기 완성!

차별화, 차별화, 차별화

'나만의 책 쓰기'가 완성되자 다음은 차별화였습니다. 비법은 만들어졌지만 다른 곳에서 하는 방법과 달라야 했습니다. 차별을 둬야 했습니다. 예비작가들을 관찰했습니다. 소비자를 잘 알아야 한다는 거지요. 많은 작가가 힘들게 글쓰기를 합니다. 글쓰기 교실에서 배우기도 하고 개인지도를 받기도 합니다. 오랜 시간과 노력이 필요합니다. 원고가 완성되어도 책을 출간하려 많은 출판사에 투고하며 애를 씁니다.

거꾸로 출판하자는 아이디어가 솟았습니다. 출판 계약부터 하고 글을 쓴다면 작가가 마음 놓고 책을 쓸 수 있다는 생각이었습니다. 책 쓰기 수업을 하자는 아이디어가 떠올랐습니다. '맞아! 1시간 만에 배우는 딱따라 책 쓰기 수업을 하는 거야!' 바로 모집 공고를 냈고 백친 1기 강은영 작가의 '트라우마 그까이껏!'이 출간되었습니다. 딱따라 비법으로 쓴 첫 책이었습니다. 모두가 기뻐하고 기뻐했습니다. DID 강연의 강사가 되었습니다. 송수용 선생님의 호평도 받았습니다.

이어 12명 작가가 함께 쓰는 공저 출판이 시작되었습니다. 혼자 출판하기에 너무 많은 양의 원고를 써야 한다는 부담을 줄이자는 취지였습니다. 2주 동안 새벽 6시 즘에 모여 함께 집필했습니다. 보람 있고 뜻깊은 작업이었습니다. 서로 격려하고 정보도 공유하면서 '스터디그룹'이 자연스럽게 만들어졌습니다. 표지도 함께 고르고 진행도 함께 하다 보니 작가 간의 우정이 깊고 단단해졌습니다. 12명이 홍보도 동시에 하니 효과도 좋아 '베스트셀러' 대열에 당당하게 서게 되었습니다.

요즘은 마케팅에 스토리 텔링이 꼭 필요한 것으로 모든 상품에 이야기를 만듭니다. 상품마다 스토리가 있습니다. 소비자도 좋아하고 기억을 잘하게 됩니다. 바이럴 마케팅이 됩니다. 마케팅의 필수입니다. 공저 작가들 한 분 한 분이 자신의 콘텐츠를 주제로 글을 씁니다. 작가 한 사람의 스토리가 자연스럽게 만들어지는 것입니다. 작가의 경험이 경쟁력이 되어 책이 출간되면 자연스럽게 자신의 강연 콘텐츠를 가지게 됩니다. 명강사의 길로 접어드는 것입니다.

작가도 스토리로 차별화되고 1인기업가로 꼭 만들어야 할 자신의 스토리가 만들어집니다. 책 쓰기 브랜딩까지! 차별화, 차별화, 차별화가 됩니다!

내가 불러줘야 하는 이름은!

함께하고 나를 지지해주고 나를 따라, 같은 길을 가고 싶어 하는 100세 친구들이 모여 있는 오픈채팅방을 용감하게 열었습니다.

'백디와 백친의 100세 인생' 우리 방의 이름입니다. 우리 방의 목적은 '100세까지 돈 버는 책 쓰기 브랜딩으로 영향력 있는 명강사 되기'입니다. 100세 라이프디자이너 최원교의 생각에 공감하고 함께하는 100세 친구, 백친들이 모였습니다. 열성 팬 조직이라고 하지요. 같은 곳을 바라보는 사람들의 공간입니다. 30대부터 70대까지 다양한 백친이 모였습니다. 함께 책을 읽고 공부합니다. 무료강의도 열고 다양한 유료강의가 매주 열립니다. 서로 좋은 정보를 공유하며 100세 친구가 됩니다.

우리가 모두 부르는 호칭은 '백친님'입니다. 최원교 백디와 김시효 백친이 공동운영합니다. 제가 불러드려야 하는 호칭은 '백친님'입니다. 100세까지 건강하게 좋은 친구 하자는 뜻입니다. 애칭으로는 '백친방'이라고 합니다. 서로 밀어주고 챙겨 주며 '백친님' 하고 부릅니다. 그 부름에 건강하게 씩씩하게 똘똘백세 함께 하자는 구호가 들어 있습니다. 서로에게 백친으로 '아낌없이' '가족사랑'을 실천하고 있습니다. 우리의 '한 단어'입니다.

100세 친구, '백친'
꿈을 함께 이뤄가고 있습니다.

'100세까지 돈 버는 책 쓰기 브랜딩으로 영향력 있는 명강사 되기'

나눌수록 행복한 프로그램

　매일 줌으로 만나는 세상, 일상이 되었습니다. 이것도 가르쳐 주고 저것도 가르쳐 주고 사십 년 동안 경험했던 이야기를 들려주면서 닥치는 대로 나누었습니다. 지난 시간을 올라가 보니 2021년 4월 21일 오픈했네요. 저도 오픈채팅방을 2020년 10월 9일에 열어 놓고는 사람들을 초청하지 못한 거예요. 6개월, 반년을 서성인 거죠. 이렇게 쉽지 않은 과정을 거치며 우리는 성장합니다.

　메신저 리더, 박현근 코치는 이렇게 말합니다. "누구나 오픈채팅방은 한 명부터 시작하는 겁니다!" 그러니 망설이지 말고 힘들어하지 말고 그냥 꾸준히 하세요! 누구나 한 명부터 시작하는 겁니다. 멈추지 않으면 되는 겁니다! 포기하지 마세요!" 힘이 된 말입니다.

나누니 무엇보다도 저에게 큰 공부가 되었습니다. 지난날의 배움이 정리되고 성장의 계기가 되었습니다. 백친의 반응을 보면서 만들었고 다듬고 완성해갔습니다. 신기하고 신이 났습니다. 불타는 금요일을 공부하는 금요일로 바꿨습니다. 새로운 강사의 첫 무대는 무료 강좌로 열었습니다. 보람 있는 시간이었습니다. 각 분야의 명강사를 초대하는 자리로도 만들었습니다. 유료강의로 수익이 나기 시작했습니다. 무엇보다도 스승님을 초대할 수 있는 기쁨이 가장 컸습니다. 제자의 성장을 기뻐하시며 스승님들은 쾌히 응해주셨습니다.

'1시간 만에 배우는 딱따라 비법'을 강연했습니다. 우리 방은 물론 이방 저방 초청되어 외부 강연을 하게 되었습니다. 물론 모두 연습이라 여기고 무료강의로 했습니다. 적당히 차별화된 나만의 강의 스타일을 갖추게 되었습니다. 강의할 때마다 새로운 회원이 들어왔습니다. 늘어나는 가족 수를 보며 한없이 기뻤습니다. 무엇보다 회원 100명이 되었던 날은 잊을 수가 없습니다. 회원 수에 크게 의미를 두지는 않습니다. 왜냐면 활동하는 회원 수가 얼마냐가 중요하기 때문입니다. 강의할 때마다 회원 수가 늘어나 성공했다는 예감이 들었습니다.

오랜 시간 인연을 맺어 온 설득연구소 김효석 박사님 방에서 '딱따라 비법' 강의가 있었습니다. 99명이 참석한 강의였습니다. 열띤 강의 끝에 한밤의 후기 88개가 올라왔습니다. 감동이었습니다. 뜨거웠습니다. 월 1만 원 행복 수강료, 새벽 5시 '부글새벽'을 열었습니다. 부자들의 글 쓰는 새벽방!

가격 경쟁은 무의미한 패배

프로그램을 계획해 실행할 때마다 가장 힘든 것은 정해야 할 수업료였습니다. '얼마로 정하면 적당한 가격일까?'

다른 방 분위기도 중요하지만, 무엇보다도 프로그램에 대한 가치와 중요도였습니다. 프로그램에 맞는 적절한 수업료를 정하기란 그리쉬운 일이 아닙니다. 또 신청하는 분의 입장 또한 중요합니다. 아무리좋은 프로그램이라도 신청 결정을 내리는데 큰 방해가 되는 가격이면아무 소용없는 기획이기 때문입니다.

우리 방의 목적을 항상 떠올렸습니다.
'100세까지 돈 버는 책 쓰기 브랜딩으로 영향력 있는 명강사 되기'를 한 계단 한 계단 차례로 오르면서 목적지까지 잘 갈 수 있도록 커리

큘럼을 짰습니다. 성공적이었습니다. 7개월 만에 목적지까지 간 백친 님들이 탄생했습니다. 단독으로 진행하고 있고 차별화한 프로그램이 어서 남과 비교하지 않았습니다. 오로지 프로그램 내용과 유익에 중점을 두었습니다. 고속성장을 위한 최대치를 넣었습니다. 실행과 성취, 그리고 미래에 중점을 두었습니다. 작가와 명 강사로 1인기업가로 성장하는 프로젝트입니다.

〈1인기업가 무자본 창업 프로세스 4단계〉

입문 과정 : 내마음 독서, 꿈꾸는 독서, 나비성 독서 하우투 클라스

고급과정 : 백개EG

〈책 쓰기 브랜딩 작가 프로세스 5단계〉

기초과정 : 부글새벽

입문 과정 : 1시간 만에 배우는 딱따라 책 쓰기 교실

고급과정 : 거꾸로 원고출판& 책 쓰기 클라스& 강연

〈명강사 프로세스 최종〉

크다야 강연 아카데미

〈작가, 명강사를 돕는 프로세스 5종〉

*원교 벗서점

*공금 무료 유료 강연

*630 원교데이트

*목요 저자 특강

*일간닥터김시효 인터넷신문

충분하게 주고 충분하게 받기

'백디와 백친의 100세 인생' 오픈채팅방 개설 후 7개월 동안 15개 프로그램을 완성 실행했습니다. 저 혼자 한 것이 아닙니다. 함께 해주신 백친님이 얼마나 감사한지 모릅니다. 좋다고 잘한다고 격려하고 칭찬해주신 힘으로 알토랑 같은 프로그램을 완성했습니다. 대부분의 프로그램 역량이 확인되었습니다. 결과를 내었고 성장 발전하고 있습니다. 번뜩 생각이 떠오르면 먼저 시작하고 나중에 완벽해지도록 더하고 더했습니다. 수정하면서 더 보완하는 것입니다.

강연이 열릴 때마다 나오는 홍보 글이 있습니다. '몽땅 다 퍼드립니다!' '다 퍼주는 강사입니다.' 웃음이 나오지만 정말 그렇습니다. 충분하게 도와줍니다. 특히 오픈채팅방의 리더를 '방장'이라고 부르는데요, 방장은 정말 몽땅 퍼줍니다. 그리고 연구합니다. 또 다른 경험을 퍼주기 위해 몸 상하는 것도 모르고 배우고 또 배웁니다. 리더는 남을 이끄는 사람이 아니라 자기 자신을 꾸준히 성장시키는 사람이라고 합니다. 방장들은 늘 독서를 합니다. 그리고 그 내용과 메시지를 나눕니다.

'메신저'는 자신의 경험을 사람들에게 나누고 그 대가를 받는 직업입니다. 정말 늘 깨어있는 직업입니다. 어떤 것 하나도 모두 강연의 재료가 됩니다. 느끼고, 깨닫고, 알아차리고, 이것이 콘텐츠가 됩니다. 오감을 열어 놓고 만들어 가는 자신의 성장이 콘텐츠입니다. 방장의 목적과 같은 방향의 형성된 열성 팬은 방장의 '따라쟁이'입니다. 함께 공감하고 함께 나누니 그 자체가 행복입니다. 매일 '줌'에서 행복이 피어납니다. 모르는 것을 가르쳐 주는 것에는 앞뒤가 없습니다. 초보가 왕초보를 가르치는 시대, 비대면, 온택트, 언택트시대 덕분입니다.

모르면 배우고 연구해서라도 가르쳐 주는 책임이 뼛속 깊이 배어 있는 메신저들은 또 새로운 메신저를 탄생시킵니다. 오픈채팅방의 멤버가 새로운 자신의 오픈채팅방을 열 때마다 격려 무료강연으로 도와줍니다. 귀한 만남의 향기입니다. 품앗이하듯 자연스럽게 큰집이 생기고 작은 집이 생깁니다. 스승과 제자가 협업하여 큰 동네를 만듭니다. 상상만 해도 훈훈하지요! 작은 동네가 큰 동네가 되어 연합한 수가 10만이랍니다. 오늘 지금, 이 순간에도 새로운 메신저가 탄생하고 있습니다. 배우는 대한민국, 가르치는 대한민국 메신저 대국입니다.

책임, 전략, 성취, 집중, 미래지향

얼마 전 출간한 '쪼가 있는 사람들의 결단'의 공저는 실명을 쓴 저서로는 첫 책입니다. 필명 '최마주'로 시집 '사랑한다는 말보다 더 사랑한다는 말은'과 '미장이의 흙손으로' '오래 산다는 것은 빚을 갚음입니다' 세 권을 엮었습니다. 마음씨앗 그림책으로 0세부터 100세까지 보는 '고맙습니다, 사랑합니다' 베스트셀러이며 스테디셀러 입니다. 어린이 책으로는 베스트셀러 '정리형 아이' '힘들지만 공부해야 하는 이유'를 써냈습니다.

100세 라이프디자이너 최원교가 다시 사는 삶에서 새 책을 쓰고 펴냈습니다.

'1시간 만에 배우는 딱따라 비법'입니다. 누드 양장본으로 예쁜 옷을 입혔습니다. '쪼가 있는 사람들의 결단'에서는 '내 인생은 회생 중'이라는 제목으로 실었습니다. 저 역시 100세까지 '돈 버는 책 쓰기 브랜딩으로 명강사 되기'의 길을 시작했습니다.

이 새길은 어느 날 우연히 만난 유튜브에서 AI가 보내준 선물입니다. 103세이신 '백년을 살아보니'의 명강사 김형석 교수님과 명칼럼니스트에서 한쪽 눈 실명으로 유튜브로 건강을 전하기로 결단하신 존경하는 이근후 박사님의 강연을 보고 만든 새길, '백디와 백친의 100세 인생'입니다.

삶의 진리를 우연히 만난 풀꽃에서 길가의 돌멩이에서도 만난다고 하지요. '어느 것 하나 스승이 아닌 것이 없다.' 대행 스님의 저서 '삶은 고가 아니다'의 한 구절을 잊을 수가 없습니다. '나에게 오는 모든 시련은 나를 위한 것이다.' 또한, 박혀있는 가르침입니다. '반드시 사전에 얼마나 철저하게 제대로 된 준비를 거친 후에 경험할 것인가!'를 가르쳐주신 박세니 선생님의 메시지로 마무리하겠습니다.

100세 라이프 디자이너 최원교의 '강점 5'는 책임, 전략, 성취, 집중, 미래지향입니다. 제 강점을 알게 된 후, 저를 알게 되었습니다. 소름 돋는 순간이었습니다. 작은 프로그램 하나라도 책임으로 집중하게 됩니다. 자동입니다. 전략적인 집중은 미래지향을 위한 성취를 목적으로 합니다. 성과 없는 실행은 홍이 나질 않습니다. 홍이 있는 배움, 기가 살아있는 메신저로 늘 성장선에 있습니다.

경험이 돈이 되는 메신저 이야기

1판 1쇄 인쇄 | 2021년 11월 10일
1판 1쇄 발행 | 2021년 11월 15일

지은이 | 박현근, 김지은, 김진홍, 김혜원, 박병오, 박영숙,
　　　　박진옥, 배서영, 안현숙, 이강민, 이승희, 최원교

펴낸이 | 최원교
펴낸곳 | 공감

등　록 | 1991년 1월 22일 제21-223호
주　소 | 서울시 송파구 마천로 113
전　화 | (02)448-9661팩스 | (02)448-9663
홈페이지 | www.kunna.co.kr
E-mail | kunnabooks@naver.com

ISBN　978-89-6065-312-2　03320

* 큰나 홈페이지 주소 keunna.com

* 백디와 백친의 100세인생 오픈채팅방
　https://open.kakao.com/o/gHF0MEuc